Aktuelle Dokumente

Herausgegeben von Professor Dr. Ingo von Münch

Steuerreform

Zusammengestellt
und mit einem Nachwort versehen
von

Dr. Heinrich Wilhelm Kruse
o. Professor an der Universität Bochum

1973

Walter de Gruyter · Berlin · New York

ISBN 3 11 004408 0

Printed in Germany.

Satz und Druck: Druckerei Chmielorz, 1 Berlin 44

Inhalt

1. Bericht des Wissenschaftlichen Beitrats des Bundesministeriums der Finanzen*

1. Die Notwendigkeit einer grundlegenden Steuerreform

Noch mehr als nach dem Ersten zwingt die staats- und volkswirtschaftliche Situation nach dem Zweiten Weltkrieg dazu, ein den wesentlich veränderten Voraussetzungen angepaßtes Steuersystem zu schaffen. Eine „organische" Steuerreform für die Bundesrepublik ist daher seit vielen Monaten ebenso eine Forderung der breiten Öffentlichkeit wie das Ziel von Gesetzgebung und Verwaltung und nicht zuletzt auch der einschlägigen Fachwissenschaften. Bei einer solchen Reform geht es keineswegs nur um die Sicherung eines genügenden Steueraufkommens, sondern nicht minder auch um die Gestaltung unserer Besteuerung derart, daß diese den heute an ein Steuersystem zu stellenden Anforderungen gerecht wird. Auch die Konstruktion einzelner Steuern bedarf einer wesentlichen Umgestaltung.

Nach dem Zusammenbruch haben die Besatzungsmächte zunächst und grundlegend gemeinsam durch den Alliierten Kontrollrat, dann aber zunehmend selbständig und jede in eigener Weise in ihren Zonen in die Gestaltung des deutschen Steuerwesens eingegriffen. Diese Maßnahmen paßten vielfach weder überhaupt in das überkommene Steuersystem noch entsprachen sie seinen technischen Möglichkeiten. Als dann von 1949 ab der Bund sich vor die Aufgabe gestellt sah, für einen sozusagen von Tag zu Tag wachsenden Finanzbedarf die steuerliche Dekkung bereitzustellen, war er auf das geltende Steuersystem angewiesen. Unter dem Druck der Finanznot mußten sich seine Maßnahmen im wesentlichen auf die fiskalische Ausschöpfung der vorhandenen Finanzquellen beschränken, wenn auch nach der Währungsreform in gewissem Maße wirtschaftspolitischen Zielsetzungen Raum gegeben wurde. Die belastungspolitische Seite der Steuerreformarbeit wurde immer sehr ernst genom-

* Bonn 1953, S. 11 ff.

men, aber da sie einmal gemeinhin in besonders hohem Maße Gegenstand interessenten- und parteipolitischer Auseinandersetzung ist, fernerhin auch in der oben geschilderten unzureichenden Gestaltung des Steuerwesens ihre unorganische Begrenzung erfuhr, endete die Auseinandersetzung häufig in einem wenig glücklichen, keinen recht befriedigenden Kompromiß, so daß das Ganze unserer Besteuerung noch unorganischer wurde, als es ohnehin schon war. Die in neuerer Zeit von Theorie und Praxis gleichermaßen geforderte stärkere Nutzung der Steuer als staatliches wirtschaftspolitisches Instrument trug in der Art ihrer Anwendung nicht dazu bei, die gekennzeichneten Mängel zu beheben, im Gegenteil, sie barg die Gefahr, sie zu vermehren oder zu verschlimmern. Die praktische Steuerpolitik ist dieser Gefahr auch keineswegs entgangen, sondern ihr allzu oft erlegen. Wenn schon jede steuerliche Maßnahme neben ihrer fiskalischen eine mehr oder minder große wirtschaftliche und soziale Bedeutung besitzt, so hat die Vervielfachung des Steuerbedarfs dazu geführt, daß nunmehr die Wirtschafts- und Finanzkraft des Landes ganz wesentlich durch das Gelingen oder Mißlingen steuerpolitischer Maßnahmen mitbestimmt wird. Diese Tatsache ist seitens der steuergesetzgebenden Organe, deren Aufmerksamkeit stärker auf die Wirkungen einzelner steuerpolitischen Maßnahmen als auf die des Ganzen unserer Steuerpolitik gerichtet war, in den letzten Jahren vernachlässigt worden. Die heutige Notwendigkeit einer „organischen" Steuerreform ist daher nicht zu leugnen.

In unserer steuerpolitischen Lage, in welcher es in besonderem Maße auf eine zustimmende Haltung der zu Besteuernden ankommt, bewirken überhöhte, den „psychological breaking point" wesentlich übersteigende Steuersätze zunächst einmal eine Verstärkung der Steuerwiderstände und im Zusammenhang damit eine Schwächung der Steuermoral. Statt ein Höchstmaß an volkswirtschaftlicher Produktivität und das Optimum in der Verwendung des Sozialprodukts zu erstreben, die beste betriebliche und unternehmerische Leistung zu fördern, die Funktionsfähigkeit des Marktes zu sichern oder zu steigern, die Bildung von zusätzlichen Ersparnissen und den zweckmäßigsten Einsatz des vorhandenen Kapitals auch ohne förmliche

Prämiierung zu begünstigen, bewirken sie in allen diesen Richtungen das Gegenteil. Sie lassen die volkswirtschaftlichen Vorteile, welche durch das marktwirtschaftliche System erzielt werden können, nicht zur Auswirkung kommen, m. a. W.: sie lassen die Marktwirtschaft verkümmern und stellen damit dieses System selbst in Frage. Obwohl es wahrlich nicht an Bemühungen um sozialpolitisch befriedigende oder mindestens erträgliche Lösungen gefehlt hat, ist unsere Besteuerung im ganzen und in wichtigsten Teilen auch sozialpolitisch entschieden mehr negativ als positiv zu werten. Selbst die Einkommensteuer, die allgemein als das wichtigste Instrument einer der Leistungsfähigkeit entsprechenden Steuerlastverteilung und darüber hinaus vielfach sogar als Mittel einer gerechteren Einkommensverteilung angesehen wird, führt heute, infolge der Ausgestaltung und Durchführung, die sie in den letzten Jahren bei uns gefunden hat, zu sehr großen Ungerechtigkeiten.

Was schließlich die Steuerverwaltung angeht, so werden heute Anforderungen an sie gestellt, die sie nicht befriedigend lösen kann und die sie daran hindern, ihrer materiell wesentlichen Aufgabe in rationeller, fiskalisch wie wirtschafts- und sozialpolitisch den größten Erfolg verbürgenden Weise nachzugehen. Auch die Forderung nach einfachen, den Steuerpflichtigen leicht verständlichen Steuergesetzen ist gewiß ungleich leichter zu stellen als zu erfüllen. Dennoch darf es nicht bei dem gegenwärtigen Zustand bleiben, daß ein großer, wenn nicht der überwiegende Teil der Steuerpflichtigen den sie betreffenden Steuergesetzen mehr oder minder hilflos gegenübersteht. Die Steuergesetze müssen so abgefaßt und die Anforderungen an die Abgabe von Steuererklärungen so gestaltet sein, daß die Mehrzahl der Steuerpflichtigen sich ohne fremde Hilfe darin zurechtfinden und damit auseinandersetzen kann. Das ist eine demokratische, staatsbürgerliche Forderung, ganz abgesehen davon, daß die heute vielfach unentbehrliche Hilfe in Steuersachen einen nicht zu rechtfertigenden Aufwand heischt, der zudem — über die Verbuchung auf Unkostenkonto — weitgehend vom Staate getragen werden muß.

2. Der Begriff einer „organischen" Steuerreform

Von denjenigen, welche eine organische Steuerreform fordern, stellt sich der eine dies, der andere vielleicht etwas ganz anderes darunter vor. Den Reformvorschlägen dieses Berichts muß daher eine Feststellung dessen vorangestellt werden, was hier unter „organisch" verstanden wird.

Unter einer organischen Steuerreform ist ein System von steuerpolitischen Maßnahmen zu verstehen, welches insbesondere folgende Erfordernisse erfüllt:

a) Ausgestaltung des Steuersystems derart, daß der zu dekkende Finanzbedarf auf möglichst ökonomische und in einer der herrschenden Rechtsüberzeugung und sozialen Kulturgesinnung gemäßen Weise aufgebracht wird;

b) Abstimmung der einzelnen Glieder auf das Ganze des Steuersystems und aufeinander derart, daß sich die einzelnen Steuern in ihrer Ausgestaltung und ihren vermutlichen Wirkungen gegenseitig ergänzen und möglichst wenig beeinträchtigen.

c) Abstimmung sowohl mit dem grundsätzlich gewollten Wirtschaftssystem als auch mit den sich aus dem Wirtschaftsablauf ergebenden wirtschaftspolitischen Aufgaben — beides unter Nutzung der Besteuerung als wirtschafts- und sozialpolitisches Ordnungsmittel;

d) Anpassung des Steuersystems an die politische Struktur der Bundesrepublik, insbesondere an die Notwendigkeit einer hinreichenden und zweckmäßigen Ausstattung von Bund, Ländern und Gemeinden mit Finanzmitteln.

Jedes tatsächliche Steuersystem ist unvermeidlich ein Kompromiß. Es kann keine ein für allemal gültige Norm für das Wie der Besteuerung geben. Das quantitative und das funktionelle Verhältnis der Hauptsteuern zueinander sowie der Neben- zu den Hauptsteuern kann nicht dauernd unverändert bleiben, sofern erhebliche fiskalische, volkswirtschaftliche, sozialpolitische und finanzausgleichspolitische Nachteile vermieden werden sollen. Kein Steuersystem darf daher starr sein; wesentlich neuen wirtschaftlichen und politischen Tatbeständen muß durch eine gewisse Wendigkeit der Besteuerung Rechnung getragen werden können — sei es durch Verlagerung der Steuergewichte von der einen auf die andere Steuerart, sei es durch eine Änderung der Methoden einzelner Steuern. Jede größere Reform in der einen oder anderen Richtung verlangt im übrigen ihrerseits eine Neuabstimmung der einzelnen Glieder des Steuersystems aufeinander; ohne sie gibt es keine wirklich organische Besteuerung.

3. Die organische Steuerreform und die Ergiebigkeit des Steuersystems

Die erste Frage, die sich aufdrängt, sobald der Durchführung einer organischen Steuerreform nähergetreten wird, ist die nach dem Steueraufkommen. Von weiten Kreisen wird berechtigterweise eine Minderung der Steuerlast erwartet, und eine solche wird zum wenigsten hinsichtlich bestimmter Steuern und Steuersubjekte auch hier befürwortet. Das heißt jedoch nicht, daß die Verwirklichung der Vorschläge dieses Berichts auf die Dauer eine Verringerung des Steueraufkommens zur Folge haben muß. Es wird vielmehr erwartet, daß eine Senkung gewisser Steuersätze und eine Vereinfachung des Steuersystems das Steueraufkommen eher erhöhen als vermindern werden. Ein solches fiskalisch günstiges Ergebnis einer organischen Steuerreform wird erhofft einmal als Folge einer Erhöhung und besseren Verwendung des Sozialprodukts und zum anderen wenn und insoweit der Steuerverwaltung durch eine solche Reform eine rationellere Durchführung der Steuergesetze ermöglicht wird.

Die Verwirklichung einer organischen Steuerreform beeinflußt das Steueraufkommen unterschiedlich, je nachdem auf welches der oben erwähnten Erfordernisse der Nachdruck gelegt wird. Am einfachsten und günstigsten liegen die Dinge bezüglich des Erfordernisses einer steuertechnisch guten Abstimmung aller Glieder des Steuersystems aufeinander (vgl. 2 b). Ihre Verwirklichung beeinflußt das Gesamtaufkommen an Steuern günstig, und zwar schon unmittelbar; führt sie doch zu einer höheren Stufe der Besteuerungskunst. Was in einem gegebenen Zeitpunkt in dieser Hinsicht wirklich erstrebt und erreicht werden kann, hängt freilich wesentlich von der Leistungsfähigkeit der Steuerverwaltung und von der Haltung der Steuerpflichtigen, der Steuermoral, ab.

Das weiterhin genannte Erfordernis einer organischen Steuerreform: die Abstimmung der Besteuerung mit dem grundsätzlich gewollten Wirtschaftssystem (vgl. 2 c) schafft ebenfalls günstigere Voraussetzungen für das Steueraufkommen. Das gleiche läßt sich von einer Nutzbarmachung der Besteuerung als wirtschaftspolitisches Instrument wohl nur konjunkturpolitisch — und dies auch nur für den Durchschnitt mehrerer Jahre — feststellen, nicht dagegen strukturpolitisch. Soll durch eine Änderung der Besteuerung die Organisation einzelner Erwerbszweige oder gar der ganzen Volkswirtschaft oder soll die private Disposition über das Sozialprodukt beeinflußt werden, so tritt ein volkswirtschaftspolitisches Ziel neben oder vielleicht sogar vor das fiskalische Ziel der Besteuerung. Es muß also mindestens in einer Übergangszeit ein gewisser Steuerausfall gegenüber dem technisch Erreichbaren in Kauf genommen werden, der freilich später durch ein Produktivitäts- oder ein Stabilitätsplus als Folge der volkswirtschaftspolitischen Orientierung der Besteuerung kompensiert oder vielleicht gar überkompensiert werden kann.

Das politisch-strukturelle Erfordernis einer organischen Steuerreform (vgl. 2 d) hat — fiskalisch gesehen — ein Doppelgesicht. Seine Verwirklichung kann dazu zwingen, gewisse Opfer am systematischen Aufbau oder am Aufkommen der Besteuerung zu bringen; in der politischen Wirklichkeit ist dies sogar die Regel. Jedes Nebeneinander steuerpolitisch mehr oder minder selbständiger Teile der gesamten nationalen Finanzwirtschaft führt leicht zu finanzpolitischen Kollisionen; entweder kommt es zur Inanspruchnahme ein und derselben Steuerart durch mehrere Gebietskörperschaften oder zu Zuschlägen, die eine Gebietskörperschaft auf Steuern einer anderen erhebt, oder zur Schaffung und Aufrechterhaltung von einzelnen Steuern, welche technisch-rational überflüssig oder gar materiell schädlich sind; endlich kann es zu einer Häufung dieser Kollisionsformen führen. In jedem dieser Fälle werden Steuern regional oder lokal verschieden stark angespannt, entstehen also ungenutzte Steuerreserven oder örtliche Steuerüberspannungen. Beides muß sich fiskalisch schließlich rächen.

Als Mittel zur Sicherung allseitiger Selbstverantwortung und Wirtschaftlichkeit der Verwaltung sind Maßnahmen wie die selbständige Ausschöpfung derselben Steuer durch mehrere Gebietskörperschaften, Zuschläge zu den Steuern einer anderen Gebietskörperschaft und selbst ein belastungspolitisch mehr oder weniger unorganisches, steuertechnisch unrationelles Nebeneinander zweier Steuern nicht selten unentbehrlich. In der Wirklichkeit sind steuerpolitische Doppelherrschaft und steuertechnisch unrationelle Steuern nicht zuletzt eine staaspolitisch bedingte Maßnahme, die als solche nicht ausschließlich unter dem Gesichtswinkel ökonomischer Rationalität beurteilt werden darf. Dasselbe gilt allgemein von der Aufteilung der Zuständigkeit in Gesetzgebung und Verwaltung. Staatspolitische Zielsetzungen verlangen oft eine andere Gestaltung der Besteuerung, als sie wirtschaftlich, technisch oder organisatorisch ratsam wäre, also einen Verzicht an steuerwirtschaftlicher Rationalität, auch ein Vielerlei in der Besteuerung auf Kosten des Viel. Je verhältnismäßig höher der Steuerbedarf und je differenzierter die verfassungspolitische Zielsetzung auf dem Gebiete der Besteuerung, desto mehr Zwiespältigkeit muß sich im Steuersystem eines Landes finden.

4. Politische Erschwernisse einer organischen Steuerreform

Die volkswirtschaftspolitische und die steuertechnische Abstimmung, welche als Erfordernisse einer aufs Organische hinzielenden Steuerreform bezeichnet wurden, sind leichter erreichbar — handelt es sich hier doch um rein wirtschaftliche Aufgaben — als die Abstimmung des Steuersystems mit der staatsrechtlichen Struktur der Bundesrepublik. Die letztgenannte Aufgabe erfordert es manchmal, Ziele anzustreben, bei deren Verfolgung die Einheitlichkeit des politisch aufgeteilten Wirtschaftsgebietes übergangen oder als zweitrangig behandelt werden muß, also das wirtschaftlich oder steuertechnisch Gebotene zugunsten des politisch Notwendigen zurückzusetzen. Je mehr „politische Daten“ dieser oder jener Art gegeben sind, um so schwieriger ist es, ein in sich wirklich abgestimmtes Steuersystem zu erreichen.

Die derzeitige Aufgabe einer organischen Steuerreform hat nicht nur mit finanzausgleichspolitischen Daten, sondern auch mit noch anderen politischen Auflagen zu rechnen, welche die innere Folgerichtigkeit unseres künftigen Steuersystems zu beeinträchtigen drohen. Dazu gehören schon die steuerpolitischen Notbehelfe und Konzessionen, welche in den Jahren 1949 bis 1952 zur Milderung der unerträglich gewordenen Belastungen geschaffen wurden, dies namentlich zur Förderung der Kapitalbildung und zum Wiederaufbau des Kapitalmarkts. Es wird keineswegs einfach sein und außerdem erhebliche Zeit beanspruchen, das Ergebnis des unorganischen Vorspiels zur organischen Steuerreform zu überwinden. Ein weiteres politisches Datum für diese, der Lastenausgleich, muß steuerpolitisch ebenfalls, so gut es eben geht, „verkraftet" werden. Demgegenüber muß und kann das letzte der hier zu skizzierenden politischen Daten, eine verbreitete Voreingenommenheit des politischen Urteils über die sogenannten direkten Steuern einerseits und die sogenannten indirekten Steuern andererseits, weithin aus dem Wege geräumt werden. Setzt man sich über diese politisch-pädagogische Aufgabe hinweg, so wird nur die Chance verpaßt, eine im großen unabänderliche verteilungspolitische Folge des gegenwärtigen, überaus hohen Finanzbedarfs wenigstens im einzelnen erträglicher zu gestalten; die neuere Entwicklung des deutschen Steuersystems zeigt dieses Entweder — Oder deutlich genug.

Die Neuverteilung der Steuern zwischen Bund und Ländern auf Grund des in Artikel 107 des Grundgesetzes vorgesehenen Gesetzes wird nicht an der Aufgabe vorbeikönnen, jeder Gebietskörperschaft, insbesondere auch den Ländern und Gemeinden, ein Mindestmaß an finanzieller Selbständigkeit zu sichern. Auch dies politisch gegebene Ziel beengt unvermeidlich die konstruktive Planung der Steuerreform. Es führt z. B. dazu, daß der vom Standpunkt einer organischen Steuerreform naheliegende Gedanke, neben der Einkommen- und der Körperschaftsteuer keine besondere Steuer vom Gewerbeertrag zu erheben, nicht ohne weiteres berücksichtigt werden könnte.

Mehr als durch finanzausgleichspolitische Gegebenheiten wird eine organische Steuerreform durch den nach monatelangen

Verhandlungen schließlich am 14. August 1952 gesetzlich verabschiedeten Lastenausgleich gehemmt. Dieser ist das gewichtigste, zeitlich am weitesten reichende und im wesentlichen kaum änderungsfähige steuerpolitische Präjudiz, mit welchem sich die organische Steuerreform abzufinden hat. Gerade die großen direkten Steuern, vorzüglich die Einkommen- und die Körperschaftsteuer, sind durch ihn in ihrer Anspannungsfähigkeit beengt, macht doch das jährliche Aufkommen an Lastenausgleichsabgaben etwa ein Fünftel bis ein Viertel desjenigen aller derzeitigen Einkommen- und Körperschaftsteuern aus. Es kann keine Frage sein, daß die technische Rationalität des künftigen deutschen Steuersystems durch die Lastenausgleichsabgaben gemindert ist und damit das Steueraufkommen insgesamt beachtlich geschmälert wird. Für die Zeit bis Ende 1957 ist bekanntlich das Aufkommen aus der laufenden Vermögensteuer in den Lastenausgleich einbezogen; dadurch ist im Bereiche der Vermögensbesteuerung ein zusätzliches politisches Datum geschaffen worden.

5. Steuerreform und marktwirtschaftliche Verfassung der Volkswirtschaft

Die große wirtschaftliche Bedeutung der erstrebten Steuerreform hat den Wissenschaftlichen Beirat beim Bundesministerium der Finanzen zur gemeinsamen Beratung einschlägiger Grundfragen mit dem Wissenschaftlichen Beirat beim Bundesministerium für Wirtschaft veranlaßt. Auf einer gemeinsamen Tagung der beiden wissenschaftlichen Beiräte am 3. und 4. März 1952 wurden insbesondere die Beziehungen zwischen dem heute geltenden Steuersystem und dem marktwirtschaftlichen Sektor der Volkswirtschaft untersucht und gewürdigt. Dabei gelangten die beiden Beiräte zu folgenden Feststellungen:

„Die enorme Steigerung des staatlichen Finanzbedarfs und die mit der angespannten Besteuerung offensichtlich gewordenen erheblichen volkswirtschaftlichen Reibungen und Schäden des deutschen Steuersystems haben zur Frage Anlaß gegeben, ob und inwieweit der Finanz- und Steuerbedarf mit der marktwirtschaftlichen Organisationsform der Volkswirtschaft vereinbar ist und was geschehen muß, um das erforderliche Steueraufkommen mit einem Minimum an volkswirtschaftlichen Opfern durch die Technik der Besteuerung zu erreichen.

Die Natur der öffentlichen Finanzwirtschaft als einer Zuschußwirtschaft setzt ihr bestimmte Grenzen. Sie muß aus den Einkommen und Überschüssen der übrigen Einzelwirtschaften alimentiert werden. Darüber hinaus besteht bei einer marktwirtschaftlichen Organisation der Volkswirtschaft noch eine engere Grenze. Diese ergibt sich aus der instrumentalen Leistungsfähigkeit der Besteuerung als des heute wichtigsten Finanzierungsmittels des Staates. Je mehr die Besteuerung den Besonderheiten der volkswirtschaftlichen Lage angepaßt ist, um so geringer sind bei gegebenem Steueraufkommen ihre volkswirtschaftlichen Nachteile. Es kommt vor allem darauf an, das Steuersystem mit der marktwirtschaftlichen Organisationsform der Volkswirtschaft abzustimmen, soweit dies bei der gegenwärtigen Höhe des Steuerbedarfs überhaupt möglich ist.

Die zentrale Aufgabe der praktischen Wirtschaftspolitik ist

a) negativ: die unvermeidlichen Auswirkungen der Besteuerung auf den marktwirtschaftlichen Sektor der Gesamtwirtschaft so wenig schädlich wie möglich zu machen;

b) positiv: zu prüfen, ob und welche Möglichkeiten die Gestaltung des Steuersystems zu erwünschten lenkerischen Einflußnahmen auf die Marktwirtschaft bietet.

Die Preise haben im marktwirtschaftlichen System grundsätzlich die Funktion, die Knappheitsrelationen der Güter widerzuspiegeln, soweit diese Preise nicht bewußt aus finanz- oder wirtschaftspolitischen Gründen von den tatsächlichen Knappheitsrelationen losgelöst werden sollen. In dieser Funktion wird das Preissystem durch eine Reihe von Steuern, insbesondere bei den gegenwärtigen hohen Steuersätzen, in unsystematischer Weise beeinträchtigt.

Die Knappheitsrelationen und das Preissystem werden durch die Besteuerung beeinflußt: einerseits auf dem Wege über die Veränderung der Nachfragefaktoren andererseits durch die Änderung der steuerlichen Kalkulationsdaten. Die Erzielung eines möglichst großen Erfolges der Gesamtwirtschaft setzt voraus, daß beide Arten von Steuern planmäßig und im Hinblick auf ihre speziellen Wirkungen angelegt werden.

Das heutige Steuersystem enthält eine ganze Reihe von Steuern, welche die Kalkulation beeinflussen. Sie sind teils Steuern auf einzelne Produktionselemente (Grundsteuer, Gewerbekapitalsteuer, Lohnsummensteuer), teils schlechtweg allgemeine Kostensteuern wie die Umsatzsteuer. Schon immer war es Gegenstand ernster Sorge, daß die Steuern auf einzelne Produktionselemente nicht aufeinander abgestimmt sind. Die konzentrationsfördernden und konkurrenzhemmenden Wirkungen der Umsatzsteuer, insbesondere seit ihrer letzten Erhöhung, sind weitaus schädlicher als der Mangel an Abgestimmtheit unter den übrigen Steuern.

Auch die Einkommen- und Körperschaftsteuern führen angesichts der heutigen Marktlage und der vielfach vorherrschenden monopolistischen Marktformen zu unerwünschten Überwälzungen zu Lasten des Preis- und Kostengefüges, welche die unerwünschten Verzerrungen der Preise weiter akzentuieren.

Die Höhe der gegenwärtigen Einkommensbesteuerung in ihren verschiedenen Formen sowie die der Körperschaftsteuer beeinflussen in unerwünschter Weise die Verwendung des Unternehmensergebnisses, mindern vielfach Arbeits- und Unternehmerleistung und die Bereitschaft zur Übernahme von wirtschaftlichen Risiken und lenken Investitionen und Erwerbsstreben in volkswirtschaftlich unerwünschte Richtungen. Insbesondere die einseitige Orientierung der Investitions- und Abschreibungspolitik an der Steuer führt häufig zu gesamtwirtschaftlich ungünstigen Ergebnissen. Zu den so entstehenden Unwirtschaftlichkeiten gehört die ganze Gruppe der „Steuerfluchtausgaben" („Spesen-", „Unkostenproduktion"). Die Überbesteuerung provoziert Steuerverkürzung und Steuerhinterziehung in jeder Form.

Die heutige Einkommensbesteuerung hat zu einer Zweiteilung der Steuerpflichtigen in solche geführt, die durch die Gestaltung und Periodenabgrenzung ihrer Einkünfte die Höhe der Steuer beeinflussen können, und solche, denen derartige Möglichkeiten, wenn überhaupt, nicht annähernd in dem gleichen Maße zu Gebote stehen. Die Folge ist eine ungerechte Verteilung der Steuerlast und eine ungleichmäßige Heranziehung der verschiedenen Bevölkerungsschichten.

Die ungleiche Chance zur Einkommens- und Steuergestaltung und die ungleichmäßige Verteilung der Steuerlast führen dazu, die Vermögensbildung der einen Gruppe übermäßig zu begünstigen, die der anderen dagegen in hohem Grade zu erschweren.

Das Nebeneinander von Einkommen- und Körperschaftsteuer hat zur Folge, daß wirtschaftlich gleichartige Unternehmen nur um der aus der Rechtsform folgenden ungleichen steuerlichen Belastung willen sich in verschiedener Wettbewerbslage befinden. Infolgedessen wird vielfach die Wahl der Rechtsform für Unternehmen nur von steuerlichen Erwägungen abhängig gemacht. Ein Wechsel der Steuergesetze und ihrer Auslegung führt zu Fluktuationen zwischen den Unternehmensformen, zu Zusammenschlüssen oder Aufspaltung von Unternehmen. Eine weitere Folge ist ständige Beunruhigung der Wirtschaft.

In der Form einer kumulativen Allphasensteuer fördert die Umsatzsteuer die Konzentrationsbewegung. Der Versuch, ihr durch Einführung einer Zusatzbesteuerung mehrstufiger Unternehmen entgegenzuwirken, führt zu neuen Ungleichheiten und zu einem Wesenswandel der Umsatzsteuer. Diese wird damit teilweise zu einer zusätzlichen Ertragsteuer.

Soweit die Steuergesetzgebung die Selbstfinanzierung fördert, verknappt sie das für Neugründung von Unternehmen verfügbare Kapital und verstärkt die Tendenz zur Abschließung der Märkte. Dadurch werden auch die sozialen Aufstiegschancen gemindert.

Die Auswirkungen des Steuersystems auf die Volkswirtschaft liegen auf dem Gebiet der Wirtschaftsverfassung (a), Struktur (b), Konjunktur (c) und Verteilung (d). Die Auswirkung auf andere Gebiete des sozialen Lebens, z. B. die Bevölkerung, die Kultur, müssen erwogen werden, sind hier aber nicht weiter zu verfolgen.

a) Daß auch mit stark angespannten Steuern eine Marktwirtschaft bestehen kann, ist eine durch die Erfahrung bewiesene Tatsache. Die Erfahrung lehrt aber auch, daß die Besteuerung die marktwirtschaftlichen Spielregeln gefährden und teilweise sogar außer Kraft setzen kann. Ist also ein marktwirtschaftliches System gewollt, so muß bei der Gestaltung des Steuersystems darauf Bedacht genommen werden, eine solche Auswirkung zu vermeiden oder auf ein Mindestmaß zu beschränken. Das gegenwärtige Steuersystem lenkt vielfach die unternehmerischen Entschließungen auf Wege, die den marktwirtschaftlichen Ordnungsprinzipien widersprechen. Diese schädliche Wirkung des jetzigen Steuersystems zu beheben, kommt praktisch einer positiven Förderung der marktwirtschaftlichen Ordnung gleich.

b) Außer den erwähnten strukturpolitischen Auswirkungen des Steuersystems sind auch ins Auge zu fassen die möglichen Auswirkungen auf Investitionsrichtung (Proportionalität und Komplementarität der verschiedenen Wirtschaftszweige), auf Betriebsgrößen, auf Standortsbedingungen und auf den Außenhandel. Auf allen diesen Gebieten gibt es Möglichkeiten, die Steuer als Lenkungsmittel einzusetzen.

c) Für die Einwirkung auf die Konjunktur stehen im Gesamtrahmen der budgetären Politik steuerliche Maßnahmen nicht an erster Stelle. Das schließt nicht aus, unter bestimmten Voraussetzungen durch Änderung von Art und Maß der Besteuerung konjunkturpolitischen Bedürfnissen Rechnung zu tragen. Allerdings besteht im demokratisch-parlamentarischen Staat die Schwierigkeit, solche Maßnahmen mit der erforderlichen Schnelligkeit zu treffen.

d) Die Besteuerung ist nur bis zur Grenze der Überbesteuerung ein taugliches Mittel zur Umverteilung von Einkommen und Vermögen (Redistribution)."

6. Die organische Steuerreform als finanzielles Wagnis

Jeder wesentliche Umbau einer bestehenden Besteuerung ist nicht zuletzt ein finanzielles Wagnis. Oft genug ist man im Lauf der deutschen Finanzwirtschaftsgeschichte der nötigen Übernahme eines solchen Wagnisses ausgewichen und hat das dann mit dem bekannten Canardschen Satz von der Güte alter Steuern zu begründen versucht. Natürlich verursacht jede Umstellung der Besteuerung volkswirtschaftliche Reibungen, also Opfer, und natürlich ist eine solche Umstellung nicht möglich, ohne in einer Übergangszeit einen gewissen Steuerausfall zu riskieren oder im Hinblick auf einen solchen die Steuerschraube zunächst einmal stärker anzuziehen, als es auf die Dauer nötig wäre. Aber kein verantwortungsbewußter Arzt wird der Umkehr von einer ungesunden zu einer gesunden Lebensweise deswegen widerraten, weil dem Körper die Umstellung nicht ohne gewisse Schwierigkeiten möglich ist. Auch der finanz- und wirtschaftspolitische Arzt wird in seiner als grundsätzlich richtig erkannten Zielsetzung nicht wankend werden, mag er gewiß darauf bedacht sein, einen schroffen Übergang zu vermeiden.

Besondere Beachtung verlangt die ebenso verbreitete wie verfängliche Annahme, ein grundlegender Steuerumbau sei nur möglich, wenn bei einer vollen Staatskasse auch eine genügende finanzielle Ellbogenfreiheit gegeben sei. Durch diese Annahme oder durch ihre falsche Anwendung ist oft genug eine erwünschte Steuerreform unterblieben oder eine unerläßliche auf einen ungünstigeren Zeitpunkt hinausgeschoben worden. Ist aber durch Steuerreformmaßnahmen eine Gewähr dafür gegeben, daß Ertragskraft und Widerstandsfähigkeit der Volkswirtschaft steigen — der Volkswirtschaft, welche auch den Staat „ernähren" soll und nicht nur die Privaten, denen man von Staats wegen doch oft genug predigt, das Wohl des Ganzen sei auch ihr Lebensinteresse —, so ist die aus einem Steuerumbau entstehende Aufgabe „nur" technischer Natur. Bei ihr handelt es sich eben darum, künftig aus einem größeren und nachhaltiger gesicherten Sozialprodukt nicht mehr an Kaufkraft dem Staate zuzuleiten als bisher aus einem kleineren.

Bringt eine geänderte Besteuerungsweise nicht sogleich ein Aufkommen in der bisherigen Höhe, erscheint ein solches aber in naher Zukunft gesichert, so kann und muß notfalls ein Kredit aushelfen. Ein solcher Finanzierungskredit wäre durchaus als „werbend" zu bezeichnen. Eine inflatorische Gefahr besteht dann nicht, wenn die konjunkturelle Lage noch eine Ausweitung der Produktion erlaubt oder der dem Staate gewährte Kredit durch eine Reduktion der sonstigen Kredite kompensiert wird. Eine wirtschaftlich gebotene Umstellung der Besteuerung kann und darf nicht daran scheitern, daß übertragungstechnisch einmal ungewöhnliche Wege beschritten, statt Steuern für eine kurze Zeit teilweise Kredite als Finanzierungsmittel benutzt werden. Es wäre schon ein arges Armutszeugnis für die Finanz- und Steuerpolitiker, wenn sie eine materiell gleiche finanzwirtschaftliche Aufgabe unter volkswirtschaftlich günstigeren Voraussetzungen technisch nicht lösen könnten, die sie unter weniger günstigen gelöst haben! Im Grunde genommen gehört kein besonderer Mut dazu, verantwortungsbewußt eine volkswirtschaftlich schlechtere auf eine bessere Besteuerung umzustellen; freilich wird es nötig sein, die finanzrechtlichen Regelungen zu ändern, die in den derzeitigen einseitig fiskalisch und nicht volkswirtschaftlich orientierten Bestimmungen über die Zulässigkeit einer Kreditnahme gegeben sind.

2. Auftrag des Bundesministers der Finanzen an die von ihm eingesetzte Steuerreformkommission 1971 (Eberhard-Kommission) vom 17. Dezember 1968

Die Kommission erhält den Auftrag, ein Gutachten zur Vorbereitung einer umfassenden Steuerreform auszuarbeiten, das sowohl die direkten Steuern als auch die indirekten Steuern sowie die Prämiengesetze behandelt. Nach Möglichkeit soll das Gutachten spätestens Mitte 1970 vorgelegt werden.

Für die Ausarbeitung der Reformvorschläge stehen der Kommission das Gutachten des Wissenschaftlichen Beirats beim Bundesministerium der Finanzen, die Vorschläge der Einkommensteuerkommission, des Bundes Deutscher Steuerbeamten, des Bundes der Steuerzahler, die Denkschrift des Bundesverbandes der freien Berufe und andere wichtige Vorschläge zur Auswertung zur Verfügung.

Die Vorschläge der Kommission sollen zu einem Steuerrecht führen, das — ohne Aufgabe der allgemein gültigen Grundsätze des Steuerrechts — insbesondere den Zielsetzungen einer modernen Finanzpolitik entspricht sowie den Grundsatz der Gleichmäßigkeit und sozialen Gerechtigkeit der Besteuerung berücksichtigt. Dabei sollen auch Möglichkeiten zum weiteren Abbau von Steuervergünstigungen eingehend untersucht werden. Ganz besonderer Wert ist auf eine Vereinfachung des Steuerrechts zu legen. Es werden schließlich die Harmonisierungsbestrebungen innerhalb der EWG berücksichtigt werden müssen, wobei u. a. auch das Verhältnis zwischen den direkten und den indirekten Steuern von Bedeutung sein wird.

Durch die Steuerreform soll das Volumen der Steuereinnahmen gegenüber dem jetzigen Rechtszustand einschließlich der Zuwachsquoten nicht verändert werden.

3. Aus dem Gutachten der Steuerreformkommission 1971 (Eberhard-Kommission)*

Notwendigkeit einer Reform

1. Ausgangspunkte

Auslösendes Moment für die Einsetzung der Steuerreformkommission war die seit Jahren immer heftiger gewordene Kritik an dem System des deutschen Steuerrechts und der Ausgestaltung der Steuergesetze im einzelnen. Die Kritik am Steuersystem ist zwar so alt wie das Steuerrecht selbst. Es hat auch nicht an Reformvorschlägen und partiellen Steuerreformen gefehlt. So hat z. B. der Wiss. Beirat bereits 1953 seinen Bericht „Zur organischen Steuerreform“ vorgelegt (Bonn 1953). Aus dem Jahre 1954 stammen die „Diskussionsbeiträge des Arbeitsausschusses für die Große Steuerreform“ (Stuttgart 1954). Im Jahre 1957 erschien ergänzend hierzu im Auftrag der Finanzminister der Länder die „Denkschrift zur Verbesserung der Einkommensbesteuerung“ (Stuttgart 1958). Ihr folgten dann u. a. im Jahre 1964 der Bericht der Einkommensteuerkommission und im Jahre 1967 das Gutachten des Wiss. Beirats zur Reform der direkten Steuern (im folgenden als Gutachten Direkte Steuern bezeichnet). Vgl. Schriftenreihe des BMF, Heft 9. Der Gesetzgeber hat diese und andere Vorschläge zum Teil auch aufgegriffen, so etwa mit der sog. „Kleinen Steuerreform“ vom Jahre 1953 (BGBl. I, S. 413), dem Gesetz zur Neuordnung von Steuern vom 16. 12. 1954 (BGBl. I, S. 373) und dem Gesetz zur Änderung steuerlicher Vorschriften vom 26. 7. 1957 (BGBl. I, S. 848), das u. a. eine Reform der Ehegattenbesteuerung brachte. Auch die Steueränderungsgesetze in den folgenden Jahren haben Fortentwicklungen des geltenden Rechts im Sinne einer Reform gebracht. Das gilt sicher für den Bereich der Sparförderung mit dem 1959 auch für das Konten- und Wertpapiersparen erfolgten gesellschaftspolitisch begründeten

* Bonn 1971, S. 23 ff.

Übergang zum Prämiensystem (BGBl. I, S. 241). Auch für andere Einzelbereiche hat es Reformen gegeben, die diesen Namen verdienen, so für den Bereich des Bewertungsrechts mit dem Bewertungsgesetz von 1965 (BGBl. I, S. 1861) und für den Bereich des Umsatzsteuerrechts mit dem Übergang zum Mehrwertsteuersystem durch das Umsatzsteuergesetz 1967 (BGBl. I, S. 545). An einer umfassenden, in allen Bereichen aufeinander abgestimmten Reform des ganzen Steuersystems hat es jedoch bisher gefehlt.

2. Kritik am geltenden Steuerrecht in der Öffentlichkeit

Die Kritik der Öffentlichkeit richtet sich im wesentlichen auf drei Faktoren

— das Steuersystem,
— die Steuerstruktur und
— die Umverteilungsfunktion von Steuersystem und Steuerstruktur.

Im folgenden werden die wesentlichen Kritikpunkte aufgeführt. Die Auseinandersetzung mit ihnen erfolgt in den entsprechenden Abschnitten des Gutachtens.

a) Kritik am Steuersystem

Die Kritik an dem in der Bundesrepublik geltenden Steuersystem ist, so vielfältig sie auftritt, nur vor dem Hintergrund der jeweiligen Vorstellungen der Kritiker über die optimale Ausgestaltung eines Steuersystems für unsere Gesellschaft zu verstehen. Unter „Steuersystem" wird dabei eine wohlüberlegte, aufeinander abgestimmte Ordnung von Steuern verstanden, mit der den Zielsetzungen der Steuerpolitik möglichst weitgehend entsprochen werden kann.

Unter diesem Gesichtspunkt ergeben sich zwei Hauptansätze der Kritik: Einmal der Vorwurf der mangelnden Systematik, d. h. des Fehlens einer wohlüberlegten abgestimmten Ordnung, und zum anderen der Vorwurf der fehlgerichteten Systematik, d. h. der unzulänglichen Übereinstimmung mit den Zielen der Steuerpolitik.

Das deutsche Steuerrecht beruht noch vorwiegend auf den Vorstellungen der Erzbergerschen Steuerreform von 1919/20, die 1925 und 1934 Änderungen erfahren hat. In der Folgezeit, insbesondere nach dem Zweiten Weltkrieg, ergaben sich laufend weitere größere und kleinere Anpassungen, die auf Grund stärkerer Betonung außerfiskalischer Zielsetzungen mit dem bestehenden System nicht in Einklang zu bringen waren. Heute wirft man dem auf diese Weise fortentwickelten System insbesondere folgende Mängel vor:

— Die Anpassung des Steuersystems habe mit der gesellschaftlichen Entwicklung nicht Schritt gehalten.
— Das Steuersystem sei wegen seiner Ergänzungen und Sonderbestimmungen selbst für Fachleute unübersichtlich geworden.
— Das Steuersystem habe zu einer ungerechten Lastverteilung geführt.
— Durch die Vielzahl unsystematischer Sonderregelungen werde das Ziel einer wettbewerbsneutralen Besteuerung nicht erreicht.

In der Abschaffung der Kompliziertheit und Unüberschaubarkeit des geltenden Steuerrechts wird eine der vordringlichsten Aufgaben einer Reform gesehen. Das Steuerrecht ist inzwischen zu einem Komplex mit über 6000 Paragraphen in etwa 50 Gesetzen und einer wesentlich größeren Zahl von Rechtsverordnungen ausgeufert. Dies beruht nicht zuletzt auf dem Bestreben nach möglichst großer Steuergerechtigkeit, d. h. auf dem Versuch, möglichst viele Tatbestände individuell zu regeln. Mit einem gewissen Recht wurde deshalb in der Öffentlichkeit auf den Gegensatz zwischen Steuervereinfachung und Steuergerechtigkeit hingewiesen. Andererseits wird bemängelt, daß trotz des Perfektionismus Lücken in der Erfassung steuerlicher Tatbestände bestehen; als besonders ungerecht wird die unzureichende Besteuerung von Wertzuwachs und Veräußerungsgewinnen im privaten Bereich empfunden.

Konkret setzt der Vorwurf zu großer Kompliziertheit bei extremer Beanspruchung der Verwaltung und des Steuerzahlers insbesondere an bei

— der großen Zahl von rund 50 Einzelsteuern mit z. T. geringem Aufkommen,

— der Überschneidung und Überlagerung von Steuern bei Gleichheit oder Ähnlichkeit von Steuerobjekt und Steuerbemessungsgrundlage,
— der Vielzahl der von Fall zu Fall gewährten Sondervergünstigungen und Ausnahmeregelungen,
— den besonderen Schwierigkeiten bestimmter Erhebungsformen (Steuerabzug),
— der Unübersichtlichkeit der Förderungsmaßnahmen zur Vermögensbildung.

aa) Vielzahl von Einzelsteuern

Von Kritikern wird immer wieder darauf hingewiesen, daß das geltende Steuersystem aus etwa 50 Einzelsteuern besteht. Die zehn ergiebigsten Steuern erbringen allein über 90 v. H. der gesamten Steuereinnahmen, während auf den Rest von etwa 40 Steuern weniger als 10 v. H. entfallen. Hieraus wurde die Forderung abgeleitet, die Zahl der Steuern durch Abbau wenig ergiebiger Abgaben zu vermindern und das System auf einige ertragreiche Steuern zu gründen (vgl. Tz. I/51).

Kritiker dieses Vorschlags weisen auf den Einnahmeausfall hin, der beim Abbau bestimmter Steuern entstehen würde, und der nur durch eine Erhöhung der noch verbleibenden Steuern auszugleichen wäre. Auch sei der Verwaltungsaufwand bei vielen kleineren Steuern niedriger als allgemein angenommen wird. Ferner sei zu berücksichtigen, daß die Charakterisierung einzelner Steuern als Bagatellsteuern, d. h. nach der Aufkommenshöhe nicht der alleinige Maßstab für eine abschließende Beurteilung sein könne. So könnten z. B. viele kleine Gemeindesteuern trotz relativ niedrigen Gesamtaufkommens regional von beachtlichem Gewicht sein.

bb) Überschneidung und Überlagerung von Steuern

Im Zusammenhang mit der Kritik an der Vielzahl der Steuern wird unter systematischen Gesichtspunkten häufig geltend gemacht, daß dasselbe Steuerobjekt mehrmals von der Besteuerung erfaßt wird.

Hier werden insbesondere angeführt:
— die doppelte Belastung ausgeschütteter Gewinne von Kapitalgesellschaften mit Körperschaft- und Einkommensteuer,

— die doppelte Belastung von in Kapitalgesellschaften investiertem Vermögen bei der Gesellschaft und beim Anteilseigner,
— die Vorbelastung der gewerblichen Gewinne und des Gewerbekapitals durch die Gewerbesteuer,
— das Nebeneinander von Grund- und Vermögensteuer,
— das Nebeneinander von Vermögen- und Erbschaftsteuer,
— das Nebeneinander von Kraftfahrzeug- und Mineralölsteuer.

Dieser Kritik wird entgegengehalten,
— daß in den beiden ersten Fällen wegen der besonderen rechtlichen Konstruktion eine Doppelbelastung der in Kapitalgesellschaften erzielten Gewinne und des in solchen Gesellschaften investierten Vermögens berechtigt ist und
— daß in den übrigen Fällen das Nebeneinander der Steuern sich aus ihrer verschiedenen Funktion begründen läßt.

Ein besonderes Gewicht hat in diesem Zusammenhang die Gewerbesteuer. Bei der Gewerbesteuer stehen sich Befürworter und Gegner eines mehr oder weniger weitgehenden Abbaus gegenüber. Einigkeit besteht lediglich darin, daß der Abbau der Gewerbesteuer keinesfalls unter demselben Aspekt wie der Abbau von Bagatellsteuern gesehen werden kann, weil die Gewerbesteuer vom Aufkommen her die drittgrößte Steuer unseres Steuersystems ist.

Kritik richtet sich auch gegen das Nebeneinander von Kraftfahrzeug- und Mineralölsteuer, in dem einmal eine überhöhte Belastung des Straßenverkehrs, zum anderen aber auch eine Überforderung der Verwaltung gesehen wird. Auch wird die Bemessungsgrundlage für die Kraftfahrzeugsteuer laufender Kritik unterzogen.

Von einer Seite wird deshalb der Einbau der Kraftfahrzeugsteuer in die Mineralölsteuer gefordert. Von anderer Seite wird demgegenüber erklärt, daß das Problem der Kraftfahrzeugbesteuerung nicht einseitig unter dem Aspekt der Verwaltungsvereinfachung gesehen werden dürfe. Kraftfahrzeug- und Mineralölsteuer müßten als verkehrspolitische Instrumente benutzt werden, um die Teilnehmer am Straßenverkehr nach Maßgabe der von ihnen verursachten Wege- und Sozialkosten zu belasten.

cc) Sondervergünstigungen und Ausnahmeregelungen

In das Steuerrecht wurden in der Zeit nach dem Zweiten Weltkrieg in erheblichem Umfang zur Realisierung außerfiskalischer Ziele, die im wesentlichen mit dem Wiederaufbau in Zusammenhang standen, Sondervergünstigungen für bestimmte Gruppen eingeführt. Gegen diese steuerlichen Regelungen wird eingewandt, daß sie zu einer erheblichen Komplizierung des Steuerrechts und zu einer Verteuerung bei der Verwaltung und den Steuerpflichtigen führten und daß sie Steuerpflichtige mit geringerem Einkommen von der Inanspruchnahme der Sondervergünstigungen ausschlössen, weil diese Steuerpflichtigen oft nicht über die erforderlichen Mittel und auch nicht immer über die notwendigen steuerlichen Kenntnisse verfügten. Die häufigen Änderungen solcher Sondervergünstigungen erschwerten auch die längerfristigen Dispositionsmöglichkeiten der Wirtschaft.

dd) Besondere Schwierigkeiten bestimmter Erhebungsformen

Die Forderung nach Vereinfachung wird mit besonderem Nachdruck auf dem Gebiete der Lohnsteuer erhoben, da bei etwa 20 Millionen lohnsteuerbelasteten Arbeitnehmern diese Steuer den weit überwiegenden Teil aller Steuerpflichtigen trifft. Die Kritik bezieht sich vor allem darauf, daß die Mehrzahl der Arbeitnehmer mit den schwierigen Fragen des Lohnsteuerrechts nicht vertraut ist und deshalb die ihr zustehenden Vergünstigungen oft nicht in vollem Umfange geltend macht.

Das derzeitige Lohnsteuerverfahren wird aber auch aus der Sicht der Finanzverwaltung als dringend reformbedürftig angesehen, weil es nicht mehr die für ein Massenverfahren notwendige Praktikabilität besitzt.

ee) Unübersichtlichkeit der Förderungsmaßnahmen zur Vermögensbildung

Mit der staatlichen Sparförderung wird das Ziel verfolgt, breiten Bevölkerungsschichten die Bildung von Vorsorgevermögen und Eigentum zu erleichtern. Die Kritiker sind der Ansicht, daß dieser Zielsetzung nicht voll entsprochen wird, weil

— die Sparförderung mit ihren vielfältigen Begünstigungsmaßnahmen über verschiedene Gesetze, verbunden mit unterschiedlicher Gestaltung der Vergünstigungen gerade für die Masse der kleinen Sparer immer unübersichtlicher wurde, die Vergünstigungen auch den Beziehern hoher und höchster Einkommen sowie den Inhabern großer Vermögen zufließen, die auch ohne staatliche Anreize sparen und
— ein großer Teil der staatlich geförderten Sparbeträge nicht zusätzlich angesammelt, sondern von anderen Sparformen auf die geförderten Formen umgeschichtet wird.

b) Kritik an der Steuerstruktur

Die Steuerarten des geltenden Systems lassen sich im wesentlichen in zwei Gruppen einordnen:
— Steuern auf die Einkommenserzielung und den Vermögensbesitz (vgl. Abschnitt XI, Übersicht 1). Diese Steuern werden im folgenden als direkte Steuern bezeichnet. Zur Problematik dieses Begriffes vgl. Tz. I/57 und
— Steuern auf die Einkommensverwendung, die im folgenden als indirekte Steuern bezeichnet werden.

Die Kritik an der Steuerstruktur richtet sich auf den prozentualen Anteil der direkten und indirekten Steuern am Gesamtsteueraufkommen. Hier stehen sich zwei Meinungen gegenüber.

Nach der einen Auffassung sollte der Anteil der direkten Steuern erheblich vergrößert werden, weil sie in besonderem Maße geeignet seien, die wirtschaftliche Leistungsfähigkeit der Steuerpflichtigen zu erfassen und eine extrem ungleiche Vermögensbildung zu verhindern.

Die andere Meinung geht dahin, daß eine zu starke Anspannung der direkten Steuern das Wachstum der Wirtschaft hemmen würde und daß infolgedessen die direkten Steuern nur ein geringes Übergewicht über die indirekten haben sollten. Im übrigen wird hierbei darauf hingewiesen, daß die den indirekten Steuern anhaftende sogenannte regressive Wirkung (vgl. Tz. I/40) durch Steuerbefreiungen oder Steuervergünstigungen bei den Gütern des elementaren Lebensbedarfs abgeschwächt werden könnte.

c) Kritik an der Umverteilungsfunktion von Steuersystem und Steuerstruktur

Gegen das geltende Steuerrecht wird eingewandt, daß die Umverteilungswirkung ungenügend sei. Insbesondere beschäftigt sich die Kritik mit den Fragen,

— ob bestimmte individuelle steuerliche Förderungsmaßnahmen durch einen Abzug bestimmter Beträge von der Steuerbemessungsgrundlage oder von der Steuerschuld oder in sonstiger Weise gewährt werden sollten,
— ob der geltende Einkommensteuertarif in seinem Aufbau dem Grundsatz der Leistungsfähigkeit sowie verteilungspolitischen Zielsetzungen gerecht werde,
— ob das immer weitere Vordringen außerfiskalischer Zielsetzungen in Form von Finanzhilfen dem Grundsatz der Leistungsfähigkeit und verteilungspolitischen Zielen widerspreche und damit zu einer überwiegend unerwünschten Einkommens- und Vermögenskonzentration geführt habe und
— ob die Erbschaftsteuer in ihrer Tarifhöhe und -struktur verteilungspolitische Ziele angemessen berücksichtige.

Möglichkeiten und Grenzen einer großen Steuerreform

1. Ausgangsüberlegungen

Das Steuersystem der Bundesrepublik ist seit mehr als 50 Jahren nur auf Teilgebieten grundlegend reformiert worden und entspricht trotz einer Anzahl größerer oder kleinerer Reformgesetze und trotz vieler in kurzen Abständen vollzogenen Änderungen von Einzelregelungen nicht mehr den Anforderungen, die die heutige Wirtschafts- und Gesellschaftsordnung an ein modernes Steuersystem stellt. Häufige Änderungen technischer Einzelvorschriften können ein in manchen Bereichen veraltetes Steuersystem nicht wesentlich verbessern, insbesondere die aus heutiger Sicht fehlende Rechtfertigung für die Erhebung bestimmter Steuerarten nicht geben und folglich eine große Steuerreform, die das System als solches zum Gegenstand hat, nicht ersetzen. Sie tragen vielmehr zu einer immer größeren Komplizierung und Unübersichtlichkeit der Steuergesetze bei.

Die Erfahrung zeigt, daß die Steuergesetze einem um so schnelleren Wandel unterworfen sind, in je größerem Umfang sich die Besteuerung von ihrem ursprünglichen Ziele, Einnahmen zur Deckung der Staatsausgaben zu gewinnen, entfernt und entweder durch eine Steuerpolitik, deren Ziel die Realisierung bestimmter wirtschafts-, konjunktur-, und sozialpolitischer Ziele ist, häufigen Änderungen unterliegt oder durch eine starke Lobby, der es — insbesondere in Wahljahren — gelingt, Sondervorteile für einzelne Gruppen von Steuerpflichtigen durchzusetzen, beeinflußt wird. Das Ziel einer Steuerreform, deren Vorbereitung in der Regel viele Jahre in Anspruch nimmt, kann nicht sein, ein Steuersystem zu schaffen, das für mehrere Jahrzehnte unverändert und starr gelten soll. Im Rahmen von Reformüberlegungen muß von Zeit zu Zeit überprüft werden:

— ob das Steuersystem, das sich historisch entwickelt hat, dem Ziel der Einnahmegewinnung unter Berücksichtigung der durch die bestehende Wirtschaftsordnung geprägten Vorstellungen über die zu beachtenden Besteuerungsgrundsätze noch entspricht oder
— ob die im Zeitablauf eingetretenen Veränderungen der wirtschaftlichen und gesellschaftlichen Verhältnisse grundlegende Änderungen des Steuersystems durch Aufhebung nicht mehr zu rechtfertigender Steuerarten oder einzelner Vorschriften innerhalb bestimmter Steuergesetze erfordern oder
— ob eine „Säuberung“ der bestehenden Steuergesetze von Sondervorschriften, die einzelne Gruppen von Steuerpflichtigen begünstigen und die — falls sie überhaupt je eine Berechtigung hatten — im gegenwärtigen Zeitpunkt nicht mehr zu rechtfertigen sind, ohne grundlegende Systemänderung ausreicht oder
— ob im Interesse der Gleichmäßigkeit der Besteuerung bisher steuerlich nicht erfaßte Tatbestände in die Besteuerung einbezogen werden müssen und
— ob das geltende Steuersystem flexibel genug ist, eine staatliche Steuerpolitik zu ermöglichen, mit der die Entscheidungen der Steuerpflichtigen — insbesondere im Bereich der Unternehmungen — in einer Richtung beeinflußt werden

können, die vom Standpunkt einer dem Wirtschaftssystem adäquaten Wirtschafts-, Konjunktur- und Sozialpolitik notwendig und zweckmäßig erscheint.

Die Diskussion um eine Verbesserung des Steuersystems, der interpersonellen Steuerverteilung, der Vereinfachung der Steuergesetze im Interesse einer größeren Transparenz, einer Erleichterung der Steuerverwaltung, einer Verminderung der Erhebungskosten bei der Verwaltung sowie der Berechnungskosten bei den Steuerpflichtigen und der Anwendbarkeit der Steuern als wirtschaftspolitisches Steuerungsinstrument wird nicht abreißen, da Steuern als Zwangsabgaben immer auf den Widerstand der Steuerpflichtigen stoßen. Es wird stets einzelne Personen oder Gruppen geben, die sich ungerecht behandelt fühlen oder ihre steuerliche Gesamtbelastung als unangemessen hoch betrachten.

Die Verbesserung der Steuergesetze ist also eine permanente Aufgabe. Große Steuerreformen, die die Struktur des Steuersystems wesentlich verändern, können aber im Interesse der Rechtssicherheit und der steuerlichen Planung der Betriebe nur in größeren Zeitabständen erfolgen. Sie müssen jedoch vollzogen werden, wenn die Begründungen der Steuerarten, die bei ihrer Einführung oder letzten grundlegenden Reform gegeben worden sind, infolge einer Veränderung der politischen, wirtschaftlichen oder gesellschaftlichen Verhältnisse, einer Änderung der Konventionen über eine gerechte Steuerverteilung oder der Weiterentwicklung der wissenschaftlichen Erkenntnisse nicht mehr stichhaltig sind.

2. Allgemeine Besteuerungsgrundsätze

Eine Steuerreform kann nicht so vollzogen werden, daß an Hand theoretischer Besteuerungsgrundsätze ein völlig neues Steuersystem konstruiert wird. Sie muß vielmehr von dem historisch gewachsenen System ausgehen und Maßstäbe setzen, an denen die Mängel des bisherigen Systems und der Einzelsteuerarten ermittelt werden. Daran anschließend sind Überlegungen anzustellen, ob und wie diese Mängel unter Berücksichtigung der gleichen Maßstäbe beseitigt werden können.

Allgemein werden an eine große Steuerreform wenigstens drei Erwartungen geknüpft: Die Steuerzahler hoffen auf eine „gerechtere“ Verteilung der Steuerlasten, wobei eine erhebliche Zahl von der unkritischen Vorstellung ausgeht, daß sie zur Zeit im Vergleich zu anderen Steuerzahlern ungerecht besteuert wird. Der Staat rechnet mit mindestens den gleichen Steuereinnahmen wie bisher. Darüber hinaus erwarten Steuerpflichtige und Staat gleichermaßen Abbau von Einzelsteuern, Vereinfachung der Steuergesetze und eine Verminderung der Kosten der Steuererhebung und der Steuerverwaltung.

Die Schwierigkeiten, diese Erwartungen zu erfüllen, liegen in erster Linie darin, daß die Ziele der Gerechtigkeit und der Einfachheit der Besteuerung miteinander in Kollision stehen können. Größere Gerechtigkeit der Steuerlastverteilung erfordert stärkere Beachtung individueller Gegebenheiten bei den Steuerpflichtigen und damit eine gesetzliche Normierung zahlreicher Sonderfälle. Das führt zur Komplizierung der Steuergesetze, ihrer Anwendung und Auslegung. Vereinfachung der gesetzlichen Normen läßt sich in der Regel nur durch eine Vergröberung und Pauschalierung differenzierter Tatbestände erreichen, die notwendigerweise eine weniger gerechte Steuerlastverteilung zur Folge haben. Die Entscheidung, ob und in welchem Bereich der Steuervereinfachung zu Lasten einer gerechteren Steuerlastverteilung der Vorrang gegeben wird bzw. die umgekehrte Rangfolge gewählt wird, muß der Politiker treffen.

Grundlage aller Reformüberlegungen ist die Fixierung der Maßstäbe für die Beurteilung des bestehenden und des künftigen Steuersystems; konkret gesprochen: eine moderne, d. h. auf der Grundlage der heutigen Wirtschafts- und Gesellschaftsordnung und den Vorstellungen über eine zukünftige Entwicklung basierende Interpretation des jahrhundertealten Grundsatzes der Gerechtigkeit der Besteuerung.

Gerechtigkeit ist eine allgemein angestrebte oberste Norm, deren Inhalt sich in den einzelnen Bereichen menschlichen Handelns im Verlauf der Geschichte ändert. Welcher Lohn, welcher Preis, welche Steuer gerecht oder ungerecht ist, läßt sich nicht mit rationalen Argumenten beweisen wie ein Rechenexempel.

Vielmehr wird der Inhalt dieser Norm durch Konventionen festgelegt, die auf den politischen Vorstellungen der Mehrheit basieren und sich mit diesen im historischen Ablauf verändern.

Im Zeitalter des ökonomischen Liberalismus wurde eine Besteuerung als gerecht angesehen, die auf der Äquivalenztheorie beruhte. Diese Theorie geht von der Vertragstheorie des Staates aus, nach der zwischen Staat und Staatsbürger eine Art schuldrechtlicher Vertrag besteht. Der Staat erbringt bestimmte Leistungen, schützt das Privateigentum seiner Bürger und garantiert die Vertragsfreiheit. Als Gegenleistung zahlt der Bürger Steuern. In extremer Formulierung wird der Staat als Versicherungsanstalt betrachtet, die Steuern stellen die Versicherungsprämien dar (Assekuranztheorie). Damit bekommen die Steuern den Charakter von Gegenleistungen für vom Staat zur Verfügung gestellte Güter und Dienstleistungen. Der Steuerpflichtige kauft die staatlichen Leistungen (Sicherheit, Rechtsschutz, Straßenbenutzung, Förderung des Außenhandels, sozialer Frieden) wie andere Güter und bezahlt sie mit Steuern. Die Steuerbemessung muß dann entweder nach den Aufwendungen berechnet werden, die dem Staat bei der Erstellung dieser Leistungen für den einzelnen Staatsbürger entstehen (Kostentheorie) oder nach dem Nutzen, den der Steuerpflichtige durch die staatlichen Leistungen hat (Nutzentheorie).

Die Problematik der Heranziehung der Äquivalenztheorie zur Rechtfertigung der Steuern und als Maßstab für eine gerechte Steuerlastverteilung zeigt nicht nur die Praxis der Steuerbemessung. Die Theorie wird auch im finanzwissenschaftlichen Schrifttum weitgehend abgelehnt, weil sie auf einer falschen Voraussetzung, nämlich der Vertragstheorie des Staates beruht, und weil sie auch in Widerspruch zur historischen Wirklichkeit steht und jeder praktischen Brauchbarkeit ermangelt. Soweit geltende Steuerarten nur mit Hilfe der Äquivalenztheorie zu „rechtfertigen“ sind (z. B. die Gewerbesteuer), erscheint ihre Überprüfung von besonderer Dringlichkeit.

Die Besteuerung wird heute nicht mehr als ein Tauschvorgang zwischen Staat und Staatsbürger aufgefaßt, sondern als Zwangslast angesehen, die der einzelne Staatsbürger im Interesse der staatlichen Gemeinschaft, der er angehört, zu tragen hat.

Die Steuergerechtigkeit wird heute als Allgemeinheit und Gleichmäßigkeit der Besteuerung in dem Sinne interpretiert, daß es keine Privilegien geben darf und daß jeder Steuerpflichtige entsprechend seiner wirtschaftlichen Leistungsfähigkeit in der Weise herangezogen werden soll, daß er die Besteuerung als relativ gleiches Opfer, das er für die Allgemeinheit bringt, empfindet.

Daraus wird abgeleitet, daß eine Besteuerung des Einkommens nicht proportional, sondern progressiv sein muß, da der Bezieher eines hohen Einkommens ein relativ gleiches Opfer wie ein kleiner Einkommensempfänger erst bringt, wenn er einen prozentual größeren Teil seines Einkommens abgeben muß. Die Relation der Einkommen vor und nach der Besteuerung hat sich folglich verändert. Die subjektiv empfundene Nutzeneinbuße durch die Besteuerung sollte aber (theoretisch) bei allen Einkommensbeziehern gleich sein, so daß trotz der ungleichen relativen Nominalbelastung das Niveau der möglichen relativen Bedürfnisbefriedigung sich nicht verschoben hat.

Steuern auf die Einkommensverwendung, wie z. B. Umsatz- und Verbrauchsteuern, wirken regressiv, d. h., die Bezieher der kleinen Einkommen, die in der Regel den größeren Teil ihres Einkommens für Konsumgüter ausgeben müssen, in deren Preise diese indirekten Steuern enthalten sind, werden relativ stärker belastet als Einkommensbezieher, die Teile ihres Einkommens sparen können. Daher muß die Progression der Einkommensteuer so stark sein, daß sie die Regression der indirekten Steuern überkompensiert. Da aber eine zu starke Progression der Einkommensteuersätze sich hemmend auf die Bildung der Einkommen auswirken kann, aus denen im wesentlichen die für das Wachstum der Wirtschaft erforderlichen Investitionen finanziert werden, muß in einem Steuersystem der Relation von direkten zu indirekten Steuern große Beachtung geschenkt werden. Je größer der prozentuale Anteil der direkten Steuern am Gesamtsteueraufkommen ist, desto geringer ist die Kompensationswirkung, die die Verbrauchsteuerregression auf die Einkommensteuerprogression hat.

Für den Verlauf der Progressionskurve wie überhaupt zur Feststellung der wirtschaftlichen Leistungsfähigkeit eines Steuerpflichtigen gibt es keine objektiven Maßstäbe. Der Steuergesetzgeber kennt die Nutzenfunktion der einzelnen Haushalte nicht. Er kann deshalb stets nur von einer vermuteten Leistungsfähigkeit ausgehen, deren Bestimmung das Ergebnis von in Politik umgesetzten Verteilungsideologien ist.

Infolgedessen kann nie ausgeschlossen werden, daß sich in den Steuergesetzen eine Steuerlastverteilungskonzeption einer Mehrheit durchsetzt, die von der Minderheit nicht als gerecht angesehen wird. Deshalb läßt sich auch nicht verhindern, daß immer ein Teil der Steuerpflichtigen die geltende Besteuerung als ungerecht empfindet.

Diese Feststellung ist kein Grund zur Resignation. Sie zwingt vielmehr dazu, bei der Reform des Steuersystems alle Anstrengungen zu unternehmen, im Wege des Kompromisses zu gesetzlichen Regelungen zu kommen, die von einer breiten Mehrheit der Steuerzahler als dem Prinzip der Leistungsfähigkeit entsprechend akzeptiert werden können.

Das Prinzip der Leistungsfähigkeit kann nicht ohne weiteres auf Kapitalgesellschaften übertragen werden. Das in Kapitalgesellschaften angelegte Vermögen gehört letztlich — auch wenn Verschachtelungen zwischen Kapitalgesellschaften dazwischengeschaltet sind — wirtschaftlich natürlichen Personen und die in Kapitalgesellschaften erzielten Gewinne fließen, soweit sie ausgeschüttet werden, letztlich natürlichen Personen zu und begründen ihre wirtschaftliche Leistungsfähigkeit. Dabei wird nicht übersehen, daß es Sonderfälle, wie z. B. Eigentum der öffentlichen Hand an Kapitalgesellschaften, und besondere Formen juristischer Personen wie Stiftungen, Zweckvermögen u. a. gibt, für die besondere steuerliche Regelungen erforderlich sind.

Aus diesen Überlegungen folgt, daß insbesondere die Steuern, die an eine unterstellte steuerliche Leistungsfähigkeit von Kapitalgesellschaften anknüpfen (Körperschaftsteuer, Vermögensteuer), einer besonderen Prüfung unterzogen werden müssen, wenn sie zur Doppelbelastung gleicher ökonomischer Größen führen, die letzten Endes von derselben natürlichen Person getragen werden muß.

Gleichmäßigkeit bedeutet zugleich Wettbewerbsneutralität. Die Forderung nach Neutralität der Besteuerung muß heute anders interpretiert werden als in der Zeit des ökonomischen Liberalismus, in der sie aufgestellt wurde. Sie beinhaltete ursprünglich die Vorstellung, daß durch die Besteuerung in die bestehende Wirtschafts- und Gesellschaftsstruktur nicht eingegriffen werden dürfe und daß folglich die sich aus einer sich selbst überlassenen Wirtschaft ergebende Einkommens- und Vermögensstruktur mit steuerlichen Mitteln nicht korrigiert werden dürfe. Jede nicht allein der Mittelbeschaffung dienende Zielsetzung der Besteuerung und damit jede Form der Steuerpolitik wurde im Interesse einer so verstandenen Neutralität der Besteuerung abgelehnt.

Die heute zur Erfüllung der staatlichen Aufgaben benötigten Deckungsmittel geben dem Staat auf dem Wege der Besteuerung die Verfügung über einen erheblichen Anteil des Sozialprodukts. Die daraus resultierende Umverteilung des Volkseinkommens und Änderung der Nachfragestruktur läßt den Grundsatz der Neutralität der Besteuerung im Sinne der Erhaltung der relativen Einkommens- und Vermögensverteilung als fraglich erscheinen; insoweit entspricht er nicht mehr der heutigen Vorstellung einer gerechten Steuerlastverteilung. Eine Besteuerung nach der wirtschaftlichen Leistungsfähigkeit führt notwendigerweise — z. B. durch eine progressive Einkommensbesteuerung — zu einer Änderung der relativen Einkommens- und damit auch der relativen Vermögensverteilung.

Neutralität der Besteuerung ist heute in erster Linie als ein Maßstab für die Besteuerung der Unternehmungen zu interpretieren, und zwar in dem Sinne, daß die Besteuerung die Wettbewerbsrelationen, die sich ohne Besteuerung ergeben würden, nicht absichtlich oder unabsichtlich zum Nachteil bestimmter Gruppen verändert, d. h. daß eine Unternehmung nicht auf Grund ihrer Rechtsform, ihres Standortes, ihrer Finanzierungsform, ihrer Betriebsgröße u. a. stärker besteuert wird als ihre Konkurrenten und damit eine steuerliche Diskriminierung für die eine, eine relative Begünstigung für die andere Unternehmung entsteht, und damit als Folge der Besteuerung die Wettbewerbsrelationen verschoben werden.

Diese Forderung schließt nicht aus, daß die Steuern als Instrument der Erhaltung des Wettbewerbs eingesetzt werden können, wenn der Wettbewerb durch politische (Berlinpräferenzen) oder währungspolitische Ereignisse (Absicherungsgesetz) gestört ist. Ob sich andere Maßnahmen zum Ausgleich von Wettbewerbsnachteilen besser als Steuern eignen (offene Subventionen, öffentliche Kreditpolitik, Aufwertung), kann im Rahmen von Reformüberlegungen geprüft werden. Die Entscheidung für das eine oder andere Instrument der wirtschaftspolitischen Steuerung wird aber stets eine Frage der Zweckmäßigkeit sein. Die geschichtliche Entwicklung hat gezeigt, daß in einer Marktwirtschaft sich der Wettbewerb nicht von selbst erhält, sondern daß Kräfte am Werk sind, ihn zu beseitigen oder einzuschränken. Ebenso wie im Interesse der Erhaltung einer politisch erstrebten Wirtschaftsordnung mit Hilfe des Kartellrechts verhindert werden soll, daß der Wettbewerb durch Bildung von Kartellen eingeschränkt wird, muß das Prinzip der Wettbewerbsneutralität der Besteuerung dann durchbrochen werden, wenn steuerliche Maßnahmen zu dem Zwecke ergriffen werden, den Wettbewerb aufrechtzuerhalten, bzw. durch den Betrieb nicht zu vertretende Wettbewerbsnachteile auszugleichen.

3. Möglichkeiten einer Neuverteilung steuerlicher Lasten

Auch theoretisch begründete Steuerreformvorschläge können — wenn sie die Grundlage für praktizierbare Regeln sein sollen — an bestimmten empirischen Tatbeständen nicht vorbeigehen. Eine Steuerreform wird in einem modernen Staat in der Regel von der Voraussetzung ausgehen müssen, daß das Gesamtsteueraufkommen nicht vermindert wird. Die Reform kann folglich nicht — wie das vielleicht von manchem Steuerzahler erwartet wird — in einer generellen Senkung der Steuerbelastung, sondern muß in erster Linie in einer Neuverteilung der Steuerlasten bestehen, soweit die Verteilung der Steuern auf die Steuerpflichtigen nicht der Gleichmäßigkeit im Sinne der Leistungsfähigkeit und Wettbewerbsneutralität entspricht.

Eine Neuverteilung bei gleichem Gesamtsteueraufkommen führt zu einer Entlastung gewisser Gruppen von Steuerpflichtigen und zu einer Mehrbelastung anderer Gruppen (z. B. durch Änderung des Einkommensteuertarifs, durch Erhöhung von

Freibeträgen für kleinere Einkommen und Abschaffung von bestehenden, aber nicht mehr vertretbaren Steuervergünstigungen für bestimmte Gruppen von Steuerpflichtigen, oder durch Beseitigung der Abzugsfähigkeit der Vermögensteuer als Sonderausgabe). Bei einzelnen Gruppen können Entlastungen und zusätzliche Belastungen zusammentreffen, so daß hier insoweit nur eine Umschichtung der Gesamtsteuerbelastung eintritt (z. B. Senkung der Gewerbesteuer und entsprechende Erhöhung der Umsatzsteuer unter der Annahme, daß beide Steuern in die Preise der Endprodukte eingehen). Beide Formen der Umverteilung gehen von der Voraussetzung aus, daß die Steuerlastquote, d. h. der Anteil des Gesamtsteueraufkommens am Bruttosozialprodukt, sich nicht erhöht.

Der Entlastung einzelner Gruppen zu Lasten anderer Gruppen sind bei der Lohn- und Einkommensteuer enge Grenzen gesetzt, da der großen Zahl von kleineren und mittleren Einkommen nur eine relativ geringe Zahl von Spitzeneinkommen gegenübersteht. Eine Entlastung kleiner Einkommen durch eine Umgestaltung des Einkommensteuertarifs ist folglich nur möglich, wenn — unbeschadet einer Erhöhung des Spitzensteuersatzes — die Progression bereits im Bereich der mittleren Einkommen angehoben wird.

Eine Neuverteilung der steuerlichen Lasten kann — unter Beachtung der fixierten Grundsätze gerechter Besteuerung und unter grundsätzlicher Beibehaltung der bisherigen Steuerbelastungsquote — durch folgende Maßnahmen — einzeln oder kombiniert — erfolgen:

a) Änderung bestehender Steuerarten

Beispiele sind die Erfassung bisher nicht erfaßter steuerlicher Tatbestände (z. B. Veräußerungsgewinne im privaten Bereich), die Änderung der Berechnungsverfahren der Bemessungsgrundlage (z. B. Verkehrswerte statt Einheitswerte), die Änderung der Steuertarife (z. B. Progressionsverlauf, Erhöhung des Existenzminimums).

b) Abschaffung bestehender Steuerarten

Dabei sind zwei Fragen zu prüfen: Soll die Abschaffung sich auf Steuerarten beschränken, die gegen die aufgestellten Grundsätze für eine gerechte Steuerverteilung verstoßen und folglich nicht mehr zu rechtfertigen sind, da sie beispielsweise nicht in vollem Umfange den Vorstellungen der Wettbewerbsneutralität entsprechen? Oder soll darüber hinaus die Zahl der Steuern aus grundsätzlichen Erwägungen — auch im Interesse der Steuervereinfachung — reduziert werden, im Extremfall auf eine progressive Einkommensteuer auf die Einkommensbildung und eine allgemeine Umsatzsteuer auf die Einkommensverwendung?

Bei der heutigen Höhe des Finanzbedarfs erscheint seine Deckung nur aus einer größeren Zahl von Steuern möglich, die an verschiedene ökonomische Größen anknüpfen (Einkommen, Ertrag, Vermögensbesitz, Vermögensübergang, Verbrauch). Eine Beschränkung auf zwei oder drei große Steuern erfordert einerseits sehr hohe Steuersätze, die erhebliche Steuerwiderstände hervorrufen können und erschließt andererseits der Steuerpolitik nur relativ wenige Möglichkeiten, die Besteuerung zur Realisierung außerfiskalischer Zielsetzungen einzusetzen. Die Abschaffung von Steuerarten muß sich daher einerseits auf solche beschränken, die offensichtlich gegen die Gleichmäßigkeit der Besteuerung verstoßen, und andererseits auf solche, deren Aufkommen relativ gering ist und durch deren Aufhebung ein fühlbarer Beitrag zur Vereinfachung des Steuersystems und der Steuerverwaltung geleistet wird (Bagatellsteuern).

c) Neueinführung von Steuerarten

Mit neuen Steuern können bisher nicht besteuerte Tatbestände erfaßt werden (z. B. Wehrsteuer, Luxussteuern, Besteuerung von Werbemitteln u. a.). Sie müssen den Maßstäben für eine gerechte Steuerverteilung entsprechen und dürfen in Relation zu ihrem Aufkommen das Steuersystem und die Steuerverwaltung nicht komplizieren. Soll das Gesamtsteueraufkommen nicht erhöht und die Steuerbelastungsquote nicht verändert werden, so müssen bisher erhobene Steuern aufgehoben oder reduziert werden. Eine Neueinführung von Steuern sollte nur in Betracht gezogen werden, wenn sie geeignet sind, die Besteuerung nach der Leistungsfähigkeit dadurch zu verbessern, daß Lücken in der Erfassung steuerlicher Tatbestände geschlossen werden, oder wenn sie zur Deckung von Steuerausfällen benötigt werden, die durch die Abschaffung von Steuern eintreten, die gegen die aufgestellten Besteuerungsnormen verstoßen.

Die drei dargestellten Maßnahmen haben in der Regel eine Änderung des relativen Gewichts bestehender Steuerarten zur Folge. Diese kann entweder durch Veränderung der bisherigen Aufteilung des Steueraufkommens auf direkte und indirekte Steuern oder durch Verschiebung innerhalb der gleichen Gruppe von Steuerarten (z. B. Reduzierung der Vermögensteuer und Erhöhung der Erbschaftsteuer) geschehen.

4. Grenzen einer Neuverteilung steuerlicher Lasten

Bei der Neuverteilung der steuerlichen Lasten nach dem Grundsatz der Gleichmäßigkeit im Sinne von Leistungsfähigkeit und Wettbewerbsneutralität muß eine Entscheidung getroffen werden, ob eine Anzahl von Gesichtspunkten berücksichtigt wird, die der Realisierung theoretisch als richtig erkannter Lösungen entgegenstehen oder sie zumindest einengen können. Die Nichtbeachtung könnte u. U. die politische Realisierbarkeit von Reformmaßnahmen in Frage stellen.

Konzeption der Kommission

1. Grundbedingungen der Reform

Die Überlegungen der Kommission zur Reform des Steuersystems waren, wie verschiedentlich bereits angedeutet, durch eine Reihe von Bedingungen bestimmt, die den prinzipiell weiten steuerlichen Gestaltungsspielraum von vornherein einengten.

Hervorzuheben ist vor allem anderen der Auftrag, Reformvorschläge auszuarbeiten, die keine Minderung der aus dem gegenwärtigen Steuersystem fließenden Einnahmen zur Folge haben. Die Kommission schloß von vornherein den Gedanken aus, eine große Steuerreform mit einer Erhöhung der steuerlichen Gesamtbelastung zu verknüpfen. Dies würde die notwendige Umgestaltung erschweren oder gar überhaupt in Frage stellen.

Sie ist darüber hinaus der Auffassung, daß Änderungen der Steuerquote, gemessen am Sozialprodukt, im Zusammenhang mit konjunkturellen Schwankungen nicht Anlaß zu Steuerrechtsänderungen sein sollten. Die Frage der Angemessenheit der volkswirtschaftlichen Steuerquote hat die Kommission nicht näher geprüft. Sie macht indessen darauf aufmerksam, daß von Zeit zu Zeit vor allem eine Überprüfung der Freibeträge, insbesondere bei den direkten Steuern, geboten ist, um versteckte Progressionswirkungen der vorgeschlagenen Tarifgestaltung bei allgemein steigenden Einkommen zu vermeiden, und zwar um so mehr, je stärker diese nur nomineller Art sind.

Aus der Bedingung eines gleichbleibenden Steueraufkommens folgt, daß alle gemachten Vorschläge nur auf Umschichtungen der Steuerlast hinauslaufen können.

Alle Wünsche auf Steuererleichterungen sind unter dieser Bedingung nicht erfüllbar.

Die Kommission mußte sodann berücksichtigen, daß die Bundesrepublik ein föderativ gegliederter Staat ist. Den einzelnen Gebietskörperschaften, insbesondere auch den Kommunen, stehen durch die Verfassung garantierte Rechte auf eigene Steuereinnahmen zu. Die Kommission ging bei ihren Reformüberlegungen einerseits davon aus, daß eine große Steuerreform Änderungen der bestehenden Steuerverteilung zwischen Bund, Ländern und Gemeinden unvermeidlich macht. Andererseits war die Kommission bemüht, Vorschläge zu vermeiden, die zu grundlegenden Verschiebungen in den bisherigen Dispositionsmöglichkeiten von Bund, Ländern und Gemeinden oder gar auf weitergehende Verfassungsänderungen der Staatsstruktur unter diesem Blickwinkel hinauslaufen würden. Nicht zuletzt aus diesem Grunde konnte sie bestimmte prinzipielle Vereinfachungsmöglichkeiten in bezug auf die Zahl und Ausgestaltung einzelner Abgaben nicht vorschlagen.

Bei zahlreichen, in der Öffentlichkeit diskutierten Reformvorschlägen wird sodann häufig übersehen, daß mit kompensatorisch gedachten Änderungen in unserem Steuersystem sehr unterschiedliche quantitative Wirkungen verbunden sind. Dies gilt in besonderem Maße für solche Vorschläge, die auf eine sehr viel weitergehende personelle Einkommens- und Vermögensredistribution zielen. Fühlbare Steuererleichterungen für kleinere Einkommen und Vermögen können wegen der unterschiedlichen Besetzungsdichte in den einzelnen Einkommens- und Vermögensschichten durch entsprechende Mehrbelastungen der höheren Einkommen und Vermögen nicht kompensiert werden.

Die Reformüberlegungen werden ferner von den Erfordernissen der sich anbahnenden Steuerharmonisierung in den EG beeinflußt. Die Kommission war deshalb bemüht, Vorschläge für eine Reform zu vermeiden, die nach ihrer Meinung kaum eine Realisierungschance in anderen Mitgliedstaaten der EG haben, oder gar geeignet sind, die möglichst bald angestrebte Herstellung binnenmarktähnlicher Verhältnisse zwischen den Mitgliedstaaten zu gefährden. Die Realisierung binnenmarktähnlicher Verhältnisse läßt es indessen nach Auffassung der Kommission auch geboten erscheinen, daß solche Elemente unseres Steuersystems, die besonders dazu beitragen, den zwischenstaatlichen Wettbewerb zu verfälschen (z. B. Gewerbesteuer), möglichst beseitigt werden sollten.

Die Kommission ließ sich bei ihren Erörterungen weiter davon leiten, daß das Nominalwertprinzip in der Steuergestaltung (Mark gleich Mark) auch in Zukunft aufrechterhalten werden muß, da ein generelles Abweichen von diesem Prinzip im Steuerrecht eine Änderung in der gesamten Rechtsordnung voraussetzen würde. Sie hat folglich grundsätzlich, namentlich im Zusammenhang mit den zahlreichen Bewertungsfragen bei einzelnen Steuern, Abänderungsvorschläge der Besteuerung nicht in Betracht gezogen, die darauf gerichtet sind, Änderungen des Geldwertes zu kompensieren. Die Kommission macht darauf aufmerksam, daß eine mangelnde Geldwertstabilität alle Bemühungen um eine einfachere, übersichtlichere und größere Gerechtigkeit unserer Besteuerung gefährden könnte.

2. Leitlinien der Reform

Unter Berücksichtigung der vorerwähnten Grenzen ging die Kommission bei der Erarbeitung ihrer Vorschläge vor allem von folgenden Leitlinien aus:

Das bisherige Bündel von Steuern sollte um diejenigen Abgaben bereinigt werden, die zur Realisierung der fiskalischen und außerfiskalischen Ziele nicht mehr als notwendig angesehen werden. Sie verursachen unnötige Kosten bei den Steuerpflichtigen und bei der Verwaltung. Dementsprechend hat die Kommission die Aufhebung von annähernd 20 Steuern vorgeschlagen.

Die als unverzichtbar angesehenen Steuern sollten in ihrer Objekterfassung und in ihren Wirkungen stärker aufeinander abgestimmt werden, so daß der Ausdruck Steuersystem mit mehr Recht als gegenwärtig verwandt werden kann. Diesem Ziel dienen die Vorschläge insgesamt, unter anderem vor allem die Neugestaltung der Körperschaftsteuer, die Änderungen der Vermögensteuer und der Realsteuern sowie die Harmonisierung der Sparförderung.

Die Kommission hat es aus den dargelegten Gründen in diesem Zusammenhang nicht für angebracht gehalten, die Angemessenheit der Steuerstruktur von der Vorstellung einer bestimmten Relation der direkten zu den indirekten Steuern zu prüfen, da sie diese Einteilung für problematisch hält (vgl. Tz. I/57). Ihr Ansatz war vielmehr von der konkreten Ausgestaltung und Wirkung jeder Einzelsteuer bestimmt.

Eine große Bedeutung hat die Kommission dem Anliegen der Steuervereinfachung zugemessen. Auf die hier vielfach bestehende Widersprüchlichkeit zu den Gerechtigkeitsanliegen wurde bereits hingewiesen. Die Kommission ist auch der Auffassung, daß der Vereinfachungsgesichtspunkt gruppenspezifisch gesehen werden muß. Steuervereinfachung erschien ihr insbesondere für diejenigen Bürger geboten, die sich in den komplizierten Bestimmungen des Steuerrechts ohne steuerliche Beratung nicht zurechtfinden. Dem Ziel der Steuervereinfachung dienen z. B. die Vorschläge zum Lohnsteuerverfahren, zu zahlreichen Änderungen der Einkommensbesteuerung für die Masse der Steuerpflichtigen und zur Aufhebung vieler sonstiger Vergünstigungen.

Als Vereinfachung und zugleich als Voraussetzung einer gleichmäßigeren Besteuerung ist es anzusehen, wenn die Rechtssicherheit im Besteuerungsverfahren vergrößert wird. Zu diesem Zweck hat die Kommission Vorschläge zur Neufassung einer Anzahl steuerlicher Einzelnormen, insbesondere zur Gewinnermittlung, unterbreitet.

Den Grundsätzen der Gleichmäßigkeit und der Sozialstaatlichkeit wurde als wesentlichen Elementen der gerechten Besteuerung besondere Beachtung geschenkt. Eine Reihe von Änderungsvorschlägen resultiert aus einem entsprechenden Gestaltungsbemühen. Hinzuweisen ist z. B. auf die Empfehlung zur besseren Angleichung der Bewertung einzelner Bewertungsobjekte, zur Aufhebung ungerechtfertigter Sonderregelungen für einzelne Wirtschafts- und Bevölkerungsgruppen ferner auf die bessere Erfassung der Spekulations- und Veräußerungsgewinne, auf die Geltendmachung von Vorsorgeaufwendungen und die Vorschläge zur Änderung der Gewerbesteuer.

Die Realisierung einer gleichmäßigeren Besteuerung gebietet ebenfalls die Beseitigung oder zumindest die Abminderung jener Besteuerungselemente, durch die gegenwärtig die Wettbewerbsfähigkeit zwischen den Unternehmungen im Inland und dem internationalen Wirtschaftsverkehr verzerrt wird. Dies gilt in ausgeprägter Weise für die Gewerbesteuer, die im grenzüberschreitenden Verkehr — ebenso wie die Vermögensteuer — nicht ausgeglichen wird und die mittelständische Wirtschaft einseitig benachteiligt. Die Kommission hat entsprechende Vorschläge unterbreitet und insgesamt bei der Systemgestaltung diesem Erfordernis besonders Rechnung getragen.

Sie war sich andererseits bei der Gestaltung der Außenbesteuerung bewußt, daß infolge der Öffnung unserer Wirtschaft nach außen und der großen Differenzen zwischen den Steuerlasten der Staaten auch Steuerverlagerungen erfolgen, die einer gleichmäßigeren Besteuerung entgegenwirken. Die Kommission hat deshalb Vorschläge unterbreitet, die die internationale Freizügigkeit im Personen-, Güter- und Zahlungsverkehr zwar nicht behindern, jedoch Mißbräuche und unerwünschte Steuerverlagerungen verhindern sollen. Für die Realisierung einer gleichmäßigeren Einkommens- und Vermögensverteilung ist die Förderung der Vermögens- und Ersparnisbildung in breiteren Bevölkerungskreisen von besonderer Bedeutung. Die Kommission hat versucht, diesem Grundsatz in einigen grundlegenden Änderungsvorschlägen zu entsprechen. Dabei haben auch die

Gesichtspunkte der Vereinfachung und der besseren Transparenz bei den fraglichen Vorgängen eine Rolle gespielt. Diesem Ziele dienen die Vorschläge zur Vereinheitlichung und Harmonisierung der Sparförderung, zum Abbau der Doppelbelastung der Gewinne der Kapitalgesellschaften sowie Vorschläge zur Beseitigung von Kapitalverkehrsteuern.

Hinsichtlich der damit bereits mehrfach angesprochenen Verteilungsgesichtspunkte waren die Empfehlungen der Kommission von der Leitlinie geprägt, die Besteuerung nicht primär als Instrument nachträglicher Korrektur der Verteilung auszubilden, sondern mehr als Mittel präventiver Verteilungspolitik zu formen. Bei Abwägung aller bereits genannten Kriterien und Bedingungen erscheint ihr allerdings der Spielraum für weitergehende Verschiebungen zwischen den Steuerlasten einzelner Einkommens- und Wirtschaftsgruppen verhältnismäßig eng.

Die Besteuerung muß so gestaltet werden, daß sie das wirtschaftliche Wachstum nicht behindert. Die Kommission hat sich deshalb auch nicht dazu entschließen können, Vorschlägen zu folgen, z. B. die degressive Abschreibung und die Möglichkeit zur Übertragung stiller Rücklagen auf andere Wirtschaftsgüter (§ 6 b EStG) aufzugeben.

Die Probleme der Strukturpolitik und die sonstigen wirtschaftsfördernden Maßnahmen wurden nur unter steuersystematischen Gesichtspunkten geprüft. Zur Frage der wirtschaftspolitischen Notwendigkeit hat die Kommission nicht Stellung genommen. Die vorgeschlagene Aufhebung von Sondervergünstigungen ist daher unter diesem Blickwinkel zu sehen.

3. Grundtendenzen der Reform

Trotz der vorgetragenen Kritik ist die Kommission der Auffassung, daß das geltende Steuerrecht — auch im Vergleich mit anderen Ländern — nicht so negativ zu beurteilen ist, wie es von manchen Kritikern behauptet wird, sondern sich in seinen Grundzügen bewährt hat. Sie hält es dennoch freilich aus den dargelegten Gründen für dringend geboten, weitergehende und zukunftweisende Umgestaltungen vorzunehmen. Dabei muß das Steuerrecht den Erfordernissen einer schnellen wirtschaftlichen Entwicklung bei vermehrtem internationalem Wettbewerb entsprechen.

Die Grundtendenz der von der Kommission vorgeschlagenen Reform ist gekennzeichnet:

— Durch eine Straffung und Vereinfachung der Besteuerung auf eine kleinere Zahl von ergiebigeren Abgaben, die insgesamt weniger Verwaltungskosten verursachen;
— durch eine stärkere Systemabstimmung in der Objekterfassung und der Wirkungsweise der erhobenen Abgaben;
— durch eine Vereinfachung und größere Transparenz der Besteuerung;
— durch eine Verringerung der Einkommensteuerbelastung der kleineren Einkommensbezieher;
— durch den Versuch der Beseitigung von steuerlich bedingten Wettbewerbsverzerrungen im nationalen und internationalen Bereich;
— durch eine ausgewogenere Struktur der steuerlichen Einnahmequellen für die einzelnen Gebietskörperschaften.

4. Finanzielle Konsequenzen

Die von der Kommission empfohlenen steuerlichen Entlastungen haben insgesamt einen Steuerausfall

1970 von 12,9 Milliarden DM und
1974 von 18,1 Milliarden DM

zur Folge.

Als Deckungsmöglichkeiten für diesen Ausfall kommen vor allem

— eine weitere Verschärfung der Einkommensteuerprogression und eine höhere Erbschaftsteuer- und Vermögensteuerbelastung,
— ein zusätzlicher Fortfall von Steuervergünstigungen,
— eine noch stärkere Verlagerung zu einzelnen großen Verbrauchsteuern sowie
— eine Erhöhung der Mehrwertsteuer

in Betracht.

Der Ausgleich für Erleichterungen einzelner Bevölkerungs- und Wirtschaftsgruppen in dem vorgenannten Umfang kann nach Meinung der Kommission nicht durch eine verschärfte

Einkommensteuerprogression oder eine höhere Erbschafts- und Vermögensbesteuerung gefunden werden. Selbst ein noch etwas höherer Spitzensteuersatz und eine weitere Verschärfung des Progressionsverlaufs im mittleren und oberen Teil des Einkommensteuertarifs, die die Kommission nicht empfiehlt (vgl. Tzn. II/666 ff.), erbringt nicht annähernd die für einen Ausgleich erforderlichen Beträge.

Die Kommission hält auch nach näherer Prüfung einen weitergehenden Abbau von Steuervergünstigungen für nicht realistisch. Dies gilt insbesondere für quantitativ so bedeutsame Vergünstigungen wie z. B. für Berlin, für das Zonenrandgebiet, für den Kohlenbergbau und für den Umweltschutz. Die Kommission hält insoweit einige in der Öffentlichkeit diskutierte Vorstellungen über Steuermehreinnahmen für nicht durchsetzbar.

Im Bereich der speziellen Verbrauchsteuern schlägt die Kommission größere Mehrbelastungen vor. Eine darüber hinausgehende Anspannung hält sie insbesondere im Hinblick auf die Besteuerungsverhältnisse in den Mitgliedstaaten der EG für nicht zweckmäßig.

Deshalb erscheint der Kommission eine Verlagerung der Abgabelast auf die Mehrwertsteuer unvermeidbar und im Hinblick auf die in den EG zu erwartende Entwicklung auch vertretbar.

Die Kommission ist sich bewußt, daß gegen einen solchen Vorschlag insbesondere verteilungspolitische Bedenken erhoben werden. Sie ließ sich bei ihrer Entscheidung in starkem Maße von den Harmonisierungstendenzen leiten. Sie ist weiter der Auffassung, daß eine vermehrte Verbrauchsbelastung durch die Mehrwertsteuer für die Bezieher niedriger und zum Teil auch mittlerer Einkommen nichts anderes darstellt als eine indirekte proportionale Einkommensbesteuerung. Die Mehrwertsteuer ist jedoch einfacher zu erheben und hat einen gewissen Degressionseffekt wegen der niedrigeren Besteuerung lebensnotwendiger Güter, die unter Umständen ausgedehnt werden könnte. Ein erheblicher Teil der erhöhten Mehrwertsteuerlast ist nur auf den Ersatz der Gewerbesteuer zurückzuführen. Soweit beide Steuern auf die Verbraucher überwälzt werden, hat der Kommissionsvorschlag eine positive verteilungspolitische Wirkung.

Wegen flankierender Maßnahmen infolge von Mehrbelastungen durch die Mehrwertsteuer in bestimmten Fällen vgl. Tz. I/96.

In bezug auf die finanziellen Auswirkungen der Kommissionsvorschläge ergibt sich im einzelnen folgendes Bild:

a) Gesamtsumme der Minder- und Mehreinnahmen

Die finanziellen Auswirkungen auf die wichtigsten Steuerarten und die Sondervergünstigungen zeigt die nachstehende Kurzübersicht:

	1970 Mio. DM	1974 Mio. DM
Einkommensteuer	— 6 020	— 8 530
Sparförderung	— 170	— 100
Körperschaftsteuer	— 440	— 425
Vermögensteuer	— 320	— 470
Erbschaftsteuer	— 30	— 40
Gewerbesteuer	— 8 670	— 11 960
Änderungen von Sondervergünstigungen	+ 824	+ 1 009
Verbrauchsteuern	+ 2 650	+ 3 320
Verkehrsteuern	— 1 410	— 1 735
Grundsteuer	+ 670	+ 840
rd.	—12 900	— 18 100

Eine detaillierte Aufstellung der Minder- und Mehreinnahmen für die einzelnen Kommissionsvorschläge findet sich in Abschnitt XI, Übersicht 2.

b) Deckungsvorschlag

Die Kommission schlägt vor, den Steuerausfall durch eine Erhöhung der Mehrwertsteuer um etwa 4,5 Punkte * (von

* Köppen und Troeger halten eine Erhöhung der Mehrwertsteuer in diesem Umfang aus verteilungs- und preispolitischer Sicht für unvertretbar. Köppen weist darauf hin, daß eine solche Erhöhung nicht nötig wäre, wenn seine Reformvorschläge verwirklicht würden.

11 v. H. auf 15,5 v. H.) zu decken. Wegen der Höhe der Mehrwertsteuersätze im Ausland vgl. Anlage 93.

c) Minder- und Mehreinnahmen nach einzelnen Wirtschafts- bzw. Bevölkerungsgruppen

Die Auswirkungen der Gesamtsumme der Steuermindereinnahmen auf die einzelnen Wirtschafts- bzw. Bevölkerungsgruppen sind aus den folgenden zwei Aufstellungen ersichtlich:

Aufschlüsselung der Mindereinnahmen *ohne* Berücksichtigung der Mehrwertsteuererhöhung (vgl. Abschnitt XI, Übersicht 2, Seite 864):

	1970 Mio. DM	1974 Mio. DM
Arbeitnehmer	— 11 335	— 15 520
Freie Berufe	— 250	— 420
Unternehmer	— 1 315	— 2 160

Aufschlüsselung der Mindereinnahmen *einschließlich* Mehrwertsteuererhöhung:

	1970 Mio. DM	1974 Mio. DM
Arbeitnehmer	— 499	— 316
Freie Berufe	— 121	— 239
Unternehmer	+ 620	+ 555

Zu a bis c

Bei allen Berechnungen müssen die Annahmen beachtet werden, von denen diese Berechnungen ausgehen.

5. Durchführung der Reform

Die vorgeschlagene Steuerreform hat zur Folge, daß in denjenigen Bevölkerungsschichten, die gegenwärtig der Besteuerung nicht unterliegen, oder nur geringe direkte Steuerzahlungen zu entrichten haben wegen der erhöhten Mehrwertsteuer nicht geringere, sondern zusätzliche Lasten entstehen. Der Umfang der Mehrlasten hängt von den Überwälzungsvorgängen im Zusammenhang mit der Steuerreform ab und dürfte etwa minimal 1 v. H., maximal 3 v. H. betragen. Die Kommission hält daher flankierende Maßnahmen der Einkommens- und Rentengestaltung bei der Durchführung der Reform für unerläßlich. Hierbei kann an Anpassungen der Rentenbezüge und an einmalige Lohnerhöhungen in den betroffenen Einkommensschichten gedacht werden. Diese Überlegungen gelten ganz unabhängig davon, ob die Mehrwertsteuer — wie vorgeschlagen — um 4,5 Punkte oder um einen geringeren Satz erhöht wird. Ohne eine Erhöhung der Mehrwertsteuer dürfte eine Reform, die diesen Namen zu Recht verdient, nicht realisiert werden können.

Es ist schwer vorauszusagen, ob und in welchem Umfang durch die vorgesehenen Reformmaßnahmen Preissteigerungen ausgelöst werden. Das hängt nicht zuletzt davon ab, welche konjunkturpolitische Konstellation zum Zeitpunkt der Durchführung der Reform gegeben ist und in welcher Weise die Reform durchgeführt wird.

Die Kommission ist der Ansicht, daß die Gefahr von Preiserhöhungen dann am geringsten ist, wenn alle Reformmaßnahmen zum gleichen Zeitpunkt erfolgen. Andernfalls könnte jede einzelne Teilreform Anlaß zu ungerechtfertigten Preisforderungen geben, da der korrektive Einfluß des Wettbewerbs relativ gering ist.

Die Kommission war bemüht, ein abgestimmtes Gesamtkonzept vorzulegen. Ein Herauslösen von Teilvorschlägen wirft schwierige Abstimmungsfragen qualitativer und quantitativer Art auf. Deshalb sollte die Reform nach Meinung der Kommission möglichst auch in einem Zuge vorgenommen werden. In jedem Fall müßte vermieden werden, daß über längere Zeit Ungewißheit in der Wirtschaft und in der Bevölkerung über das Gesamtkonzept einer Reform besteht. Bei der Realisierung von Teilvorhaben, die nicht in ein vorgelegtes Gesamtkonzept eingefügt sind, besteht die Gefahr, daß die Verwirklichung einer Reform im ganzen überhaupt fragwürdig werden kann.

Im Hinblick auf die Änderung der steuerlichen Einnahmequellen bei den einzelnen Gebietskörperschaften, insbesondere bei den Kommunen, die aus der Reform resultieren, hält es die Kommission für angebracht, Aufkommensgarantien in Verbindung mit entsprechenden Finanzausgleichsmaßnahmen zu gewähren. Dies dürfte um so leichter möglich sein, als insgesamt die steuerliche Ausgleichsmasse für Bund, Länder und Gemeinden nach den Vorstellungen der Kommission nicht gemindert werden soll. Ohne Beachtung des Prinzips des rekurrenten Anschlusses in der Einnahmegestaltung dürfte die Realisierung der Steuerreform unnötig erschwert werden.

Die Kommission hält es schließlich nicht für tunlich, die Frage einer generellen Erhöhung der Steuerlasten zur Deckung eines steigenden Staatsbedarfs in Verbindung mit der Durchführung der Steuerreform zu diskutieren oder dieser gar vorzuschalten. Sie gibt der Befürchtung Ausdruck, daß damit ein Weg beschritten werden könnte, der die Möglichkeiten einer großen Steuerreform erheblich erschwert.

4. Aus dem Gutachten des Instituts Finanzen und Steuern e. V. über „Grundlagen und Möglichkeiten einer organischen Steuerreform III"*

Grundfragen der Besteuerung

Die nicht aufeinander abgestimmten steuerlichen Einzelmaßnahmen der vergangenen Wahlperiode haben das Ansteigen der steuerlichen Gesamtbelastung nicht aufhalten können. Insbesondere bei den Mittel- und Kleinbetrieben sind Schwierigkeiten bei der Anpassung an die wirtschaftliche Entwicklung mit starkem Gewicht aufgetreten. Das hiermit verbundene Risiko setzt die Mittel- und Kleinbetriebe, die im wesentlichen die Struktur der deutschen Wirtschaft bestimmen, einer überhöhten Besteuerung in einem gesteigerten Maße aus. Gerade mit Rücksicht auf diese Betriebe, aber auch unter Beachtung der engen wirtschaftlichen Wechselwirkung der Klein- und Mittelbetriebe mit den Großbetrieben, sind die Grundsatzfragen der Besteuerung von Bedeutung, nämlich die nach der gerechten Verteilung der Steuerlast und der gerechten Grenze der steuerlichen Inanspruchnahme, d. h. mit anderen Worten nach der Gleichheit der Besteuerung und dem Schutz der Eigentumsfreiheit. Diese Idee der Steuergerechtigkeit[1] muß richtungweisend für die Besteuerung sein. Sie muß die Zwecke beherrschen, die mit der Besteuerung verbunden werden, insbesondere den im Vordergrund stehenden Finanzzweck, d. h. die Beschaffung der für den Staatshaushalt erforderlichen Geldmittel.

Die Steuer darf in der freien Marktwirtschaft auch das komplizierte Wechselspiel von Sparen und Investieren, sowie die Funktion des Kreditrahmens und der Zinssätze nicht stören und muß sich mit der bescheidenen Rolle begnügen, dieses

* Heft 30, Band 3 der Schriftenreihe des Instituts, Bonn o. J. (1957), S. 25 ff.

1 Vgl. hierzu den Vortrag von Prof. Wackernagel „Über die Kunst der Besteuerung" vor der Universität Basel am 27. 1. 53 (Zeitschrift für schweizerisches Recht, neue Folge, Band 73, Heft 7/1954).

Wechselspiel zu fördern, solange es einer solchen Förderung bedarf. Die Steuer muß möglichst neutral sein, d. h. sie sollte möglichst geringe Wirkungen auf die freie Entscheidung des Unternehmers und die marktgerechte Entwicklung der Wirtschaft ausüben.

Das Steuersystem in der Bundesrepublik wird als „gemischtes Steuersystem" bestehen bleiben müssen[2]. Diese Notwendigkeit ergibt sich aus der gegenwärtigen Höhe der gesamten deutschen Steuerbelastung, die nur durch ein solches „gemischtes Steuersystem" eine Verteilung der Steuerlast auf sämtliche Einwohner der Bundesrepublik in einer Form ermöglicht, die den Druck der einzelnen Steuern nicht allzu schwer empfinden läßt. Auch an dem Verhältnis der Verteilung der einzelnen Steuereinnahmen auf Besitzsteuern, Verkehrsteuern, Verbrauchsteuern und Zölle wird im wesentlichen nichts zu ändern sein, da sie vom Standpunkt der Steuerpflichtigen die optimale Bedürfnisbefriedigung am wenigsten stört.

Die Aufrechterhaltung dieses gemischten Systems bedeutet keineswegs eine Störung des dringenden Gebots der Vereinfachung. Auch in einem gemischten Steuersystem lassen sich weitgehend Vereinfachungsmaßnahmen treffen, die für sämtliche von uns in dieser Denkschrift gegebenen Anregungen die Grundlage bilden. Man wird auch Vereinfachungen in Kauf nehmen müssen, die unter Umständen gewissen Grundsätzen der gerechten Besteuerung oder auch volkswirtschaftlichen oder sozialpolitischen Grundsätzen nicht voll entsprechen. Die Praktikabilität der Besteuerung wird den Vorrang haben müssen gegenüber einer perfektionistischen überspitzten Beachtung der genannten Grundsätze, die in vielen Fällen bis zu dirigistischen Regelungen führen.

Eine andere Frage ist die Angleichung der Gewichtigkeit der einzelnen Steuereinnahmen an die Belastung der übrigen Länder des Gemeinsamen Marktes. Auf die Erfordernisse einer solchen Annäherung ist besonderes Augenmerk zu richten. Zunächst ist jedoch vor übereilten Maßnahmen zu warnen. Eine brauchbare Vorbereitung für die Angleichung stellt aber die

[2] Vgl. Heft 30, Bd. 1 der Schriftenreihe, S. 62.

allgemeine Senkung der steuerlichen Belastung des Einkommens dar[3].

Eine Steuersenkung führt, wie das österreichische Beispiel eindringlich zeigt, zu einer Stärkung der Wirtschaft, die im Endergebnis sich auch für den Fiskus vielfältig bezahlt macht[4].

Inwieweit die Abschaffung von einzelnen Steuern oder ihre Ausgestaltung als Gebühren in Frage kommt, ist in den nachfolgenden Einzelabschnitten erörtert.

Wie bereits oben näher ausgeführt, sind die Mittel- und Kleinbetriebe im Rahmen der Wirtschaftsstruktur der Bundesrepublik besonders zu beachten. Für diese Betriebe sind die persönlichen und gesellschaftlichen Verhältnisse in der Familie von oft großer Bedeutung. Berücksichtigt man dies, so zeichnen sich folgende Gruppen als Steuersubjekte ab:

a) die Einzelperson,

b) der Haushalt,

c) die Personengesellschaft,

d) die personenbezogene Kapitalgesellschaft, insbesondere die Familienkapitalgesellschaft,

e) die Publikumsgesellschaft.

Die steuerliche Regelung sollte jeweils dem Wesen jeder dieser Gruppen gerecht werden.

Die Notwendigkeit der umfassenden Steuerreform wird besonders deutlich, wenn man sich die Höhe der steuerlichen Belastung im Bundesgebiet vor Augen hält, die sich aus dem Zusammenspiel aller Steuern ergibt. Die Entwicklung des Gesamtsteueraufkommens von Bund, Ländern und Gemeinden in der Zeit vom 1. April 1951 bis zum 31. März 1957 ist in der Anlage 4 dargestellt. Danach ist das Aufkommen von 29,39 Mrd. DM im Rechnungsjahr 1951/52 auf 47,87 Mrd. DM im Rechnungsjahr 1956/57, also um rd. 66 v. H. gestiegen. Die Senkung der Steuersätze hat somit u. a. auch wegen des Abbaues

[3] Vgl. Heft 52 der Schriftenreihe „Europäische Wirtschaftsgemeinschaft und Steuerpolitik", S. 64, sowie Ganser, Wilhelmi „Harmonisierung der Steuersysteme in der Europäischen Wirtschaftsgemeinschaft", mit abweichender Reihenfolge.

[4] Vgl. hierzu Heft 46 der Schriftenreihe, Kamitz: „Steuern und konstruktive Wirtschaftspolitik", insbesondere S. 14 ff.

der Vergünstigungen das Ansteigen der steuerlichen Belastung nicht aufgehalten.

Besonders deutlich wird die Höhe der steuerlichen Belastung bei einer Betrachtung aller das Einkommen belastenden Steuern, zu denen auch die aus dem Gewinn aufzubringenden Steuern vom Ertrag und Vermögen zu rechnen sind. Soweit diese bei der Einkommensteuer (oder Körperschaftsteuer) nicht zum Abzug zugelassen werden, ist auch von ihnen die Einkommensteuer (oder Körperschaftsteuer) zu entrichten. Durch sie wird der Teil des Einkommens, der nach Entrichtung der Einkommensteuer (oder Körperschaftsteuer) dem Steuerpflichtigen verbleibt, weiter vermindert. Auch soweit die Steuern zum Abzug zugelassen sind (Gewerbesteuer, Vermögensteuer, Grundsteuer, Kirchensteuer, ein Drittel oder ein Viertel der Lastenausgleichsvermögensabgabe), erhöhen sie stets die steuerliche Gesamtbelastung, da die durch sie erreichte Verminderung der Einkommensteuer (oder Körperschaftsteuer) stets geringer ist als die durch sie selbst bedingte steuerliche Belastung[1]. Das Nebeneinander aller dieser Steuern und ihre Auswirkungen auf die steuerliche Gesamtbelastung und damit auf die wirtschaftliche Leistungsfähigkeit wird bei der Bemessung der Einkommensteuersätze z. Z. nur sehr unvollkommen berücksichtigt.

Wie hoch sich die Gesamtbelastung des Einkommens, insbesondere der gewerblichen Gewinne, durch sämtliche an das Einkommen, den Ertrag und das Vermögen knüpfenden Steuern nach dem geltenden Steuerrecht beim höchsten Einkommensteuersatz stellen kann, zeigt, daß bei einem Betrieb mit einem angenommenen Betriebsergebnis von 1 Mill. DM vor Berücksichtigung dieser Steuern jährlich die ebenso unterstell-

[1] Als Beispiel sei die Gewerbesteuer angeführt:
Beträgt das Einkommen vor Berücksichtigung der Gewerbesteuer 100 000 DM, so ergäbe sich in StKl. I eine Einkommensteuer von 39 551 DM. Entfällt auf den Stpfl. für das in Frage kommende Jahr eine Gewerbesteuer von z. B. 15 000 DM, mindert sich zwar das stpfl. Einkommen um diesen Betrag auf 85 000 DM und die Einkommensteuer auf 32 444 DM. Die Gesamtbelastung durch beide Steuern stellt sich indessen auf 32 444 + 15 000 DM gleich 47 444 DM. Das bedeutet für die Ausgangsgrundlage von 100 000 DM eine Mehrbelastung von 47,44
— 39,55
gleich 7,89 v. H.

ten abzugsfähigen Steuern (Gewerbesteuer, Grundsteuer, Vermögensteuer, ein Drittel der Lastenausgleichsvermögensabgabe, Kirchensteuer) etwa 374 000 DM betragen[2], so daß bei einer Einkommensteuer von 344 300 DM und nicht abzugsfähiger Vermögensabgabe sich eine Gesamtbelastung von 858 300 DM ergibt und zu Kreditrückzahlungen, zur Bestreitung der Lebenshaltungskosten und für Investitionszwecke nur ein Betrag von 141 700 DM zur Verfügung bleibt. Betrugen in diesem Beispiel die Ertrags- und Vermögensteuern mehr als 85 v. H. des sich vor ihrer Berücksichtigung ergebenden Gewinns, so würde bei einem Betrieb mit einem entsprechenden Betriebsergebnis von 100 000 DM, einem steuerpflichtigen Vermögen von 1 Mill. DM (Betriebsgrundstücke 200 000 DM Einheitswert, lastenausgleichspflichtiges Vermögen 700 000 DM) immer noch eine Gesamtbelastung dieses Ergebnisses durch sämtliche Ertrags- und Vermögensteuern von 73,07 v. H. bestehen.

Für Kapitalgesellschaften ergeben sich bei Benutzung der Ausgangszahlen des erstgenannten Beispiels und bei Beachtung der für Körperschaften geltenden Sonderbestimmungen (z. B. Weitererhebung des Notopfers, Nichtabzugsfähigkeit der Vermögensteuer) folgende Zahlen:

Falls keine Gewinnausschüttungen vorgenommen werden, beträgt die Gesamtbelastung der Kapitalgesellschaft durch sämtliche Ertrags- und Vermögensteuern 84,7 v. H. des Bruttoertrags von 1 Mill. DM, so daß vorbehaltlich von Schuldentilgungen zu ihrer Verfügung 15,3 v.H. verbleiben. Werden Gewinnausschüttungen vorgenommen, ermäßigt sich diese Gesamtbelastung stets um 15 v. H. des ausgeschütteten Gewinns[3][4].

[2] Hierbei ist unterstellt, daß das Betriebsvermögen 10 Mill. DM, Betriebsgrundstücke 2 Mill. DM und das lastenausgleichspflichtige Vermögen 7 Mill. DM betragen und bei der Gewerbesteuer keine Zu- und Abrechnungen erfolgen.

[3] Nicht berücksichtigt sind die Steuern, die die Anteilseigner zusätzlich vom Wert ihrer Anteile und von den ihnen zugeflossenen Dividenden zu entrichten haben.

[4] Schematische Berechnungen in der gleichen Richtung auf der Grundlage mathematischer Formeln befinden sich in der Schrift von Dr. Eßer und Dr. Sturm „Die heutige Steuerbelastung der gewerblichen Wirtschaft“. Heft 26 der Schriftenreihe des Instituts und in den Nachtragsheften dazu.

Schon diese Beispiele zeigen, daß eine solche steuerliche Gesamtbelastung nicht verantwortet werden kann. Will man den Grund für die progressive Einkommensteuer, nämlich die angemessene Erfassung der Leistungsfähigkeit, weiterhin anerkennen, so ist eine Änderung dieses Zustandes dringend geboten. Dies gilt um so mehr, als die Wirtschaft in ihrem technischen Bereich vor umwälzenden Änderungen steht. Schon jetzt erfordert die Automatisierung nie gekannte Neuinvestitionen, und in naher Zukunft werden durch die Verwendung der Atomenergie weitere erhebliche Leistungen vorausgesetzt. Auf beiden Gebieten muß die deutsche Wirtschaft den Anschluß an die weiter fortgeschrittenen Länder erreichen, um ihre internationale Wettbewerbsfähigkeit zu erhalten. Fest steht, daß riesige Summen erforderlich sind, um dem technischen Fortschritt insoweit den Weg zu bereiten. Nach vorliegenden Schätzungen betragen in einem automatisierten Betrieb die Arbeitsplatzinvestitionen das Sechs- bis Zehnfache der bisherigen Investitionen. Auch abgesehen von dieser technischen Revolution bedarf die Wirtschaft angesichts des erreichten Zustandes der „Vollbeschäftigung“ größerer Investitionen zur Rationalisierung der Betriebe und zur Ausweitung der Produktionskapazität. Nur hierdurch kann vermieden werden, daß in naher Zeit Stockungen im Wirtschaftsablauf eintreten.

Die oben wiedergegebenen Ergebnisse der Finanz- und Steuerpolitik der vergangenen Jahre finden auch ihren Ausdruck in dem dauernden Rückgang des Eigenkapitalanteils am Gesamtkapital der deutschen privaten Unternehmungen, der Mitte des Jahres 1956 etwa 40 v. H. betragen haben dürfte.

In welchem Maße die überhöhte Besteuerung die Schaffung von Kapital und die Streuung des Besitzes, die nach der Regierungserklärung zu den Schwerpunkten der Regierungsarbeit zu rechnen sind, bisher verhindert hat, zeigt, daß schon bis zum Jahre 1954 die öffentliche Hand 35 v. H. der Nettovermögensbildung bei sich vornahm, während nur etwa 22 v. H. persönliche Ersparnisse und 43 v. H. Vermögen bei der Wirtschaft gebildet werden konnten[5]. Die wachsende staatliche Vermögensbildung ist im Zusammenhang mit der zunehmenden Verschuldung der privaten Wirtschaft das deutlichste Zeichen dafür, daß die gegenwärtige Besteuerung die Eigentumsfreiheit nicht gewährleistet und somit nicht der Idee der steuerlichen Gerechtigkeit entspricht.

Die Mängel der überhöhten steuerlichen Gesamtbelastung in der Bundesrepublik erfordern entsprechend der Regierungserklärung neben der Haushaltsreform eine Steuerreform grundlegenden Charakters. Die wichtigsten Maßnahmen dieser Steuerreform werden sich auf eine größere Anzahl von Steuergesetzen erstrecken müssen. Sie sind im einzelnen in den folgenden Abschnitten erörtert.

[5] Vgl. Heft 50 der Schriftenreihe „Die Finanzpolitik in der Wahlperiode 1953 bis 1957“, S. 11.

5. Aus dem Bericht der Einkommensteuerkommission (Falk-Kommission)*

Das Problem der Vereinfachung

Die Kommission ist mehrfach als „Kommission zur Vereinfachung des Steuerrechts" oder kurz als „Vereinfachungskommission" bezeichnet worden. Daß mit diesen Bezeichnungen das Arbeitsgebiet der Kommission nicht zutreffend charakterisiert ist, ergibt sich aus dem in dem vorstehenden Abschnitt dargelegten Auftrag. Das besagt jedoch nicht, daß sich die Kommission nicht auch die Vereinfachung des Einkommensteuerrechts hätte angelegen sein lassen.

Der Ruf nach Vereinfachung wird immer wieder erhoben, ohne daß dabei in allen Fällen klare Vorstellungen über die Möglichkeiten und Grenzen der Vereinfachung bestehen dürften. In der Hauptsache geht es um die folgenden Anliegen:

a) Vereinfachung durch Verringerung der Zahl der verschiedenen Steuerformen und dabei insbesondere durch Beseitigung der sogenannten Bagatellsteuern,

b) sodann, was die einzelnen Steuergesetze angeht,

aa) Vereinfachung durch Zurückführung der Besteuerung auf möglichst wenige, klar abgegrenzte Tatbestände unter Vermeidung von Sonderregelungen (sachliche Vereinfachung) und, was die Regelung dieser Tatbestände betrifft,

bb) Vereinfachung durch möglichst einfache und allgemein verständliche Gestaltung der Vorschriften in Aufbau und Wortlaut (formale Vereinfachung)

und schließlich

c) Vereinfachung in verfahrensrechtlicher Hinsicht auf dem Gebiet der Steuererhebung und Verwaltung.

Im Rahmen der Arbeiten der Kommission lag es, sich nur mit dem unter b) genannten Anliegen und hier, von dem ur-

* Heft 7 der Schriftenreihe des Bundesministeriums der Finanzen, Bonn o. J. (1964), S. 28 ff.

sprünglichen Auftrag der Kommission her, besonders mit der formalen Vereinfachung des Einkommensteuergesetzes zu befassen.

Diesem Wunsch nach Vereinfachung in formaler Hinsicht hat die Kommission soweit wie möglich Rechnung zu tragen versucht und sich bemüht, wie sich aus den Ausführungen im Besonderen Teil dieses Berichts ergibt, die einzelnen Vorschriften in ihrem Aufbau und Wortlaut einfach und allgemeinverständlich zu gestalten. Das Streben nach Vereinfachung im Sinn einer besseren Allgemeinverständlichkeit gesetzlicher Vorschriften findet jedoch dort seine Grenzen, wo das zu Lasten der juristischen Prägnanz geht. Ein Steuergesetz, das wie das Einkommensteuergesetz eine Fülle vielfältiger Sachverhalte in seinen steuerlichen Tatbeständen zu berücksichtigen hat und außer steuerpolitischen auch anderen Zwecken (so vornehmlich auch wirtschaftlichen und sozialen) dienen soll, kommt ohne eine juristisch-abstrakte Gesetzessprache nicht aus. Mit populären Ausdrucksformen lassen sich die differenzierten Tatbestände nicht umfassend genug wiedergeben und abgrenzen.

In dem Zusammenhang sei kurz auf die Verwendung unbestimmter Rechtsbegriffe (Generalklauseln), wie ordnungsmäßige Buchführung, Betriebsausgaben, Werbungskosten, außergewöhnliche Belastungen, eingegangen. Gerade derartige globale Begriffe bereiten immer wieder Schwierigkeiten, so beispielsweise hinsichtlich der Abgrenzung der Betriebsausgaben und der Werbungskosten von den Kosten der Lebensführung. Die Kommission ist jedoch auf Grund ihrer Untersuchungen, die sie besonders bei dem Begriff der außergewöhnlichen Belastung angestellt hat, zu der Überzeugung gelangt, daß auf derartige Generalklauseln im Steuerrecht nicht verzichtet werden kann. Das ist auch seitens des Bundesverfassungsgerichts anerkannt und für verfassungsrechtlich unbedenklich gehalten worden (Beschluß vom 10. 10. 1961 — 2 BvL 1/59 — BVerfGE Bd. 13 S. 153/161). Gerade die Generalklauseln geben dem Gesetz die Elastizität, die besonders auf dem Gebiet der Einkommensteuer notwendig ist, um dem ständigen Wandel der Verhältnisse und Anschauungen Rechnung tragen zu können. Wenn auch eine Aufzählung der in Betracht kommenden Fälle dem Laien eine plastischere Vorstellung vermittelte, so könnte eine solche Aufzählung, da sie notwendigerweise unvollständig wäre, die Elastizität einer Generalklausel nicht ersetzen, sondern zwänge zu dauernden Änderungen des Gesetzes. Im übrigen liegt zu den im Einkommensteuerrecht verwendeten unbestimmten Rechtsbegriffen eine so umfassende Rechtsprechung vor, daß über die Grenzen weitgehend Klarheit besteht.

Ganz allgemein ist zur sachlichen Vereinfachung des Steuerrechts, d. h. zu seiner Zurückführung auf möglichst wenige, verständliche, klar abgegrenzte Tatbestände und Formen der Besteuerung, zu sagen, daß es sich dabei um ein Ideal handelt, das sich in einem modernen Staat mit seinen vielfältigen gesellschaftspolitischen, wirtschaftspolitischen und sozialpolitischen Gegebenheiten leider nicht in dem an sich erstrebenswerten Maße erreichen läßt. Es sind immer wieder Überlegungen angestellt worden, wie ein ordentliches Steuerwesen beschaffen sein müßte, um ethischen, finanzpolitischen und steuerpolitischen Mindestansprüchen zu genügen. Dazu gehört sicher, daß es gerecht und einfach sein sollte. Zu den beiden Begriffen ist allerdings festzustellen, daß sie sich kaum allgemeingültig definieren lassen. So dürfte es außerordentlich schwer sein, allgemein anerkannte Kriterien für eine objektive Steuergerechtigkeit zu finden. Die Anschauungen darüber weichen im einzelnen mehr oder minder stark von einander ab, je nach dem Standpunkt und den Interessen des Einzelnen, des Standes, der Gruppe, der Berufsorganisation, der Partei. Auch bei dem Begriff der Einfachheit zeigen sich je nach dem Gesichtsfeld des Betrachters unterschiedliche Auffassungen. Abgesehen hiervon lassen sich die Forderungen nach Gerechtigkeit und Einfachheit nebeneinander nur bis zu einem gewissen Grade verwirklichen. Einfach wäre z. B. die höchst ungerechte Kopfsteuer. Gerecht hingegen wäre eine Besteuerung, die nach schwer zu findenden Maßstäben die individuellen Verhältnisse bis zum Extrem zu berücksichtigen suchte. Eine solche Steuer wäre aber alles andere als einfach. Eine nur grob ausgestaltete, auf wenige Tatbestände beschränkte Einkommensteuer entspricht bei den heutigen differenzierten Lebensverhältnissen nicht mehr den geltenden Vorstellungen und kann deshalb auch nicht mehr befriedigen. Ebensowenig befriedigt aber auch das Streben, durch subtile Verfeinerungen des Steuerrechts dem Ideal der Gerechtigkeit näherzukommen. Es hat keineswegs allgemein dazu geführt, daß sich die betroffenen und nichtbetroffenen Steuerpflichtigen gerechter behandelt fühlten. Die Erfahrungen haben gezeigt, daß Spezialregelungen, mit denen besonderen Verhältnissen Rechnung getragen werden sollte, oft bei Begünstigten und Nichtbegünstigten Anlaß zu neuen Forderungen und zu weiteren Verfeinerungen des Gesetzes waren. Auf der anderen Seite führte das bei vielen Steuerpflichtigen zur Resignation und zu dem Gefühl, das Steuerrecht nicht mehr überschauen und legal zustehende Steuervorteile nicht mehr wahrnehmen zu können. Mit der zunehmenden Zahl steuerlicher Sonderbestimmungen hat sich somit die Unzufriedenheit im Sinn von summum ius — summa iniuria eher erhöht als vermindert.

Demnach kann das beste Steuersystem nur auf einem Kompromiß zwischen der Gerechtigkeit und der Einfachheit der Besteuerung beruhen. Im Idealfall bremsen sich die beiden gegensätzlichen Grundprinzipien auf einer mittleren Linie ab, so daß die dann noch unbefriedigte Forderung an die Gerechtigkeit mit der notwendigen Vereinfachung, die nicht zu Ende geführte Vereinfachung dagegen mit dem Gebot der Gerechtigkeit begründet werden kann. Das gilt besonders für die Einkommensteuer. Sie betrifft unter Einschluß der Lohnsteuer den weitaus größten Personenkreis und wird deshalb einerseits einer gewissen Grobschlächtigkeit, d. h. möglichst einfacher Regelungen, nicht entraten können, um als ein Massensteuerrecht praktikabel und auch für den Nichtfachkundigen überschaubar zu bleiben. Andererseits werden sich aber auch gewisse Verfeinerungen nicht vermeiden lassen, um den Grundsätzen der Gleichmäßigkeit und der Gerechtigkeit zu genügen. Das gilt um so mehr, je fühlbarer die steuerliche Belastung ist. Bei der Höhe ihres Tarifs ist die Einkommensteuer wohl die Steuer, die am stärksten und unmittelbarsten in die persönliche Sphäre der Steuerpflichtigen eingreift. Mehr denn je wurde deshalb hier die Forderung nach mehr Gerechtigkeit, d. h. nach stärkerer Berücksichtigung der individuellen Verhältnisse, erhoben. Der Ausgleich zwischen den beiden Prinzipien des Steuerrechts, nämlich Gerechtigkeit und Einfachheit, wird also immer auf außerordentliche Schwierigkeiten stoßen. Als Ziel wird dabei vorschweben müssen, dem einzelnen Steuerpflichtigen das subjektive Gefühl zu vermitteln, im Verhältnis zu den übrigen gerecht, d. h. seiner steuerlichen Leistungsfähigkeit entsprechend, besteuert zu werden.

Betrachtet man an Hand der vorstehenden Ausführungen die am Einkommensteuergesetz geübte Kritik, so erscheint sie sicherlich, besonders von dem weniger Fachkundigen aus gesehen, in mancherlei Hinsicht verständlich. Auf Grund ihrer eingehenden Prüfungen und Überlegungen ist auch die Kommission zu der Auffassung gelangt, daß sich in formaler und sachlicher Hinsicht, wie die Ausführungen im Besonderen Teil des Berichts zeigen, gewisse Möglichkeiten im Sinn einer Vereinfachung bieten, indem z. B. in formaler Hinsicht grundlegende Begriffe schärfer abgegrenzt und in einem einhelligen Sinne im Gesetz verwandt werden und in sachlicher Hinsicht angestrebt wird, die Sondervergünstigungen weiter einzuschränken und ferner gewisse steuerliche Tatbestände den veränderten Verhältnissen anzupassen (vgl. hierzu auch die Anregungen im nachfolgenden Abschnitt VI). Insgesamt gesehen ist die Kommission jedoch der Ansicht, daß darüber hinaus, jedenfalls was das Gesetz angeht, kaum Möglichkeiten zu einer grundlegenden Vereinfachung bestehen.

Das geltende Einkommensteuergesetz beruht auf dem 1934 neugefaßten Einkommensteuergesetz, das gelegentlich als Maßstab eines formal und sachlich einfachen Gesetzes hingestellt wird. Ungeachtet der zahlreichen Änderungen, die es im Laufe der Jahre erfahren hat, bleibt aber festzustellen, daß seine grundlegenden Vorschriften, wenn nicht sogar im Wortlaut, so doch in ihrem wesentlichen Gehalt, heute noch unverändert gelten. Es wird sich auch nicht sagen lassen, daß, wenn man von den Vorschriften über die Sondervergünstigungen absieht, auf die im nachfolgenden Abschnitt näher eingegangen ist, durch die im übrigen in das Gesetz neu aufgenommenen Vorschriften, so z. B. die §§ 6 a, 10 b, 34 c, eine die breitere Masse der Steuerpflichtigen berührende wesentliche Komplizierung eingetreten sei. Das gilt insbesondere, nachdem die Ehegattenbesteuerung bereinigt und auf die wahlweise Zusammenveranlagung oder getrennte Veranlagung zurückgeführt worden ist und fast ausnahmslos wie früher die Zusammenveranlagung in Betracht kommt.

Wenn trotzdem die Anwendung des Gesetzes heute mehr Schwierigkeiten bereitet als früher, so liegt das nicht so sehr in den gesetzlichen Vorschriften selbst begründet, sondern rührt zu einem wesentlichen Teil daher, daß die Erfahrungen im Umgang mit dem Gesetz größer und die Ausschöpfung der steuerlichen Möglichkeiten intensiver geworden ist. Es haben sich auch die Verhältnisse gegenüber früher verändert; sie sind differenzierter geworden, so daß heute mannigfaltigere und vielfach auch kompliziertere Sachverhalte unter die einkommensteuerlichen Vorschriften zu subsumieren sind. Dabei ist im Grunde die Problemstellung als solche häufig die gleiche geblieben; die auftauchenden Fragen sind in ihrem Kern nicht anderer Natur als in der Vergangenheit, so z. B. was die Abgrenzung der Betriebsausgaben und Werbungskosten von den Kosten der Lebensführung angeht. Es handelt sich um Schwierigkeiten, die sich auch durch eine andere Gesetzesfassung nicht einfangen und beseitigen lassen. Oft ist es auch einfach so, daß wegen eines allenthalben festzustellenden verfeinerten Rechtsempfindens über steuerliche Fragen hartnäckiger gestritten wird und eher als früher Rechtsmittel geführt werden. Im übrigen dürften manche der in der Vergangenheit erhobenen Anstände nicht zuletzt darauf zurückzuführen sein, daß das Gesetz immer wieder und oft kurzfristig geändert wurde und damit auch für die Personen, die von den Änderungen nicht betroffen wurden, doch ein Moment der Unsicherheit gegeben war. Dieses psychologische Moment sollte nicht unterschätzt werden und den Gesetzgeber veranlassen, eine größere Stetigkeit in das Gesetz hineinzubringen, die sicherlich dazu beitragen würde, den Steuerpflichtigen die Scheu vor dem Gesetz zu nehmen.

Bei der Kritik am Einkommensteuergesetz sollte schließlich nicht übersehen werden, daß sich gerade in den letzten Jahren in seiner Anwendung und Auslegung ein gewisser Umbruch zeigt, so vornehmlich durch das Hineinspielen verfassungsrechtlicher Probleme und durch die sich zeigende Tendenz, das

Steuerrecht nicht mehr isoliert, sondern als Teil einer allgemeinen in sich geschlossenen Rechtsordnung zu betrachten. Damit wird zwangsläufig eine gewisse Unsicherheit in das Einkommensteuerrecht hineingetragen, die die Praxis erschwert. Hier behutsam klärend zu wirken, ist aber in erster Linie Aufgabe der Rechtsprechung.

Nach alledem ist die Kommission der Ansicht, daß auf dem Gebiet der Einkommensteuer einer Rechtsvereinfachung enge Grenzen gesetzt sind. Das Schwergewicht künftiger Vereinfachungsbestrebungen wird mehr auf dem technischen Gebiet der Verwaltung und Erhebung der Einkommensteuer liegen müssen.

6. Aus einem Diskussionsbeitrag des Karl-Bräuer-Instituts des Bundes der Steuerzahler „Zur Reform des Einkommensteuertarifs"*

Das Problem der heimlichen Steuererhöhungen

Vor vielen Jahren hat der Bund der Steuerzahler wohl als einer der ersten auf die heimlichen Steuererhöhungen hingewiesen. Bei diesem Phänomen handelt es sich um folgendes:

In unserem Steuersystem besteht zwischen der Entwicklung des Steueraufkommens und derjenigen des Sozialprodukts ein einfaches Abhängigkeitsverhältnis; bei steigendem Sozialprodukt sind die Zuwachsraten des Steueraufkommens bei unveränderten Steuersätzen notwendig höher als diejenigen des Sozialprodukts. Dieses bedeutet, daß die Gesamtsteuerbelastung (gemessen am Sozialprodukt) oder die Steuerbelastung des einzelnen Bürgers (gemessen an seinem Einkommen) im Zuge des Wirtschaftswachstums ohne Änderung der Steuergesetze ständig zunimmt.

Dieses überproportionale Anwachsen der Steuern bei steigendem Einkommen beruht auf der Progression des Tarifs und auf der indirekten Progression, welche bei steigendem Einkommen sich aus der Konstanz von Freibeträgen ergibt. In der Schweiz spricht man in diesem Zusammenhang auch von „kalter Steuerprogression".

Die heimlichen Steuererhöhungen sind aufzugliedern in einen Teil, der allein vom Kaufkraftschwund verursacht wird — d. h. der nominellen Aufblähung der Einkommen ohne Steigerung ihrer Kaufkraft — und in einen anderen Teil, der dem realen Wachstum entspricht.

Aus dem Sozialbericht der Bundesregierung 1970 ergibt sich folgendes: Betrachtet man die Entwicklung der Lohnsteuerabzüge bei Durchschnittsverdiensten, so stieg die Lohnsteuer-

* Wiesbaden 1972, S. 38 ff.

belastung des Einkommens eines Verheirateten ohne Kind in den elf Jahren von 1958 bis 1969 auf das Vierfache, nämlich von 2,7 v. H. auf 10,6 v. H. 1973 wird sie bei gleichbleibendem Tarif voraussichtlich 12,6 v. H. betragen.

Auch dem, der mit solchen Statistiken nicht vertraut ist, leuchtet ein, daß nur ein Teil dieser Zunahme des Steuersatzes etwas mit realer Steigerung des Durchschnittseinkommens zu tun hat. Ein beträchtlicher Brocken geht auf das Konto des Kaufkraftschwundes. Dieser letztgenannte Teil, also die heimlichen Steuererhöhungen bei lediglich inflatorischer Aufblähung der Einkommen, ist besonders unangenehm, weil der Steuerzahler hier einen Einkommensteil versteuern muß, den er nach realer Kaufkraft gar nicht erhält. Er muß bei Lohnsteigerungen das ganze Mehreinkommen progressiv versteuern, obwohl ihm ein Teil des zusätzlichen Lohnes durch Preissteigerungen wieder weggenommen wird.

Insoweit wird die Berechtigung des bösen Worts vom Staat als „Inflationsgewinnler" sichtbar. Hier wird auch deutlich, welch großes Interesse der Steuerzahler an der Geldwertstabilität hat und weshalb der Bund der Steuerzahler immer wieder vor inflationären Gefahren warnen muß.

Die Verschärfung der Einkommensteuerprogression, die aus einer inflatorischen Aufblähung der Nominaleinkommen resultiert, wirkt sich besonders stark in den niedrigen Einkommensbereichen aus[1]. Die heimlichen Steuererhöhungen haben also höchst unerwünschte Auswirkungen und laufen dem vielfach propagierten Ziel einer breiten Vermögensbildung direkt zuwider. Die gerade bei kleineren Einkommen stark wirksame Verschärfung der Progression dämpft die Verbesserung der Sparfähigkeit als Grundvoraussetzung der Vermögensbildung. Zudem bergen die heimlichen Steuererhöhungen die Gefahr in

[1] Dies hat der Sachverständigenrat zur Begutachtung der gesamtwirtschaftlichen Entwicklung in einer Studie dargelegt, in welcher er an fünf Beispielen verdeutlicht, daß der Preisanstieg von 1960 bis 1968 zu einer verstärkten Lohnsteuerbelastung gerade der kleinen Einkommensteuerzahler führt. Wegen der Einzelheiten sei hingewiesen auf „Der Weg zu einem zeigemäßen Steuersystem", Heft 20 der Schriftenreihe des Karl-Bräuer-Instituts, S. 137 und Anlage 12.

sich, daß „das automatisch sich ergebende Mehrsteueraufkommen Regierung oder/und Parlament zu öffentlichen Mehrausgaben von problematischem Nutzen anreizt"[2], d. h. zu Ausgaben, die nicht so dringlich erscheinen, daß zu ihrer Finanzierung eine entsprechende *offene* Steuererhöhung hätte durchgesetzt werden können.

In unserer Zeit der „säkularen Inflation"[3] kann nicht mehr mit einem Ausgleich im periodischen Auf und Ab der Konjunktur gerechnet werden.

Vielfach wird argumentiert, es sei doch sicher gerecht, wenn mit der Steigerung der individuellen Einkommen derjenige, der mehr an realer Kaufkraft vereinnahme, auch der stärkeren Progression unterworfen werde. Wer dies anerkennt, wird doch wenigstens fordern müssen, daß der Tarif periodisch zum Ausgleich desjenigen Teiles der heimlichen Steuererhöhungen revidiert wird, der auf den Kaufkraftschwund entfällt.

Drücken wir es in einem Beispiel aus: Angenommen, ein Junggeselle verdiene 1970 ein zu versteuerndes Jahreseinkommen von 12 102 DM. Die Einkommensteuer beträgt dann 2102 DM. Es bleiben ihm also netto genau 10 000 DM übrig. Nehmen wir nun einmal an, die jährliche Preissteigerungsrate betrage nur 2 % (z. Z. ist sie wesentlich höher!). Unser Mann braucht dann im Jahre 1975 11 000 DM Nettoeinkommen, um sich dasselbe kaufen zu können, wie 1970. Um bei gleichbleibenden Nominaleinkommen von brutto 12 102 DM diesen Effekt gleicher realer Kaufkraft zu erzielen, müßte die Steuer von 2102 DM auf 1102 DM reduziert werden. Dieses einfache Beispiel, das für eine Vielzahl von Fällen unter Einbeziehung von Gehaltserhöhungen modifiziert werden kann, zeigt deutlich, welche Rolle die heimlichen Steuererhöhungen spielen.

Lassen wir ruhig einmal die Zuwachsraten an realer Kaufkraft und die progressive Erhöhung des Steuersatzes beim Individualeinkommen, die damit zusammenhängt, außer Betracht.

[2] *Fritz Neumark*, Grundsätze gerechter und ökonomisch rationaler Steuerpolitik, Tübingen, S. 182.

[3] Vgl. *Heinz Haller*, Das Problem der Geldwertstabilität, Stuttgart 1966, S. 19.

Wir können dann immer noch feststellen: Ist der Tarif in seiner Progression und seiner Lastenverteilung im Jahre 1960 als „richtig" empfunden worden, so kann er im Jahre 1970 wegen des inzwischen eingetretenen Kaufkraftschwundes nicht mehr stimmen. Schon in einer Dekade haben die Verzerrungen ein Ausmaß erreicht, das niemand bagatellisieren kann, der sich ernsthaft mit der Steuerpolitik des Einkommensteuertarifs beschäftigt.

Bausteine des Tarifs

1. Allgemeines

Einen idealen Tarif gibt es nicht. Das haben die bisherigen Untersuchungen klargemacht. Weiter muß festgehalten werden, daß niemand heute einen Tarif im „luftleeren Raum" konstruieren kann. Wir haben einen Einkommensteuertarif, der in seiner jetzigen Konstruktion ein bestimmtes Aufkommen erbringt. Eine etwaige Aufkommensminderung des geänderten Tarifs muß in die Plus-Minus-Rechnung der Steuerreform eingebaut werden, und das bedeutet faktisch bereits eine erhebliche Einengung der Möglichkeiten.

Wir haben weiter grundsätzlich Einigkeit darüber, daß die Besteuerung des Einkommens und Ertrags im rationalen Steuersystem eine der zwei tragenden Säulen sein soll. Wir haben andererseits auch erkannt, daß die Einkommensteuer nicht mehr die „Zentralsonne" des Steuersystems sein kann und daß der Streit um die Verteilung zwischen direkten und indirekten Steuern lange nicht die Bedeutung haben kann, die man ihm vielerorts noch zumißt.

Wir wissen ungefähr die Höhe des Einkommens der Steuerzahler und die Verteilung auf die einzelnen Einkommensgruppen, wenn auch leider eine hinreichend präzise zeitnahe Statistik nicht vorliegt, und wir deshalb auf Schätzungen und Fortschreibungen angewiesen sind.

Wir wissen schließlich aus den Lehren der Finanzwissenschaft und aus den Erfahrungen der letzten Jahrzehnte um die ökonomischen und finanzpsychologischen Wirkungen bestimmter Tarifformen.

Bei der Gestaltung des Tarifs müssen vor allem Entscheidungen über folgende Fragen getroffen werden:

Bei welcher Einkommenshöhe soll die Besteuerung beginnen?

Mit welchem Grenzsteuersatz soll die Besteuerung ansetzen?

Wie hoch soll der Spitzensatz liegen und bei welchem Einkommen soll er erreicht werden?

Wie soll zwischen den beiden danach gefundenen Punkten die Belastungskurve verlaufen?

2. Besteuerungsbeginn

Es ist allgemein anerkannt, daß ein Einkommen, das nur den dringendsten Ausgaben für Lebensbedürfnisse genügt — das sog. Existenzminimum — nicht zur Einkommensteuer herangezogen werden soll. Die Besteuerung dieses Einkommenssockels würde der Gerechtigkeitsvorstellung zuwiderlaufen[4].

Die Höhe des Existenzminimums kann nicht exakt bestimmt werden. Wir haben einerseits das physiologische oder biologische Existenzminimum, das die Aufwendungen umfaßt, die zur Aufrechterhaltung der biologischen Existenz unbedingt erforderlich sind. Andererseits haben wir ein „gesellschaftliches", „konventionelles" oder „soziologisches" Existenzminimum[5].

4 In diesem Punkt ist sich die Finanzwissenschaft allgemein einig, grundsätzlich auch die Finanzpolitik, selbst wenn sie nicht immer konsequent vorgegangen ist. So liest man beispielsweise im Entwurf eines Reichseinkommensteuergesetzes vom 29. Nov. 1919 in der Begründung: „Die Einkommensteuer soll jeden Steuerzahler nach seiner wirtschaftlichen Leistungsfähigkeit treffen. Dabei wird als Maßstab der wirtschaftlichen Leistungsfähigkeit jedoch nicht ausschließlich die Höhe des Einkommens anzusehen sein, sondern daneben wird die wirtschaftliche Leistungsfähigkeit auch gemessen werden müssen nach der Höhe des für den Steuerpflichtigen *unbedingt nötigen Verbrauchs* ..."

5 Hierzu schreibt die Sozialenquete-Kommission: „Als konventionelles Existenzminimum kann das Minimum an Bedürfnisbefriedigungsmitteln bezeichnet werden, das für eine nach Anschauung der Gesellschaft menschenwürdige Existenz erforderlich ist. Es ist also nicht exakt definiert. Fest steht nur, daß es höher ist als das physische Existenzminimum ... Ferner ist davon auszugehen, daß dieses konventionelle Existenzminimum auch bei Preisstabilität mit wachsenden Durchschnittseinkommen steigt. Diese Zunahme des konventionellen Existenzminimums ist einmal dadurch begründet, daß bei wachsendem Wohlstand die Aufwendungen steigen, die die Umwelt von jedem Individuum unbedingt erwartet (z. B. für Hygiene); zum anderen wächst das Maß dessen, was für eine menschenwürdige Existenz als notwendig gilt. Beide Argumente besagen jedoch

Der „Grundfreibetrag" beträgt derzeit 1680 DM. Er ist lediglich aus tarifrechtlichen Gründen nicht identisch mit dem Besteuerungsbeginn, der etwas höher, nämlich bei 1710 DM einsetzt. Dieser Grundfreibetrag besteht seit dem Steueränderungsgesetz 1958. Vorher lag die Besteuerungsgrenze bei 900 DM.

Daß eine Erhöhung mindestens entsprechend dem Steigen der Lebenshaltungskosten seit Einführung der jetzigen Besteuerungsgrenze notwendig ist, dürfte unbestritten sein. Von 1958 bis 1970 ergäbe sich unter Anlehnung an die Steigerung der Lebenshaltungskosten eine Erhöhung des Grundfreibetrages auf fast 2200 DM. Dieser Betrag berücksichtigt aber noch nicht die allgemeine (reale) Einkommensentwicklung, die (wie vom Sozialbericht ausgeführt) zu einer Erhöhung des konventionellen Existenzminimums beigetragen hat. Einen gewissen Anhaltspunkt können auch die Sozialhilfesätze der öffentlichen Hand bieten, die zwar länderweise verschieden sind, aber durchweg höher als die genannten Zahlen liegen dürften.

Andererseits kann — das soll hier nicht verschwiegen werden — pragmatisch in Rechnung gestellt werden, daß in vielen Fällen der zu versteuernde Einkommensbetrag nicht identisch mit der Summe ist, die dem betreffenden Steuerzahler insgesamt zur Verfügung steht. Bei den untersten Einkommensgruppen handelt es sich ganz überwiegend um Arbeitnehmer, denen ein Weihnachtsfreibetrag von 100 DM und ein Arbeitnehmerfreibetrag von 240 DM zusteht und bei denen angenommen werden kann, daß die derzeit geltenden Pauschbeträge für Werbungskosten und Sonderausgaben im Regelfall höher sind, als die tatsächlichen Aufwendungen.

In Steuerklasse III/1 (Verheiratete mit einem Kind, einer der Ehegatten als Einkommensbezieher) beginnt die Lohnsteuerjahrestabelle nach geltendem Recht bei einem Jahreslohn von 6360 DM. Der Unterschied zu dem oben erwähnten Besteuerungsbeginn wird durch die erwähnten Freibeträge und Pauschbeträge erklärt.

nicht, daß das konventionelle Existenzminimum in einem festen Verhältnis zum durchschnittlichen Einkommen steht."

In vielen Fällen wird es sich bei den Steuerpflichtigen der unteren Einkommensgruppen auch um Teilzeitbeschäftigte handeln, die neben den steuerpflichtigen noch über steuerfreie und/ oder über abgeleitete Einkünfte verfügen können.

Nach alledem erscheint es dem Institut notwendig, die Besteuerungsgrenze auf 2400 DM heraufzusetzen. Wenn etwa die Bundesregierung im Gegensatz zu den Vorschlägen der Steuerreform-Kommission den Besteuerungsbeginn mit 2040 DM vorschlägt, so wird damit ungeachtet der vorhergehenden Ausführungen über das Auseinanderfallen von steuerpflichtigen und tatsächlichen Einkommen in kaum erträglicher Weise das Recht jener Gruppe verletzt, bei der diese Argumente nicht zutreffen und bei denen dann tatsächlich die Besteuerung unter dem Existenzminimum einsetzen würde. Trotz aller fiskalischen Überlegungen hinsichtlich des zu befürchtenden Ausfalls muß ja bedacht werden, daß der Tarif erst ab 1974 gelten soll und dann für eine Reihe von Jahren in Kraft bleiben wird — Jahre, in denen die Lebenshaltungskosten zweifellos weiter steigen werden[6].

In der bisherigen Tarifdiskussion ist auch der Vorschlag gemacht worden, man solle die Besteuerungsgrenze als Grundfreibetrag betrachten, diesen Freibetrag nur den unteren und einem Teil der mittleren Einkommen gewähren und ihn dann nach stufenweisem Abbau verschwinden lassen. Eine solche Bestimmung liefe auf eine zusätzliche indirekte Progression hinaus. Nach Ansicht des Instituts wäre ein derartiger Tariftrick eine ebenso törichte wie unnötige Augenwischerei. Wo man die Progression verschärfen will, möge man das offen vorschlagen und dem Bürger sagen, was man von ihm will.

[6] Man kann natürlich auch einfach kühl damit rechnen, daß jene Gruppe, die echt vom Tarif getroffen wird und keine steuerfreien Nebeneinkünfte hat, sich dann einfach in echter Notwehr der Besteuerung illegal entzieht. Daß dies heute bei 1680 DM Besteuerungsbeginn der Fall ist — wer wollte es leugnen? Der Finanzpolitiker sollte aber gerade bei einer Reform ein solches Abdrängen in die Illegalität nicht in sein Kalkül einbeziehen.

3. Maximalbelastung

Der höchste Grenzsteuersatz im Einkommensteuertarif liegt derzeit bei 53 v. H. Er wird erreicht bei einem Einkommen von 110 040 DM (Grundtabelle) bzw. 220 080 DM (Splitting-Tabelle). Unterstellt man eine Kirchensteuer von 10 v. H. der Einkommensteuer und rechnet man die Ergänzungsabgabe ein, so steigt die Spitzenbelastung auf insgesamt 59,89 v. H.

Im Durchschnittssatz wird diese Belastung allerdings niemals erreicht. Der Durchschnittssatz nähert sich allmählich dem höchsten Grenzsteuersatz.

Es ist verschiedentlich gefordert worden, den Spitzensatz von 53 v. H. zu erhöhen. Das schlagen auch die Eckdaten der Bundesregierung vor. Die Forderung wird allgemein damit begründet, es liege im Sinne einer sozialen Gerechtigkeit, die hohen Einkommen noch stärker zu belasten als bisher. Wir haben aber gesehen, daß der Gerechtigkeitsgrundsatz absolut keinen Maßstab für die Höhe der Steuerprogression abgibt, ja Haller hat geradezu nachgewiesen, daß der aus dem Gerechtigkeitspostulat entwickelte Grundsatz der Besteuerung nach der Leistungsfähigkeit überhaupt nicht für eine Begründung der Progression insgesamt herangezogen werden könne.

Daß das fiskalische Argument nicht zieht, ist inzwischen allgemein anerkannt. Die Erhöhung des Spitzensatzes um einen Punkt würde nach geltendem Recht ein Mehraufkommen von etwa 50 Mill. DM erbringen — ganz gewiß kein Betrag, der in der Bilanz einer großen Steuerreform oder im öffentlichen Haushalt wesentlich zu Buche schlüge[7]. Andererseits sind aber gerade bei der Festlegung des Spitzensatzes jene Bedenken zu berücksichtigen, die in der Tagesdiskussion gerne übersehen werden und die im vorigen Kapitel aufgezeigt worden sind[8].

[7] In der Broschüre „Mehr Steuergerechtigkeit" des Hessischen Finanzministers *Lang* wird sogar geschätzt, daß die Erhöhung des „Marginalsteuersatzes um 1 v. H. schätzungsweise nur 40 Mill. DM" erbringe.

[8] Daß von dieser Seite her Grenzen gesetzt sind, wird heute auch dort erkannt, wo man allgemein für „Verschärfung der Progression" eintritt. So heißt es in der erwähnten Broschüre des hessischen Finanzministers: „Die Grenze liegt allerdings dort, wo unternehmerische Initiative und Leistungswille gefährdet werden."

Diese Nachteile einer überspannten Steuerprogression zeigen gewissermaßen das auf die Verhältnisse unseres Jahrhunderts projizierte Swiftsche Steuer-Einmaleins.

Es muß natürlich auch überlegt werden, bei welchem Einkommen der Spitzensteuersatz erreicht werden soll. Läßt man die Grenzsteuersatzkurve, die heute bei rd. 110 000 DM (Grundtabelle) unvermittelt von 51,7 auf 53 v. H. springt, weiterlaufen, so wird sie sicher bei irgendwelchen höheren Einkommen die 54-%-, 56-%- oder auch 58-%-Grenze schneiden und könnte dort zu einem neuen Höchstsatz abgeknickt werden. Es fragt sich nur, wem mit einer solchen Änderung gedient wäre außer dem, der in der politischen Optik einen besonders hohen Spitzensatz vorweisen möchte. Aufkommensmäßig ist „nichts drin", und mit den mehrfach besprochenen volkswirtschaftlichen Nachteilen und Schäden muß gerechnet werden.

Will man aber bei 110 000 DM den Spitzensatz von 53 auf (angenommen) 56 v. H. steigern, so stellt sich die Frage, was mit den nächst anschließenden Einkommensgruppen von 110 000 DM abwärts geschehen soll. Willkürliche Sprünge in den Belastungskurven will sicher niemand vertreten. Soll die Kurve aber kontinuierlich sein, so würde die Heraufsetzung des Spitzensatzes eine Verschärfung der Progression für die Einkommensgruppen von 110 000 DM abwärts bedeuten.

In den Gruppen zwischen 16 000 und 50 000 DM Einkommen finden wir heute rd. die Hälfte der veranlagten Einkommensteuerpflichtigen, rd. ein Viertel der Lohnsteuerpflichtigen. Diese Gruppen können nach der derzeitigen Entwicklung der Nominaleinkommen zehn Jahre nach dem angenommenen Stichjahr 1970, also 1980, sehr wohl ein Einkommen von 32 000 bis 100 000 DM haben. Mit anderen Worten: sie würden in Kürze — jedenfalls noch während der Laufzeit des jetzt zu konstruierenden neuen Tarifs — zu den Gruppen gehören, denen eine ganz erhebliche Verschärfung ihrer Steuerbelastung droht.

Um es noch einmal zu betonen; die Wissenschaft kann hier eine Zahl nicht angeben. Popitz und Adolph Wagner meinten die Grenze bei 33 1/3 % ansetzen zu müssen. Schmölders führt aus, daß amerikanische Finanzwissenschaftler den vielzitierten psychologischen Bruchpunkt bei einer Belastung von 50 % anzusetzen. In der Diskussion wird immer wieder betont, der Durchschnittssatz liege ja regelmäßig tiefer als der Grenzsteuersatz. In der Tat weist beispielsweise die geltende Grundtabelle, bei dem Punkt, wo der Spitzensatz erreicht wird — also bei 110 040 DM — einen Durchschnittssatz von noch nicht ganz 43 % aus (ohne Kirchensteuer und Ergänzungsabgabe). Es ist aber die Frage, welcher Satz für den Bürger wesentlich ist. Gewiß spielt für jeden Steuerzahler die Höhe seiner Steuerschuld und damit der Durchschnittssatz eine gewichtgie Rolle. Andererseits aber dürfte der Grenzsteuersatz gerade wegen der in Kapitel 4.2 erörterten ökonomischen Wirkungen entscheidende Bedeutung haben. Schon vom Gerechtigkeitspostulat aus gesehen kann es zweifelhaft sein, ob es richtig ist, wenn der Staat (von allen anderen Abgaben abgesehen) bei der Einkommensbesteuerung dem Steuerzahler mehr wegnimmt als er ihm beläßt. Noch mehr aber muß beim Überschreiten bestimmter Grenzen der Wille zur Mehrleistung bedacht werden, von dem heute unser aller Lebensstandard abhängt; es muß angenommen werden, daß bei Verschärfung der Progression all die anderen negativen Faktoren sich verstärken werden, daß das Verhältnis zwischen Steuerzahler und Verwaltung sich verschlechtert, daß die Bemühungen um Steuervermeidung verstärkt werden, daß volkswirtschaftlich erwünschte Investitionen unterbleiben und daß die internationale Wettbewerbsfähigkeit beeinträchtigt wird.

Es hätte auch keinen Sinn, etwa aus Gründen politischer Optik den Spitzensatz nach oben zu drücken, um dann, wenn sich die negativen ökonomischen Auswirkungen bemerkbar machen, den Tarif durch eine Reihe von steuerpolitischen Interventionsmaßnahmen wieder auszuhöhlen[9].

Bei der Frage, bei welcher Einkommenshöhe der Spitzensatz erreicht werden soll, darf natürlich auch der Kaufkraftverlust

[9] Zu den mannigfachen Bedenken gegen solche steuerpolitische Interventionen vgl. „Mit Steuern steuern?“ Heft 12 der Schriftenreihe des Karl-Bräuer-Instituts.

der Jahre seit Inkrafttreten der jetzigen Tarifbestimmung (also 1958) und die mutmaßliche Inflationsrate der nächsten Jahre nicht außer Betracht bleiben. Demzufolge müßte der Punkt von rd. 110 000 DM um ein gutes Stück nach oben verschoben werden. Indessen läßt sich die Frage, wie die vorangehenden Ausführungen zeigen, nicht isoliert lösen. Die Höhe des Spitzensatzes und die Einkommensgröße, bei der er erreicht wird, gehören zusammen, weil dadurch bestimmte Wirkungen ausgelöst werden.

Fassen wir zusammen: es hat weder volkswirtschaftlich noch finanzpolitisch einen Sinn, aus Gründen etwa der politischen Optik den Spitzensatz beträchtlich anzuheben. Wir kennen den gewaltigen Finanzbedarf der öffentlichen Hand, und wir müssen die Steuerbelastung auf die verschiedenen Steuerformen, und innerhalb der Einkommen- und Lohnsteuer auf die einzelnen Einkommensgruppen so verteilen, daß wir die Besteuerungsgrundsätze beachten und daß wir die ökonomischen und finanzpsychologischen Schäden so gering wie möglich halten. Wir wissen, daß die Finanzwissenschaft uns vom Gerechtigkeitspostulat her rechnerische Maßstäbe nicht liefern kann. Um es mit Prof. Haller zu sagen: „Mit wissenschaftlichen Mitteln läßt sich keinerlei Aussage über einen angemessenen Progressionsverlauf machen[10].

4. Tarifkurve

Wenn der Tarif gewissermaßen von Anfang und Ende her bestimmt ist, also durch Besteuerungsbeginn und den Punkt, an dem der höchste Grenzsteuersatz erreicht wird, muß über den Verlauf der Belastungskurve entschieden werden. Dabei taucht zunächst die Teilfrage auf, ob die bisherige sog. Proportionalzone wegfallen soll. Zur Vermeidung von Mißverständnissen sei hier noch einmal betont, daß sich das Wort „proportional" hier lediglich auf den Grenzsteuersatz bezieht: bei Überschreiten der Besteuerungsgrenze wird bei dem geltenden Tarif das Einkommen zunächst bis etwa 8000 DM (Splitting-Tabelle: 16 000 DM) mit einem gleichbleibenden Grenzsteuersatz von

[10] *Heinz Haller*, Die Steuern, Tübingen 1964, S. 332.

19 % belegt. Der Durchschnittssatz dagegen liegt niedriger: er beträgt beispielsweise bei 3000 DM rd. 3,8 % und bei 8000 DM rd. 15 % (Grundtabelle).

Die Proportionalzone ist seinerzeit insbesondere aus verwaltungstechnischen Gründen eingeführt worden. Man wollte vor allem eine Veranlagung der Arbeitnehmer mit Einkünften aus mehreren Dienstverhältnissen vermeiden. Dasselbe galt für sog. Doppelverdiener-Ehen, bei denen beide Ehegatten Arbeitnehmer waren. Die Proportionalzone steckt indessen voller Probleme, worauf der Bund der Steuerzahler schon früh hingewiesen hat[11]. Vor allem muß die Progression des Grenzsteuersatzes nach Ende des Proportionaltarifs sehr steil ansetzen, und zwar um so steiler, je breiter der Proportionalbereich gewählt wird. Bei einem von Beginn progressiven Grenzsteuersatz dagegen steigt auch die Durchschnittsbelastung wesentlich gleichmäßiger an, als bei einem Tarif, der unten mit einer Proportionalzone beginnt. Wenn — wie kurz über lang wohl unumgänglich — eine Veranlagung aller Arbeitnehmer eingeführt wird, so entfällt ein wesentlicher Grund für die Beibehaltung der Proportionalzone.

Für die Entscheidung über den Tarifverlauf ist besonders wichtig, ob man vom Durchschnittssatz oder vom Grenzsteuersatz ausgehen will. Wir haben bereits oben gesehen, daß für sehr viele, ja wohl die meisten Steuerzahler der Grenzsteuersatz von besonderer Bedeutung ist. Der Satz, mit dem die zusätzlich noch verdiente Mark besteuert wird, ist für den einzelnen Steuerzahler in der Regel wichtiger als der Durchschnittssatz. Aber wir erkennen auch hier, daß die Finanzwissenschaft uns keine rechnerischen Maßstäbe zu geben vermag. Da der Tarif nach allgemeiner Übereinstimmung keine willkürlichen Sprünge aufweisen soll, scheint es zunächst nahe zu liegen, für den Grenzsteuersatz den linearen Verlauf zu wählen. Das würde bedeuten, daß wir zwischen dem Besteuerungsbeginn und dem Punkt, bei dem der Spitzensatz erreicht wird, eine gleichmäßig ansteigende Gerade haben. Da der Spitzensatz

11 Vgl. beispielsweise die Einzeldarstellung Nr. 41, Der Einkommensteuertarif, Stuttgart 1958, S. 8.

aber sicher beim Besteuerungsbeginn unter dem heutigen Proportionalsatz liegen soll, kommt der Tarifkonstrukteur hier in eine arge Klemme. Es erweist sich nämlich, daß ein Tarif mit einem als gleichmäßig ansteigende Gerade ausgebildeten Grenzsteuerverlauf einen so starken Ausfall bedeuten würde, daß dieser unter den gegebenen Umständen utopisch erscheinen würde.

Wie sieht das nun beim geltenden Tarif aus? Vom Besteuerungsbeginn bis rd. 8000 DM verläuft der Grenzsteuersatz, wie wir schon wissen, eben, also proportional. Dann folgen drei aneinander anstoßende Kurven für die Bereiche 8000 DM bis 30 000 DM, 30 000 bis 78 000 DM und 78 000 bis 110 040 DM. Bei 110 040 DM macht der Grenzsteuersatz einen Sprung von 51,8 auf 53 v. H. und bleibt von hier an proportional. In den drei mittleren Kurven bietet sich das Bild einer verzögerten Progression. Mit anderen Worten: nicht nur in der Durchschnittssatzkurve, sondern mehr noch in der Grenzsteuersatzkurve zeigt sich der berüchtigte Mittelstandsbauch.

Der Tarifkonstrukteur befindet sich also insbesondere wegen des Ausfallproblems in der wenig beneidenswerten Situation, einen Kompromiß anstreben zu müssen. Dieser kann darin liegen, daß er für den Grenzsteuersatz zwei oder mehr Gerade aneinander anschließen läßt. Die dabei entstehenden Knicke bedeuten aber zweifellos einen „Schönheitsfehler", der wegen der mathematischen Abhängigkeit auch in wesentlich verminderter (bei der zeichnerischen Darstellung in kaum spürbarer) Form bei der Durchschnittssatzkurve auftritt.

Die andere Möglichkeit des Kompromisses ist eine Grenzsteuersatzkurve mit verzögerter Progression (ohne die Proportionalzone im untersten Bereich), die bei Erreichen des Spitzensatzes ohne oder mit minimalem Knick in die Waagerechte übergeht.

Anzustreben wäre freilich für spätere Tarifreformen, daß diese Grenzsteuersatzkurve abgeflacht wird. Es wird nämlich jeder Tarif, bei dem die Kurve zwischen Besteuerungsbeginn und Erreichen des Spitzensatzes nicht linear, sondern in verzögerter Progression verläuft, in irgendeiner Form den berüchtigten Mittelstandsbauch aufweisen. Bei der zu erwartenden weiteren starken Erhöhung der Nominaleinkommen könnte aus diesem „Mittelstandsbauch" infolge Hineinwachsens immer weiterer Einkommensschichten in die Progression leicht ein „Proletarierbuckel" werden[12].

[12] Man wird in Zukunft auch versuchen müssen, rascher als bisher zu zuverlässigen Zahlen nicht nur über das Steueraufkommen, sondern auch über seine Verteilung und die mutmaßliche Weiterentwicklung bei den einzelnen Einkommensgruppen zu kommen. Nur dann läßt sich ein wirklich zuverlässiges Bild über die Wirkungen eines bestimmten Einkommensteuertarifs erzielen.

7. Aus dem Gutachten des Wissenschaftlichen Beirates beim Bundesministerium der Finanzen vom 11. Februar 1967*

Vorschläge zur Reform der Einkommensteuer

1. Vorbemerkungen

Die besondere Stärke der Einkommensteuer liegt darin, daß sie in höherem Grad als jede andere Steuer eine gezielte Verteilung der Steuerlasten ermöglicht. Mit ihrer Hilfe kann am ehesten eine Besteuerung nach der Leistungsfähigkeit, deren wichtigster Indikator das Einkommen darstellt, erreicht werden; ferner bietet sie eine Handhabe für angestrebte Verteilungskorrekturen. Zwar stimmt auch bei der Einkommensbesteuerung die wirkliche Lastenverteilung im allgemeinen nicht mit der beabsichtigten überein, da es kein Mittel gibt, die Steuerüberwälzung völlig auszuschließen, doch halten sich die Abweichungen in Grenzen.

Auch unter dem Gesichtspunkt der Einordnung der Besteuerung in die Marktwirtschaft ist die Einkommensteuer günstig zu beurteilen. An sich ist jede Steuer ein Störungsfaktor im Rahmen einer marktwirtschaftlichen Ordnung, weil diese nach dem Grundsatz des Leistungsaustauschs über den Markt organisiert ist, der bei den generellen Staatsleistungen und ihrer Finanzierung nicht anwendbar ist. Deshalb muß man sich bei der Ausgestaltung des Steuersystems bemühen, den Mechanismus der Marktwirtschaft möglichst wenig zu beeinträchtigen. Da die Einkommensteuer bei den Einkommen ansetzt und bei ihr mit einer Weitergabe der Steuer über die Preise — anders als bei den sog. indirekten Steuern — nur beschränkt zu rechnen ist, beeinträchtigt sie das Funktionieren des Preismechanismus und damit die optimale Kombination der Produktionsfaktoren verhältnismäßig wenig. Sie stellt also insoweit eine verhältnismäßig „neutrale" Form der Besteuerung dar. Selbstver-

* Heft 9 der Schriftenreihe des Bundesministeriums der Finanzen, Bonn 1967, 17 ff.

ständlich gehen von der Erhebung und der Wiederverausgabung der Steuern durch den Staat Wirkungen auf den Wirtschaftsablauf aus, die die Preise nicht unberührt lassen; doch handelt es sich dabei um Wirkungen, die sich aus der Verschiebung der öffentlichen und der privaten Nachfrage ergeben. Die Anpassung an die veränderte Nachfragestruktur selbst vollzieht sich durchaus nach marktwirtschaftlichen Grundsätzen, da die Umlenkung der Produktionsfaktoren durch den Preismechanismus gesteuert wird, den die Einkommensteuer, wie angedeutet, nur wenig stört.

Auch für die Verfolgung wirtschaftspolitischer Ziele, die für die Gestaltung der Besteuerung nicht primär bedeutsam sind, wie z. B. solcher konjunkturpolitischer und wachstumspolitischer Art, ist die Einkommensteuer ein brauchbares Instrument; zumindest ergeben sich gegen sie von hierher keine schwerwiegenden Einwendungen. Sie entspricht einerseits besser als die anderen Steuern den Anforderungen der Konjunkturpolitik wegen der verhältnißmäßig großen prozentualen Änderung ihres Aufkommens bei Schwankungen des Volkseinkommens. Wenn sich diese „built-in flexibility" andererseits auch auf das Wachstum ungünstig auswirken kann, so bietet die Einkommensteuer für die günstige Beeinflussung des Wachstums doch manche Ausgestaltungsmöglichkeiten. Es besteht allerdings das Problem, daß eine betonte Beeinflussung des Konjunkturverlaufs und des Wirtschaftswachstums mit steuerlichen Mitteln die Verfolgung des verteilungspolitischen Ziels meist beeinträchtigt. Die Möglichkeiten der Konjunktur- und der Wachstumslenkung im Rahmen der Einkommensbesteuerung sollten deshalb nur in Ausnahmelagen ausgeschöpft werden. Als derartige Situationen sind anhaltende Depressionen oder Überhitzungen, also länger dauernde Wachstumsstörungen, anzusehen, nicht dagegen leichte Konjunkturausschläge oder geringe Abschwächungen der Wachstumsrate.

Wegen ihrer günstigen Eigenschaften sowohl in belastungspolitischer und verteilungspolitischer Hinsicht als auch unter dem ordnungspolitischen Gesichtspunkt (verhältnismäßig reibungslose Einordnung in die Marktwirtschaft) sollte die Einkommensteuer (einschließlich Körperschaftsteuer) in ihrem Ge-

wicht so verstärkt werden, daß sie mehr als die Hälfte der Gesamtsteuereinnahmen erbringt. Ferner ist zu fordern, daß alle in ihr liegenden Möglichkeiten für eine gleichmäßige Behandlung der Steuerpflichtigen und eine gerechte Lastenverteilung genutzt werden.

In diesem Sinne schlägt der Beirat im folgenden u. a. vor, daß eine Reihe bisher geltender Vergünstigungen abgebaut werden. Besonderes Gewicht wird weiterhin darauf gelegt, im gegenwärtigen Recht bestehende Lücken zu schließen, um eine gleichmäßigere Belastung aller Einkommen sicherzustellen. Schließlich wird durch eine Erweiterung des Ehegatten-Splittings zu einem geschlossenen System der Familienbesteuerung angestrebt, dem Gefälle in der steuerlichen Leistungsfähigkeit zwischen kleinen und größeren Familien stärker als bisher Rechnung zu tragen.

2. Wertgrundlage der Besteuerung

Der Gedanke der Besteuerung nach der Leistungsfähigkeit würde an sich erfordern, das *Realeinkommen* der Besteuerung zugrunde zu legen, weil es die Basis der Bedürfnisbefriedigung darstellt, die letztlich durch das Steueropfer getroffen werden soll. Da die marktwirtschaftliche Ordnung in allen Bereichen auf der Nominalrechnung beruht, muß jedoch auch die Berechnung der Steuerleistungen an die *Nominalwerte* anknüpfen. Sofern das Preisniveau stabil bleibt, sind Realeinkommen und Nominaleinkommen grundsätzlich identisch. Damit die Nominalwerte für alle Steuerpflichtigen die Realwerte richtig widerspiegeln, *muß demnach der Geldwert stabil gehalten werden.*

Da bisher die Stabilisierung des Geldwertes nicht gelungen ist, sind in das Einkommensteuerrecht Regelungen eingedrungen, die darauf abzielen, Korrekturen bei den Nominalwerten anzubringen, die auf die Realwerterfassung abzielen. Darüber hinaus werden in jüngster Zeit Forderungen angemeldet, diese Praxis weiter auszudehnen. So wird insbesondere verlangt, daß Zinserträge für die Zwecke der Besteuerung so zu berichtigen seien, daß dem eingetretenen Realverlust am Vermögen Rechnung getragen wird. Derartige *partielle Wertkorrekturen* führen jedoch zu anderen Ungerechtigkeiten in der Steuerlastverteilung und zu Störungen des Wirtschaftsprozesses.

Angesichts der genannten Bestrebungen könnte man überlegen, ob nicht eine *durchgängige Umrechnung auf Realwerte für Steuerzwecke* möglich wäre. Dies würde jedoch voraussetzen, daß das gesamte Rechnungs- und Wertsystem der Wirtschaft in einheitlicher Weise dem Geldentwertungsprozeß laufend angepaßt und damit gleichsam dynamisiert würde. Ließe sich dieses System völlig folgerichtig verwirklichen, so würden die relativen Positionen nicht verändert und damit weder die Gerechtigkeit der Besteuerung noch die optimale Kombination der Faktoren beeinträchtigt werden. Es bedarf keiner näheren Ausführungen, daß ein derartiges „System" in der Praxis undurchführbar ist.

Eine „Anpassung" der Einkommensbesteuerung an eine laufende Geldentwertung vermittels eines allgemeinen Systems von Wertkorrekturen ist also nicht erreichbar; da partielle Korrekturen sich wegen der Ungerechtigkeiten, die sie mit sich bringen, nur nachteilig auswirken, *ist das Nominalwertprinzip kompromißlos beizubehalten.*

Auch die Änderungen einzelner Güterpreise (relative Preisänderungen) können kein Anlaß sein, vom Nominalwertprinzip abzugehen. Abgesehen davon, daß solche Preisänderungen ein Steuerungselement der Marktwirtschaft darstellen, dessen Wirksamkeit nicht durch steuerliche Maßnahmen abgeschwächt werden sollte, lassen sich Änderungen des Preisgefüges und Änderungen des Preisniveaus für die Praxis nicht streng trennen. Marktpreisschwankungen aller Art liegen im allgemeinen Unternehmerrisiko; sie sollten kein Anlaß für eine Umperiodisierung des Gewinns sein, die zu erheblichen unberechtigten Zinsvorteilen der Unternehmer führt.

Aus diesen Überlegungen ist vor allem zu folgern, daß *bei der Ermittlung des steuerpflichtigen Gewinns keine Korrekturen zum Ausgleich von Preisbewegungen zugelassen werden können.* Demnach ist die Bildung von stillen Reserven durch Unterbewertung von Vermögensteilen oder von offenen Rücklagen bzw. Wertberichtigungen für Preissteigerungen zur Vermeidung der Besteuerung sog. Scheingewinne abzulehnen*. Ebensowenig kommt — wie schon erwähnt — eine Umrechnung von nominellen in reale Zinserträge in Frage.

Es ist nochmals mit Nachdruck zu betonen, daß die ungerechten Folgen einer schleichenden Inflation nicht mit steuerlichen Maßnahmen beseitigt werden können, da dies immer nur ein Kurieren an einzelnen Symptomen bedeutet. Es ist vielmehr zu fordern, daß das Übel von der Wurzel aus angegangen wird, d. h. daß die Geldwertstabilität mit allen Mitteln gesichert wird.

Folgerung Streichung von § 51 Abs. 1 Nr. 2 b EStG.

3. Gewinnermittlung

Besonders korrekturbedürftig erscheinen — neben den unter Ziffer 4 behandelten Bestimmungen über die Berechnung des Gewinns aus Land- und Forstwirtschaft — die derzeit gültigen Vorschriften für die Ermittlung des gewerblichen Gewinns. Die entsprechenden Regelungen tragen noch deutlich die Züge der betonten Investitionsförderung der Wiederaufbauperiode in den Nachkriegsjahren. Gegenüber der wachstumspolitischen Orientierung, die aus der damaligen besonderen Lage heraus berechtigt war, *sollte heute wieder der grundsätzlich vorrangige Gesichtspunkt der angemessenen Steuerlastverteilung die ihm gebührende Beachtung erhalten.* Unter diesem Blickpunkt sind die folgenden *Änderungen der Gewinnermittlungsvorschriften* erforderlich:

a) *Bei den Absetzungen für Abnutzung sollte die degressive Abschreibung grundsätzlich durch die Abschreibung mit gleichbleibenden Beträgen ersetzt werden***. Damit wird dem Zweck der Abschreibung Rechnung getragen, die Investitionsausgabe entsprechend dem nutzungsbedingten Wertverzehr auf die Lebensdauer des Anlagegutes zu verteilen (Verteilungsabschreibung); denn im allgemeinen kann davon ausgegangen werden,

* Eine Minderheit ist der Auffassung, daß zur Sicherung der Substanzerhaltung der Unternehmen die Bildung von stillen Reserven oder von offenen Rücklagen zum Ausgleich von Preisbewegungen zugelassen werden sollte, allerdings nur im Rahmen der Grundsätze ordnungsmäßiger Bilanzierung.

** Eine Minderheit teilt diese Auffassung nicht, da nach ihrer Ansicht die degressive Abschreibung vielfach die betriebswirtschaftlich angemessene Abschreibungsmethode ist.

daß die Nutzungsintensität während der Lebensdauer annähernd gleich bleibt. Soweit in einzelnen Fällen ein degressiver Nutzungsverlauf vorliegt, ist die Degression weit schwächer, als sie bei dem in § 7 Abs. 2 und 5 EStG zugelassenen Abschreibungsverfahren unterstellt wird. Auch in den Fällen eines leicht degressiven Nutzungsverlaufs ist die Zulassung der Abschreibung mit fallenden Jahresbeträgen kaum erforderlich, da die Nutzungsdauer in der Regel vom Unternehmer vorsichtig geschätzt wird und die Restbuchwerte dementsprechend ohnehin Ermessensreserven enthalten. Die Möglichkeit, die Absetzung für Abnutzung nach Maßgabe der Leistung des Wirtschaftsgutes vorzunehmen (§ 7 Abs. 1 Satz 3 EStG), bleibt unberührt. Dadurch ist dem Steuerpflichtigen die Möglichkeit gegeben, nachweisbare Beschäftigungsschwankungen bei der Bemessung der Abschreibungen zu berücksichtigen.

Häufig werden die degressiven Absetzungen für Abnutzung mit der Entwertung durch den technischen Fortschritt zu rechtfertigen versucht. Dem ist entgegenzuhalten, daß die zu erwartende normale Entwertung durch technischen Fortschritt bereits durch die Festlegung eines entsprechend verkürzten Abschreibungszeitraums (der „wirtschaftlichen" Lebensdauer des Anlagegutes) berücksichtigt wird. Eine erhöhte Abschreibung in den ersten Jahren zur Angleichung an den fallenden Verkaufswert ist ebenfalls nicht berechtigt, weil für die Abschreibung die tatsächliche Nutzung der Anlage im Betrieb zugrunde zu legen ist. Im Falle eines Verkaufs wirkt sich ein ausnahmsweise etwa noch nicht durch Abschreibung ausgeglichener Wertverlust ohnehin gewinnmindernd aus.

Die Beseitigung der degressiven Abschreibung ist daneben sowohl aus konjunkturpolitischen als auch aus ordnungspolitischen Gründen wünschenswert, da diese Abschreibungsmethode einerseits die „built-in flexibility" abschwächt und andererseits die Unternehmens- und die Vermögenskonzentration fördert.

Außergewöhnliche technische Neuerungen, die den Nutzungswert der Anlagegüter stark mindern, können ihrer Art nach nicht durch die Verteilungsabschreibungen berücksichtigt werden; vielmehr sollte hier von der Abwertung auf den niedrigeren Teilwert Gebrauch gemacht werden.

Folgerung: Änderung von § 7 EStG.

Soweit in bestimmten Lagen die Verfolgung sozial-, konjunktur-strukturpolitischer oder ähnlicher Ziele als vordringlich angesehen wird, sollten Maßnahmen ergriffen werden, die die Besteuerung nach der Leistungsfähigkeit möglichst wenig stören. Es ist hier insbesondere an Investitionsprämien oder ähnliche Maßnahmen zu denken (Näheres unter Nummer 14).

Sonderabschreibungen sind mit der Besteuerung nach der Leistungsfähigkeit nicht vereinbar, weil sie die steuerliche Bemessungsgrundlage verändern und dadurch bei einer progressiven Steuer zu starken gewinnabhängigen Unterschieden in der Begünstigung führen (Pervertierung der Progression). Wie Sonderabschreibungen wirken auch andere Formen der Gewinnverlagerung, z. B. die Gewährung von Bewertungsfreiheit oder die Bildung steuerfreier Rücklagen. Ein besonders angreifbarer Fall dieser Art ist die seit dem 1. 1. 1965 zugelassene steuerneutrale Auflösung stiller Reserven und ihre Übertragung auf Neuinvestitionen. Die hiermit verfolgten strukturpolitischen Ziele sollten durch andere Maßnahmen erreicht werden, die im Zusammenhang mit der Behandlung der Veräußerungsgewinne erörtert werden.

Folgerungen: Streichung der §§ 6 b und 6 c; 7 a bis 7 e; § 51 Abs. 1 Nr. 2 h—q, s, u—w.

b) Die schon heute gegebene Möglichkeit der zeitlichen Verrechnung von Verlusten mit Gewinnen (Verlustabzug) sollte dahingehend erweitert werden, daß *Verluste auch von Gewinnen vorangegangener Perioden abgesetzt werden können.* Dieser sog. *Verlustrücktrag,* der auf die beiden vorangehenden Jahre begrenzt werden sollte, führt nicht zu einer Neuveranlagung, sondern hat lediglich eine *Steuerrückzahlung* zur Folge. Durch den Rücktrag wird erreicht, daß die Verrechnung nicht davon abhängig ist, ob in den späteren Jahren wieder Gewinn erwirtschaftet wird. Gegenüber anderen Einkommensempfängern bedeutet die Einführung des Verlustrücktrags keine Bevorzugung, da beim Nichtunternehmer in der Regel keine Verluste (also keine negativen Einkommen) auftreten. Die Bestreitung des Lebensunterhaltes aus Vermögen (Vermögensabbau) ist weder beim Unternehmer noch beim Nichtunternehmer ein Tatbestand, der die Höhe des steuerpflichtigen Einkommens der betreffenden Periode berührt.

Diese aus belastungspolitischen Gesichtspunkten zu fordernde Regelung würde sich auch konjunkturpolitisch günstig auswirken, weil durch sie die „built-in flexibility" erhöht und die Risikobereitschaft der Unternehmer vergrößert werden würde.

Folgerung: Änderung des § 10 d EStG.

4. Ermittlung der Einkünfte aus Land- und Forstwirtschaft

Anzustreben ist die *Ausdehnung der Buchführungspflicht* auf *einen möglichst großen Kreis von Landwirten*, damit die tatsächlichen Einkommen erfaßt und zur Grundlage der Besteuerung gemacht werden können. Die *Besteuerung nach Durchschnittssätzen auf der Grundlage der Einheitswerte ist abzulehnen*, da mit ihnen in ihrer gegenwärtigen Form den großen Ertragsunterschieden — insbesondere zwischen vieharmen (viehlosen) und viehstarken Betrieben — nicht Rechnung getragen wird. Auch bei einer Ausdehnung der Buchführungspflicht verbleiben noch zahlreiche Fälle, in denen die Steuerbemessungsgrundlage pauschal ermittelt wird. Es ist dafür Sorge zu tragen, daß die nichtbuchführenden Steuerpflichtigen nicht bevorzugt werden. Im Gegenteil ist anzustreben, daß die Ausgestaltung der Steuer zur Buchführung anspornt, was der Rationalisierung der Betriebsführung zugute kommt. Im übrigen entspricht es der steuerlichen Rechtsprechung, bei einer wegen mangelhafter Buchführung erforderlichen Schätzung die Besteuerungsgrundlage im Zweifel eher zu hoch als zu niedrig festzusetzen. Diesen Grundsätzen trägt die Neuordnung der Einkommensermittlung der nichtbuchführenden Landwirte durch das Gesetz über die Ermittlung des Gewinns aus Land- und Forstwirtschaft nach Durchschnittssätzen vom 15. September 1965 nicht Rechnung.

Die Sonderfreibeträge für Landwirte, die nach dem genannten Gesetz noch erhöht worden sind, *sind unter dem Gesichtspunkt einer gleichmäßigen Behandlung aller Steuerpflichtigen abzulehnen.* Auch im landwirtschaftlichen Bereich wirken diese Freibeträge ungerecht, da die höheren landwirtschaftlichen Einkommen dadurch stärker als die niedrigeren entlastet werden.

Folgerung: Änderung des § 13 Abs. 3 EStG sowie des Gesetzes über die Ermittlung des Gewinns aus Land- und Forstwirtschaft nach Durchschnittssätzen vom 15. September 1965.

5. Besteuerung von Renten und Pensionen

Bei Renten und Pensionen hat der Grundsatz zu gelten, daß *die Rückzahlung früher versteuerter angesparter Einkommensteile in der Periode der Rentenzahlung steuerfrei bleibt, während alle anderen Rentenzahlungen und Pensionszahlungen* (auch die aus den Zinserträgen stammenden Teile) *der Einkommensbesteuerung zu unterwerfen sind.* Daraus ergibt sich, daß Pensionszahlungen aller Art in voller Höhe besteuert werden müssen, weil beim Pensionsempfänger der Erwerb der Anwartschaft nicht als Einkommen besteuert wird. Das gleiche gilt für die Renten aus der Sozialversicherung (ausgenommen diejenigen aus der freiwilligen Höherversicherung), weil die Beiträge zur gesetzlichen Pflichtversicherung und zur freiwilligen Weiterversicherung in voller Höhe als Sonderausgaben abzugsfähig sind (vgl. unten Nummer 8). Ebenso sind die Leistungen der Lebensversicherungen, soweit die Prämienzahlungen bisher als Sonderausgaben steuerfrei waren, voll in die Besteuerung einzubeziehen. Um Härten zu vermeiden, ist der allgemeine Freibetrag der Einkommensteuer, der in seiner gegenwärtigen Höhe weit unter dem Existenzminimum liegt, soweit anzuheben, daß die Kleinrentner nicht mehr von der Besteuerung erfaßt werden.

Bei der einmaligen Auszahlung aus einem Lebensversicherungsvertrag (Kapitalrückzahlung), der nach bisherigem Recht während der Ansammlung steuerbegünstigt gewesen ist, sollte ein erheblich ermäßigter Einkommensteuersatz angewandt werden, um die Wirkung der Progression auf diese Auszahlung auszuschalten. Falls die Leistung von Todes wegen erfolgt und der Erbschaftsteuer unterliegt, sollte die Einkommensteuer ganz entfallen (in diesen Fällen handelt es sich nicht um die Auszahlung aus einem Kapitalansammlungsvertrag, sondern um eine Leistung aus einer im deutschen Steuersystem grundsätzlich steuerfreien Risikoversicherung).

Künftig sollten die Beiträge zur Lebensversicherung jedoch grundsätzlich nicht mehr als Sonderausgaben anerkannt, sondern nur durch Prämienzahlungen und in den Grenzen einer allgemeinen Sparförderung begünstigt werden (vgl. unten Nummer 8). Da es sich bei den Prämienzahlungen um eine sozialpolitische Maßnahme zur Förderung der Eigentumsbildung breiter Schichten handelt, sollte auch die *Auszahlung der Sparprämien steuerfrei bleiben.* Die aus angesammelten Zinsanteilen stammenden Leistungen (einschließlich des auf die Sparprämien entfallenden Teils) sind hingegen grundsätzlich zu besteuern. Dabei ist auch bei der einmaligen Auszahlung aus einem Lebensversicherungsvertrag ein erheblich ermäßigter Einkommensteuersatz anzuwenden.

Folgerung: Änderung und Ergänzung der §§ 19 Abs. 3, 22 und 34 EStG sowie des Abs. 1 der Anlage zu § 32 a Abs. 1 EStG.

6. Besteuerung realisierter Wertsteigerungen des Vermögens

a) Grundsätzlich erhöht jeder Reinvermögenszuwachs das Einkommen des betreffenden Kalenderjahrs und wäre demgemäß zusammen mit dem „laufenden Einkommen" des Veranlagungszeitraumes zu besteuern. Aus technischen Gründen läßt sich dieser Grundsatz jedoch nicht verwirklichen, so daß solche Wertsteigerungen nur in der „Periode der Realisation" (Veräußerung) belastet werden können. Bei der Besteuerung solcher Wertsteigerungen kommt es nicht auf die Gewinnabsicht des Steuerpflichtigen an.

Das deutsche Steuerrecht erfaßt diese Einkommenselemente nur teilweise, nämlich

(1) im Rahmen der Besteuerung des Periodenerfolgs bei den Gewinneinkünften,

(2) bei der Besteuerung der Veräußerungsgewinne nach §§ 14, 16, 17 und 18 Abs. 3 EStG,

(3) als Spekulationsgewinne gemäß § 23 EStG.

Dieses System weist erhebliche *Lücken* auf und ist daher unbefriedigend. Um die Wertsteigerungen steuerlich besser zu erfassen, empfiehlt sich eine *andere Systematik der Tatbestände*. Es sind zu unterscheiden:

(1) *Gewinne aus Veräußerungsgeschäften, die Bestandteil des Periodenerfolges im Sinne der §§ 4 und 5 EStG sind* — vgl. oben unter (1),

(2) *sonstige Veräußerungsgewinne* — vgl. oben unter (2) und (3); ferner gehören hierher die nach deutschem Steuerrecht bisher überhaupt nicht erfaßten Veräußerungsgewinne, wobei noch zu unterscheiden ist, ob diese innerhalb kurzer oder langer Frist entstanden sind.

Die Hauptprobleme treten bei den nicht im laufenden Periodenerfolg erfaßten Veräußerungsgewinnen, also der zweiten Gruppe, auf; sie werden zunächst (unter b) erörtert. Sonderprobleme, die sich daraus ergeben, daß auch im Rahmen des Periodenerfolges ähnliche Tatbestände erfaßt werden, werden anschließend (unter c) untersucht.

b) Mit der Besteuerung der „sonstigen Veräußerungsgewinne" sind zwei besondere Probleme verbunden: Einmal bereitet die Erfassung dieser Vermögenszuwächse bei nicht zur Buchführung verpflichteten Steuerpflichtigen erhebliche technische Schwierigkeiten. Zum anderen ergibt sich die Frage, wie einmalig anfallende Gewinne dieser Art so besteuert werden können, daß die Progression nicht zu einer unangemessenen Spitzenbelastung führt.

Die technischen Schwierigkeiten bestehen vor allem darin, daß bei der Masse der Kleineinkommensbezieher die gelegentliche Veräußerung einzelner kleinerer Vermögensobjekte nur schwer erfaßbar ist. Diese Schwierigkeit läßt sich durch die Einräumung von Freigrenzen überwinden. Die in § 23 EStG vorgesehene Freigrenze von 1000,— DM darf für kurzfristige Veräußerungsgewinne als angemessen gelten. Bei einer Verwirklichung von Gewinnen, die über viele Jahre hinweg erzielt worden sind, mag aus technischen Gründen eine höhere Freigrenze notwendig erscheinen, doch dürfte die Freistellung nach § 16

Abs. 4 und § 17 Abs. 3 EStG weder in der Höhe von 20 000,— DM noch in der Form des Freibetrages zu rechtfertigen sein; eine Freigrenze in Höhe von etwa 5000,— DM dürfte angemessen sein.

Bei den buchführenden Steuerpflichtigen bestehen ohnehin keine technischen Schwierigkeiten. Bei den nicht buchführenden Steuerpflichtigen mit größeren Veräußerungsgewinnen bietet die Vermögensbesteuerung eine gewisse Kontrollmöglichkeit für die wirklich belangvollen Fälle dieser Art. Die Kontrollmöglichkeit ließe sich außerdem durch eine Herabsetzung der für die Buchführungspflicht vorgesehenen Grenzen (vgl. die Durchführungsverordnung zu § 160 Abs. 2 AO) verbessern.

Der Besteuerung der großen Veräußerungsgewinne stehen mithin keine unüberwindlichen Schwierigkeiten entgegen. Deshalb ist die *Erfassung sämtlicher Veräußerungsgewinne* zu fordern, sofern die Freigrenzen überschritten sind.

Auf diese Weise wird die Lücke im deutschen Einkommensteuerrecht geschlossen, die dadurch gegeben ist, daß bisher nur die betrieblichen Veräußerungsgewinne (nach §§ 14, 16, 17 und 18 Abs. 3 EStG) und die Spekulationsgewinne gemäß § 23 EStG erfaßt werden, während die übrigen gleichartigen Tatbestände (bei den nicht Buchführungspflichtigen) unberücksichtigt bleiben.

Was die Erzielung einer angemessenen Steuerbelastung anlangt, erscheint es sinnvoll, *Veräußerungsgewinne, die innerhalb eines Jahres anfallen, im Rahmen der Einkommensbesteuerung zu belasten,* da es sich hier in der Regel um Einkünfte handelt, die aus einer *fortlaufenden* Spekulationstätigkeit stammen (so daß etwaige Gewinnschwankungen nicht — wie bei gelegentlichen Veräußerungen — aus der Unregelmäßigkeit der Tätigkeit, sondern nur durch das Risiko bestimmt sind, das auch bei den übrigen Unternehmereinkünften in der Anwendung des Steuertarifs nicht berücksichtigt wird).

Anders liegen die Dinge, wenn *gelegentlich Wertzuwächse an Vermögensobjekten verwirklicht werden, die mehrere Jahre im Besitz eines Steuerpflichtigen gewesen sind.* In diesem Falle kann man unterstellen, daß es sich nicht um Einkünfte aus einer laufend fließenden Einkommensquelle handelt und daß sich die Progression deshalb in ungerechtfertigtem Maße auswirken würde. Dies kann dadurch vermieden werden, daß solche Gewinne *gesondert besteuert* werden. Es wird empfohlen, die „langfristigen sonstigen Veräußerungsgewinne" mit dem sich ohne Ansatz der Veräußerungsgewinne ergebenden „Durchschnittssteuersatz" wenigstens aber mit dem Satz der unteren linearen Tarifzone (nach der unten unter Nummer 11 vorgeschlagenen Tarifänderung also mit 25 v. H.), zu belasten, sofern der Steuerpflichtige es nicht vorzieht, auch solche Gewinne der regulären Besteuerung nach dem Tarif zu unterstellen (was z. B. beim Vorliegen von Verlusten im Rahmen seiner übrigen Einkünfte für ihn vorteilhafter sein kann).

c) Zu der bisher zurückgestellten Frage, inwieweit auch *Gewinne aus bestimmten Veräußerungsgeschäften im Rahmen eines Betriebes* eine gewisse Entlastung aus den oben unter b) für die sonstigen Veräußerungsgewinne geltend gemachten Gründen verdienen, ist zu bemerken: Das gegenwärtige deutsche Recht sieht in den §§ 6 b und 6 c EStG Sonderregelungen für einige derartige Tatbestände vor; doch sind in diesen Regelungen nicht nur durch die Einbeziehung abschreibungsbedürftiger Wirtschaftsgüter die Grenzen zu weit gezogen, sondern auch die Form der gewählten Entlastung ist unangemessen. Die erörterten allgemeinen Gesichtspunkte lassen sich auf betriebliche Tatbestände nämlich nur für Wirtschaftsgüter des Anlagevermögens übertragen, die nicht der Abnutzung unterliegen, für viele Jahre zum Betriebsvermögen gehört haben und im allgemeinen während der Lebensdauer eines Betriebes nur selten veräußert werden. Diese Voraussetzungen sind im allgemeinen — sofern es sich nicht um die Geschäfte von Grundstücksgesellschaften, Finanzierungsgesellschaften, Kreditinstituten, Versicherungsunternehmen u. dgl. handelt — bei der Veräußerung von Betriebsgrundstücken und Beteiligungen gegeben. In diesen Fällen können hohe Veräußerungsgewinne z. B. aus Anlaß einer Sitzverlegung oder der Strukturveränderung eines Unternehmens bei Personenunternehmen zu einem unangemessen scharfen Zugriff der Einkommensteuerprogression führen. Es ist daher für diese Fälle die gleiche wie oben unter b) vorgeschlagene Regelung zu empfehlen (d. h. im allgemeinen eine Belastung mit dem sich ohne Ansatz der Veräußerungsgewinne ergebenden Durchschnittssteuersatz).

Da bei der Körperschaftsteuer keine Progression vorliegt, kommt eine ermäßigte Besteuerung der hier behandelten Gewinne aus einmaligen Veräußerungsgeschäften im Rahmen eines Gewerbebetriebes für Kapitalgesellschaften und sonstige juristische Personen nicht in Betracht.

d) Die Besteuerung sämtlicher Veräußerungsgewinne hat zur Folge, daß auch *alle Veräußerungsverluste bei der Besteuerung zu berücksichtigen sind,* wie dies bisher für die Verluste aus Betriebsvermögen der Fall ist. Allerdings ist dabei vorzusehen, daß Veräußerungsverluste zunächst mit etwaigen Veräußerungsgewinnen desselben Veranlagungszeitraums zu verrechnen sind. Im übrigen besteht jedoch kein Anlaß, Veräußerungsverluste anders zu behandeln als sonstige Verluste, weil sich die Progression — anders als bei der Besteuerung der Gewinne — in diesem Falle nicht unbillig auswirkt. Zwar wird nicht übersehen, daß damit gewisse Manipulationsmöglichkeiten (Wahl des Veräußerungszeitpunktes) entstehen. Abgesehen davon, daß diese Möglichkeiten auch jetzt schon vorliegen, kann dies hingenommen werden, da hier in erster Linie maßgebend ist, daß alle gleichartigen Tatbestände gleichmäßig behandelt werden. Eine besondere Regelung für Veräußerungsverluste im Rahmen eines Betriebes scheint deshalb nicht erforderlich zu sein.

Folgerung: Änderung der §§ 14, 16, 17, 18 Abs. 3, 23 sowie 34 Abs. 1 und 2 EStG.

7. Betriebsausgaben und Werbungskosten (insbesondere bei Einkünften aus nichtselbständiger Arbeit)

a) Die Abzugsfähigkeit der Werbungskosten bei der Ermittlung der Einkünfte nach §§ 8 und 9 EStG hat dieselbe Funktion wie die Berücksichtigung der Betriebsausgaben bei der Ermittlung des Gewinnes nach §§ 4 bis 7 EStG. Es ist daher anzustreben, daß *beide Formen des Abzuges zur Ermittlung der Nettoeinkünfte in ihrer Wirkung weitgehend einander angeglichen werden.* Eine solche Angleichung kann von beiden Seiten her angestrebt werden.

Bei den *Betriebsausgaben* haben die Versuche, sie gegenüber den Kosten der Lebensführung abzugrenzen, noch immer nicht zu der erwünschten Einschränkung geführt (vgl. § 4 Abs. 5 und 6 EStG). Ausgaben für die Bewirtung und für Geschenke, gleichviel ob sie werbenden oder anderen Charakter haben, sollten grundsätzlich nicht mehr als Betriebsausgaben anerkannt werden. Ausgaben für Werbung sollten nur insoweit abziehbar sein, wie sie nicht zugunsten einzelner Personen gemacht werden, sondern daraus entstehen, daß öffentliche Werbemittel eingesetzt werden (Inserate, Plakate, Rundfunkwerbung u. dgl.). Die Kontrolle der Rechtmäßigkeit von Betriebsausgaben könnte durch Stichproben und Vorschriften etwa betr. das Führen von Fahrtenbüchern noch wesentlich verschärft werden.

Andererseits darf der Begriff der *Werbungskosten* nicht zu eng ausgelegt werden; es sollte genügen, daß ein eindeutiger Zusammenhang mit den (erzielten oder angestrebten) Einkünften besteht. Es sind also die tatsächlichen Aufwendungen anzuerkennen. Eine großzügigere Auslegung und Handhabung des Werbungskostenbegriffs bedeutet nicht, daß von einer steuertechnisch gebotenen Pauschalierung abgesehen wird. Das gilt sowohl für die allgemeinen Werbekostenpauschbeträge für bestimmte Einkommensarten als auch für Pauschbeträge für bestimmte Berufsgruppen.

Folgerung: Angleichung der Formulierung in § 9 Satz 1 EStG an den Wortlaut von § 4 Abs. 4 EStG und Änderung von § 4 Abs. 5 bis 6 EStG.

b) Nicht genügend berücksichtigt werden bisher insbesondere die *Kosten der Berufsausbildung und der Umschulung*, die im Gegensatz zu den Fortbildungskosten nicht unter den Werbungskostenbegriff fallen. Solche Aufwendungen dienen der Erzielung künftiger Einkünfte und sind daher der Sache nach Werbungskosten. Da die Ausbildungskosten, die von den Eltern und Erziehern aufgebracht werden, im Rahmen der Familienbesteuerung zu berücksichtigen sind (vgl. unten Nummer 9), kommt ihr Abzug in Form von Werbungskosten nur für diejenigen Steuerpflichtigen in Betracht, die die Kosten der Ausbildung aus eigenen Einkünften bestreiten. Auch die Rückzahlung von Ausbildungskrediten sollte als Werbungskosten berücksichtigt werden.

Folgerung: Ergänzung von § 9 EStG.

8. Sonderausgaben

a) Grundsätzlich sollte die Einkommensteuerbelastung nicht von der Art der Einkommensverwendung abhängig gemacht werden. Ausnahmen von dieser Regel sind — abgesehen von den „außergewöhnlichen Belastungen", durch die die Leistungsfähigkeit der Steuerpflichtigen gemindert wird — nur in wenigen Fällen gerechtfertigt. Hierunter gehört zunächst die Verminderung des disponiblen Einkommens durch *Zwangsersparnisse* (Sozialversicherungsbeiträge). Den Zwangsbeiträgen sind die Beiträge zur freiwilligen Weiterversicherung gleichzustellen, weil in den meisten Fällen bei Nichtweiterversicherung die Anwartschaft auf das Altersruhegeld nicht erreicht wird und deshalb die früher erbrachten Pflichtbeiträge verfallen, so daß ein faktischer Zwang zur Weiterversicherung besteht (Quasizwangsbeiträge). Bei freiwilliger Höherversicherung sind diese Bedingungen nicht gegeben. Weitere angemessene Ausnahmen von dem Grundsatz der Einkommensbesteuerung, das Einkommen ohne Rücksicht auf die Art der Einkommensverwendung zu belasten, stellen die *Sonderausgaben gemäß § 10 b EStG* dar. Denn durch die nach dieser Regelung — bis zu gewissen Höchstgrenzen — in Aussicht gestellten steuerlichen Begünstigungen sollen gemeinnützige Zwecke i. w. S. gefördert werden, die sonst von den Privaten vernachlässigt werden würden und — in weniger erwünschter Weise — durch öffentliche Ausgaben erfüllt werden müßten.

Die nach geltendem Steuerrecht abzugsfähige *Vermögensteuer* sollte dagegen in die abzugsfähigen Sonderausgaben *nicht einbezogen* werden, weil mit dieser Steuer die besondere Leistungsfähigkeit der Vermögensbesitzer erfaßt werden soll und weil bei Zulassung des Abzugs die zugedachte Sonderbelastung durch eine Entlastung bei der Einkommensteuer — und zwar um so stärker, je höher die Einkommen sind — ausgeglichen wird.

Folgerung: Streichung von § 10 Abs. 1 Nr. 5 EStG.

b) Die im geltenden Steuerrecht zulässige *Abzugsfähigkeit der Schuldzinsen* als Sonderausgaben ist steuersystematisch *nicht vertretbar.* Soweit die Schuldzinsen mit dem Einkommenserwerb in Zusammenhang stehen, sollten sie entsprechend der unter Nummer 7 geforderten Angleichung der Werbungskosten an die Betriebsausgaben als Werbungskosten anerkannt werden. Im übrigen ist eine Berücksichtigung der Schuldzinsen nur im Rahmen der „außergewöhnlichen Belastung" vertretbar (vgl. unten Nummer 9).

Gehen die Schuldzinsen auf einen Kredit zurück, der auf Grund einer „außergewöhnlichen Belastung" aufgenommen wurde, dann sind sie im Rahmen des § 33 EStG zu berücksichtigen (vgl. unten Nummer 9).

Folgerung: Streichung von § 10 Abs. 1 Nr. 1 EStG (gegebenenfalls Änderung von § 33 EStG).

c) *Freiwillige Ersparnisse* (einschließlich nichtentnommener Gewinne) sollten im Rahmen der Sonderausgaben grundsätzlich steuerlich *nicht begünstigt* werden. Soweit eine Förderung der individuellen Altersvorsorge oder der Vermögensbildung breiterer Schichten aus sozialpolitischen Gründen angestrebt wird, sollte dieses Ziel über die Gewährung von Sparprämien verfolgt werden, da auf diese Weise eine unerwünschte Wirkung der Begünstigung nach der Einkommenshöhe (und dem entsprechenden Grenzsteuersatz) vermieden wird und darüber hinaus eine gezielte Förderung leichter durchführbar ist (z. B. durch die Festsetzung von Einkommensgrenzen, Vermögensgrenzen usw.). Im Interesse einer Harmonisierung aller Sparförderungsmaßnahmen sollte — wie im Gutachten des Beirats zur Sparförderung von 1964 vorgeschlagen — die Förderung einheitlich auf — nach Familienstand gestaffelte — Höchstbeträge beschränkt werden.

Folgerung: Änderung des § 10 Abs. 1 Nr. 2 EStG, Streichung von § 10 Abs. 1 Nr. 3 und Abs. 3 EStG.

d) Bei dem derzeit für Sonderausgaben geltenden *Pauschbetrag* von 936,— DM werden in der Mehrzahl der Fälle die Beiträge zur Sozialversicherung annähernd abgegolten. Diejenigen Versicherungspflichtigen, die geringere Beiträge als das

Pauschale entrichten und keine weiteren Sonderausgaben geltend zu machen haben, erhalten dabei automatisch Vorteile, die nicht zu rechtfertigen sind. Deshalb sollte das Lohnsteuerrecht dahin geändert werden, daß die *Arbeitnehmeranteile zur Sozialversicherung in ihrer tatsächlichen Höhe* vom Arbeitgeber vor der Lohnsteuerberechnung *abzusetzen* sind. *Wird die Höchstgrenze für Sonderausgaben — was der Beirat hiermit vorschlägt — gestrichen,* so bereitet diese Regelung keine Schwierigkeit. Der Sonderausgabenpauschbetrag hätte demnach im allgemeinen *nur noch die Kirchensteuer abzudecken* und wäre dann in seiner Höhe so festzusetzen, daß die Kirchensteuer der Masse der Lohnsteuerpflichtigen berücksichtigt wäre; in diesem Falle erschiene ein Betrag von 200,— DM (vgl. § 10 c Nr. 3 EStG) angemessen.

Eine weniger schematische und deshalb gerechtere Form der Berücksichtigung der Kirchensteuer bestünde darin, in der *Lohnsteuertabelle die in den einzelnen Einkommensstufen anfallende Kirchensteuer bereits abzusetzen.* Die geringen regionalen Unterschiede des Kirchensteuersatzes könnten dabei außer Ansatz gelassen werden. Im Rahmen dieser Regelung wäre zwar auch in Kauf zu nehmen, daß Lohnsteuerpflichtige, die keiner kirchensteuerberechtigten Religionsgemeinschaft angehören, automatisch stärker entlastet würden; doch ergäbe sich dadurch keine so starke Begünstigung wie beim Pauschalverfahren.

Bei dieser Regelung könnte der Sonderausgabenpauschbetrag ganz entfallen.

Soll die vorgeschlagene Begünstigung der Nichtkirchensteuerpflichtigen vermieden werden, so wäre es erforderlich, daß zwei Lohnsteuertabellen aufgestellt und verwendet würden. Auf Grund der sich dadurch ergebenden Mehrbelastung der Arbeitgeber erscheint dem Beirat diese Lösung als nicht empfehlenswert.

Folgerung: Änderung, gegebenenfalls Streichung von § 10 c EStG.

c) Die *Begünstigung des nichtentnommenen Gewinns für bestimmte Personengruppen (Flüchtlinge, Verfolgte) sollte entfal-*

len, weil mit dieser Methode gerade die bereits eingegliederten Betriebe mit verhältnismäßig hohen Gewinnen besonders gefördert und damit die angestrebten sozialpolitischen Ziele nicht erreicht werden. Diese Ziele lassen sich — soweit es erforderlich ist — mit anderen Mitteln besser verwirklichen (vgl. unten Nummer 14).

Folgerung: Streichung von § 10 a EStG.

9. Außergewöhnliche Belastungen

a) Die augenblickliche Rechtslage, bei der bestimmte Formen der außergewöhnlichen Belastung individuell (§ 33 EStG), andere dagegen grob schematisch (§ 33 a EStG) berücksichtigt werden, führt zu einer ungleichmäßigen Behandlung gleicher oder ähnlicher Tatbestände, die nicht zu rechtfertigen ist.

Einmal wird bei den pauschal bemessenen Belastungen die Steuerermäßigung ohne Rücksicht auf die zumutbare Eigenbelastung gewährt, so daß sie auch den Beziehern hoher Einkommen zugutekommt, denen die volle Belastung zuzumuten ist; zum anderen sind die festgelegten Pauschbeträge in manchen Fällen so niedrig, daß sie nur einen Bruchteil der tatsächlichen Aufwendungen ausmachen, so daß insbesondere die Bezieher kleiner Einkommen mit einem unangemessen hohen Anteil der Aufwendungen belastet werden.

Besonders unbefriedigend ist, daß infolge der Zweiteilung der Belastungen in individuell und pauschal anzuerkennende Aufwendungen bei der Prüfung der Frage, ob der Höhe nach eine außergewöhnliche Belastung vorliegt, d. h. bei dem Vergleich der individuellen Aufwendungen mit der zumutbaren Eigenbelastung, das Vorhandensein sonstiger pauschal anerkannter außergewöhnlicher Belastungen vernachlässigt wird.

Nach dem Wegfall des zahlenmäßig am stärksten ins Gewicht fallenden Pauschbetrages für Vertriebene und Flüchtlinge und nach der starken Verminderung der Zahl der Hausangestellten, deren Beschäftigung als außergewöhnliche Belastung anerkannt wird, erscheint die Folgerung, *allgemein den Nachweis der tatsächlichen Aufwendungen zu verlangen,* als die beste Lösung, um die erwähnten Ungleichmäßigkeiten zu beseitigen, zumal da die zumutbare Eigenbelastung die Zahl der von der Finanzverwaltung nachzuprüfenden Fälle noch weiter begrenzt. Lediglich für die große Zahl der Körperbeschädigten, die einen Sonderfreibetrag erhalten, sollte die pauschale Regelung beibehalten werden, da sich die Schlechterstellung solcher Steuerpflichtigen gegenüber den nicht beschädigten Steuerpflichtigen in Form erhöhter Aufwendungen nur schwer und nicht vollständig ermitteln läßt.

Meint man, auf die pauschalierte Bemessung der außergewöhnlichen Belastung in den Fällen des § 33 a EStG nicht verzichten zu können, sollten in jedem Fall die *Beträge für den Unterhalt bedürftiger Angehöriger und für eine auswärtige Berufsausbildung von Kindern erheblich heraufgesetzt* werden, da sie weit hinter den tatsächlichen Belastungen zurückbleiben. Dabei wäre auch zu überprüfen, ob die Belastung nicht teilweise im Rahmen des hier (vgl. unten Nummer 10 b und c) vorgeschlagenen Familien-Splittings in Verbindung mit der Einbeziehung der Ausbildung in die Werbungskosten berücksichtigt werden kann.

Auf die bisher schon durch die Rechtsprechung stark eingeschränkte *Ermäßigung der Steuer bei Aufwendungen für die Aussteuer einer Tochter* sollte dagegen *verzichtet* werden, da eine befriedigende Regelung in der Praxis bisher nicht gefunden werden konnte und man dann auch die Anerkennung der eigenen Aufwendungen der Kinder für die Beschaffung von Hausrat und Wohnung als außergewöhnliche Belastung fordern müßte, was der Mehrheit des Beirats als zu weitgehend erscheint.

b) Da Schuldzinsen — wie oben unter Nummer 8 b) vorgeschlagen — nicht mehr als Sonderausgaben abzugsfähig sein sollen, erscheint es notwendig, diejenigen *Schuldzinsen, die zur Vermeidung* von *Härten steuerlich absetzbar sein sollen, als außergewöhnliche Belastung anzuerkennen.* Hierzu rechnen insbesondere jene Schuldzinsen, die im Zusammenhang mit der Aufnahme eines Kredits zur Aufrechterhaltung des steuerlich anerkannten Lebenshaltungsminimums stehen. Nicht als außergewöhnliche Belastung zu berücksichtigen wären dagegen die

Zinsen für normale Konsumtivkredite, insbesondere zum Kauf von dauerhaften Konsumgütern.

10. Familienbesteuerung

a) Auf Grund der Beschlüsse des Bundesverfassungsgerichts vom 17. 1. 1957 und 30. 6. 1964 mußte der bis dahin angewandte Grundsatz der Zusammenveranlagung mit Freibeträgen zwischen Ehegatten und zwischen Eltern und Kindern aufgegeben werden. An seine Stelle ist für die Ehegatten das Splitting-Verfahren (wahlweise getrennte Veranlagung), für die Kinder die getrennte Veranlagung bei Weitergewährung von Freibeträgen an die Eltern getreten.

Die Mehrheit des Beirats sieht das Leistungsfähigkeitsprinzip am besten in einer *Besteuerung des gemeinsamen Haushaltseinkommens* verwirklicht, weil damit der engen und umfassenden Lebensgemeinschaft am ehesten Rechnung getragen wird. Die Haushaltsbesteuerung hat im Verhältnis zur getrennten Veranlagung außerdem den Vorteil, daß sie Manipulationen zur Verminderung der Steuerbelastung durch Vermögensübertragungen und die Begründung von Scheinarbeitsverhältnissen zwischen den Familienmitgliedern ausschließt, die deshalb besonders unerwünscht sind, weil daraus nur ein kleiner Teil der Steuerpflichtigen Nutzen ziehen kann.

Allerdings liegt es im Wesen jeder steuerlichen Berücksichtigung des Familienstandes, daß für diejenigen Steuerpflichtigen, deren (steuerpflichtiges) Einkommen unter der Steuerfreigrenze liegt — zur Zeit trifft dies für etwa ein Viertel aller Einkommensbezieher zu — eine Anpassung des persönlich verfügbaren Einkommens an durch den Familienstand bedingte Bedarfsunterschiede nicht möglich ist. Eine Anpassung der Leistungseinkommen des Marktes an den unterschiedlichen Bedarf der Familien läßt sich nur mit Hilfe eines umfassenden *Familienlastenausgleichs* erreichen.

Die Mehrheit des Beirats ist jedoch der Auffassung, daß direkte Ausgleichszahlungen (Kindergeld) die Einflüsse der Familiengröße auf die steuerliche Leistungsfähigkeit nicht ausreichend berücksichtigen können. Sie hält mithin neben anderen Maßnahmen des Familienlastenausgleichs eine *Differenzierung der Einkommensteuer nach dem Familienstand* für erforderlich, weil nur so der Grundsatz der Besteuerung nach der Leistungsfähigkeit folgerichtig verwirklicht werden kann.

Es wird daher empfohlen, *das bisherige Ehegatten-Splitting zu einem Familien-Splitting auszubauen,* das auch die Kinder einschließt. Eine Minderheit des Beirats spricht sich dagegen *für den Abzug von Freibeträgen von der Steuerschuld* aus, weil bei diesem Verfahren die Höhe der Steuerermäßigung unabhängig von dem sich ändernden Niveau und/oder dem Progressionsverlauf des Tarifs dem Bedarf der Familien angepaßt werden kann. Die Mehrheit des Beirats hält jedoch die Abhängigkeit der Höhe der Steuerermäßigung für den Unterhalt von Kindern von den jeweils angewendeten Steuersätzen für eine Folge der Anwendung des Leistungsfähigkeitsprinzips, das durch den Progressionstarif verwirklicht werden soll.

Beim Familien-Splitting geht man davon aus, daß das Einkommen von Familienangehörigen, die in einem gemeinsamen Haushalt leben, zusammengelegt und für alle Angehörigen gemeinsam verwendet wird, wobei jeder anteilig mit seinem Bedarf berücksichtigt wird. Die Besteuerung hat demnach so zu erfolgen, daß das Gesamteinkommen der Familien nach dem anteiligen Bedarf der zu versorgenden Personen zerlegt wird und die für die einzelnen Personen zu berechnenden Steuerbeträge zu einer Gesamtsteuerschuld zusammengefaßt werden. Mit dieser Konzeption ist eine getrennte Veranlagung der zur Haushaltsgemeinschaft gehörigen Familienmitglieder nicht vereinbar. Das *Recht, die getrennte Veranlagung zu wählen, sollte deshalb beseitigt werden.* Diese Änderung hat auch im Hinblick auf das später zu erörternde und vom Beirat vorgeschlagene Splitting-Verfahren besondere Bedeutung (vgl. unter b). Ferner sollten die Kinder wieder mit den Eltern zusammen veranlagt werden, weil die getrennte Veranlagung bestimmten Familien den Weg eröffnet, durch Vermögensübertragungen ungerechtfertigte steuerliche Vorteile zu erlangen. Eine *Ausnahme* von der Zusammenveranlagung sollte nur gemacht werden, soweit Kinder über 18 Jahre, die ein Arbeitseinkommen beziehen, aus dem sie ihren Lebensunterhalt bestreiten können, noch im Familienhaushalt leben.

Das Bundesverfassungsgericht hat zwar zunächst die Zusammenveranlagung der Ehegatten nach früherem Recht, sodann auch die Zusammenveranlagung der Eltern mit ihren Kindern für grundgesetzwidrig und daher nichtig angesehen. Eine wesentliche Stütze dieser Entscheidungen bildete das Argument, daß das deutsche Einkommensteuerrecht auf dem Grundsatz der Individualbesteuerung beruhe. Gerade in diesem Punkt spricht sich der Beirat jedoch für eine grundlegende Änderung des herkömmlichen Systems durch einen folgerichtigen Übergang zur Familienbesteuerung aus. Das Bundesverfassungsgericht hat in seinem Beschluß vom 17. 1. 1957 ausdrücklich hervorgehoben, daß ein System der Familienbesteuerung (Haushaltsbesteuerung) verfassungsrechtlich unbedenklich sein kann. Dies wird dann der Fall sein, wenn durch ein in sich geschlossenes System der Familienbesteuerung versucht wird, dem Grundgedanken des Artikels 6 GG bei der Steuerlastverteilung Rechnung zu tragen. Dieser Versuch wird mit Hilfe des unten unter c) näher beschriebenen Familien-Splittings unternommen. Danach erwachsen Familien mit mehreren Kindern — jedenfalls in den mittleren Einkommensbereichen — in der Mehrzahl der Fälle durch die angemessene Berücksichtigung ihrer verminderten steuerlichen Leistungsfähigkeit aus dem Familien-Splitting Vorteile gegenüber einer getrennten Veranlagung. Billigt man die Grundlagen dieses willkürfreien, in sich geschlossenen Konzepts der Lastenverteilung, dann läßt sich aus geringfügigen Mehrbelastungen, die in gewissen Fällen im Vergleich zur Individualbesteuerung auftreten können, wohl kein verfassungsrechtlicher Einwand herleiten. Jedes andere System der Berücksichtigung der Familienlasten würde mit dem Grundsatz der Einkommensteuer, die Höhe der Steuer der Leistungsfähigkeit der Pflichtigen anzupassen, nicht zu vereinbaren sein.

Außerdem muß betont werden, daß der Beiratsvorschlag den Grundsatz der Individualbesteuerung aufgibt und folgerichtig von der Familienbesteuerung ausgeht, so daß etwaige Mehrbelastungen, die sich aus der Zusammenveranlagung ergeben, systemgerecht sind, zumal da sie nur auftreten, wenn eine höhere Leistungsfähigkeit vorliegt.

Da die Familienbesteuerung sich freilich nur soweit vertreten läßt, wie angenommen werden darf, daß die Familie eine echte Lebens- und Wirtschaftsgemeinschaft bildet, erscheint es geboten, *den Begriff der Kinder im Sinne des Einkommensteuergesetzes künftig enger zu fassen.* Kinder eines Ehegatten aus früheren Ehen, Pflegekinder usw. sollten nicht ohne weiteres in die Familienbesteuerung einbezogen werden. Bei diesen atypischen Fällen erscheint ein *Wahlrecht* der Steuerpflichtigen ausnahmsweise angebracht. Wird in solchen Fällen die getrennte Veranlagung beantragt, so besteht für die Gewährung von Freibeträgen oder andere Formen der Berücksichtigung der getrennt veranlagten Kinder im Rahmen der Veranlagung der Eltern keine Veranlassung.

b) Im Rahmen des Splittings für die Ehegatten wird in der bisherigen Regelung die sog. *Haushaltsersparnis aus gemeinsamer Wirtschaftsführung* nicht berücksichtigt. Dieser Haushaltsersparnis kann in der Besteuerung mit Hilfe zweier Methoden Rechnung getragen werden.

Der *eine Weg* besteht darin, daß *im Rahmen des Ehegatten-Splittings der Splitting-Divisor für das Ehepaar nicht auf 2, sondern niedriger* — etwa auf 1,8 — *festgesetzt wird.* Das gemeinsame Einkommen der beiden Ehegatten ist in diesem Falle also nicht durch 2, sondern durch 1,8 zu teilen, und dementsprechend ist die sich ergebende Steuerschuld nicht zu verdoppeln, sondern mit 1,8 zu vervielfachen. Die steuerentlastende Wirkung des Splittings wird durch Anwendung des verringerten Divisors also etwas ermäßigt, wodurch die Haushaltsersparnis annähernd ausgeglichen wird. Der Nachteil dieser Methode besteht allerdings darin, daß dabei die Haushaltsersparnis nur in den Fällen erfaßt werden kann, in denen eine gemeinsame Veranlagung erfolgt (Familienhaushalte), nicht jedoch in den Fällen sonstiger gemeinsamer Haushaltsführung.

Dieser Nachteil kann bei der *zweiten Methode* vermieden werden. Sie besteht darin, daß *denjenigen Steuerpflichtigen,* die *nachweisen, daß sie ihren Haushalt allein führen, ein Freibetrag eingeräumt wird, der die höheren Kosten der Einzelhaushaltsführung* (mangelnde Haushaltsersparnis) *ausgleichen soll.*

Diese Methode ist jedoch insofern problematisch, als es schwierig ist, einen angemessenen Freibetrag festzulegen, zumal da anzunehmen ist, daß die Haushaltsersparnis mit wachsendem Einkommen zunimmt.

Unter Abwägung der Vorzüge und Nachteile beider Methoden *verdient die erste den Vorzug*.

Noch größer sind die Schwierigkeiten, die sich dem Versuch entgegenstellen, den *Wert der häuslichen Dienste als Indikator für die steuerliche Leistungsfähigkeit* innerhalb der Einkommensbesteuerung generell mit zu berücksichtigen. So offensichtlich es ist, daß der Wert der häuslichen Dienste das Realeinkommen erhöht, so wenig ist eine genaue Ermittlung dieses Wertes möglich. Daher muß von einer generellen Berücksichtigung der häuslichen Dienste bei der Ermittlung des steuerpflichtigen Einkommens abgesehen werden. Es sollten jedoch Vorkehrungen dafür getroffen werden, daß auf besonders krasse Unterschiede in der Versorgung mit häuslichen Diensten bei der Ermittlung der Einkommensteuerschuld Rücksicht genommen wird. Das ist insbesondere bei Familien mit Kindern geboten, in denen beide Ehepartner außerhäuslich erwerbstätig sind, und bei Alleinstehenden mit Kindern, in denen der Vater bzw. die Mutter durch eigene Arbeit den Lebensunterhalt sichern muß. Die in diesen Familien zwangsläufig eintretende Verteuerung der Lebenshaltung sollte durch einen *Sonderfreibetrag* ausgeglichen werden. Bei den Alleinstehenden mit Kindern könnte auch an einen erhöhten Splitting-Divisor gedacht werden (vgl. unter c).

Die Weitergewährung des Ehegatten-Splittings an nicht erwerbstätige Witwen mit Kindern ist nicht zu vertreten. Dagegen sollten ledige Mütter mit Kindern ebenso wie Witwen (Witwer) und geschiedene Frauen (Männer) mit Kindern behandelt werden. Die derzeitige steuerliche Diskriminierung dieses Personenkreises stellt einen Verstoß gegen die Gleichmäßigkeit der Besteuerung dar.

Abschließend ist nochmals zu erörtern, ob gegen die vorstehenden Vorschläge verfassungsrechtliche Bedenken erhoben werden könnten. Dies könnte deswegen der Fall sein, weil sich die Steuer bei einem Splitting-Divisor von 1,8 und einem entsprechend verringerten steuerfreien Existenzminimum für den Ehepartner (vgl. unten unter c) als Folge der Eheschließung erhöht, wenn beide Ehepartner vor und nach der Eheschließung eigenes Einkommen erzielen und auch das gemeinsame Einkommen noch in der linearen Tarifzone liegt, da das Splitting-Verfahren nur im Bereich der sog. direkten Progression steuerermäßigend wirkt.

Diese Mehrbelastung ist zwar folgerichtig, weil in ihr nur die Haushaltsersparnis zum Ausdruck kommt, die in dem gemeinsamen Haushalt der Eheleute im Verhältnis zu der getrennten Haushaltsführung eintritt. Das Bundesverfassungsgericht hat jedoch in dem erwähnten Beschluß aus dem Jahre 1957 diese Tatsache nicht als Rechtfertigung für eine erhöhte Besteuerung von Ehegatten anerkannt. Dabei muß allerdings beachtet werden, daß das Gericht davon ausging, die Einkommensteuer sei auf dem Grundsatz der Individualbesteuerung aufgebaut. Nachdem nunmehr ein folgerichtiges System der Haushaltsbesteuerung verwirklicht werden soll, meint der Beirat nicht, daß sich aus der Berücksichtigung der Haushaltsersparnis ein Verstoß gegen Artikel 6 des Grundgesetzes herleiten läßt.

Sollten trotzdem noch verfassungsrechtliche Bedenken aufrechterhalten werden, werden zwei Varianten des vom Beirat vorgeschlagenen Verfahrens als Ersatzlösungen zur Erörterung gestellt.

1. Die proportionale Eingangsstufe des Einkommensteuertarifs wird abgeschafft. Sie ist ohnehin nur steuertechnisch zu begründen, da sie der Finanzverwaltung eine Veranlagung in allen Fällen erspart, in denen beide Ehepartner Lohneinkünfte beziehen. Der Übergang zu einer durchgehenden direkten Progression würde den Splittingvorteil auch für die zur Zeit innerhalb der Proportionalzone liegenden Einkommen wirksam werden lassen. In allen Fällen, in denen verhältnismäßig große Unterschiede in der Höhe der Einkünfte zwischen den beiden Ehepartnern bestehen, wird dadurch eine höhere Besteuerung als Folge der Eheschließung ausgeschlossen.

2. Sollte auch in den verbleibenden Fällen einer Mehrbelastung noch ein Verfassungsrisiko gesehen werden, käme an Stelle des Tarifumbaus die Gewährung eines Sonderfreibetrages an erwerbstätige Ehepartner in Frage. Ein derartiger Freibetrag soll nach dem Vorschlag des Beirats allen erwerbstätigen Frauen mit Kindern gewährt werden. Er könnte auf die erwerbstätigen Ehefrauen ohne Kinder ausgedehnt werden, was auch unter dem Gesichtspunkt der Besteuerung nach der Leistungsfähigkeit zu vertreten wäre; denn auch in den Ehen ohne Kinder ist die Wertschöpfung der Hausfrau, wenn beide Ehepartner außerhäuslich erwerbstätig sind, kleiner als in den Ehen, in denen die Ehefrau ihre Arbeitskraft voll im Haushalt einsetzen kann. Legt man diesen Sonderfreibetrag auf 600,— DM fest, so wird eine erhöhte Besteuerung des Familieneinkommens mit Ausnahme von wenigen Fällen vermieden, in denen ein Ehepartner vor der Eheschließung ausschließlich über Vermögenseinkünfte verfügte.

Neben der Vereinbarkeit mit Artikel 6 GG ist allerdings auch noch die Vereinbarkeit der Haushaltsbesteuerung mit Artikel 3 GG zu prüfen. Neben den aus Eltern und Kindern bestehenden Haushalten gibt es noch eine Reihe anderer Haushaltsgemeinschaften, deren Mitglieder nicht gemeinsam besteuert werden und bei denen dementsprechend auch keine aus der gemeinsamen Haushaltsführung sich ergebende Ersparnis steuerlich berücksichtigt wird. In keinem dieser anderen Haushalte besteht jedoch eine so enge und umfassende Bindung wie zwischen Ehepaaren und zwischen Eltern und Kindern. Sie lassen sich jederzeit auflösen, und das Einkommen ihrer Mitglieder wird nur zu einem Teil gemeinsam verwendet (Mietausgaben und Nahrungsmittelausgaben).

Das Bundesverfassungsgericht hat trotzdem in dem erwähnten Beschluß aus dem Jahre 1957 in der Beschränkung der Haushaltsbesteuerung auf Ehepaare (und Kinder) eine Diskriminierung der Ehe gesehen. Da sich nach den Beiratsvorschlägen aus der Anwendung der Haushaltsbesteuerung auf Eltern und Kinder in der ganz überwiegenden Mehrzahl der Fälle keine Mehrbelastung ergibt, stellt sich insoweit das Problem einer Diskriminierung nicht mehr. Eine erhöhte steuerliche Leistungsfähigkeit auf Grund gewisser Haushaltsersparnisse wird allerdings nicht in allen Fällen erfaßt. Sollten aus diesem Grunde Bedenken gegen eine Verfassungsmäßigkeit der Vorschläge bestehen, könnte als dritte Möglichkeit für eine Modifizierung des Beiratsvorschlags auf den bereits erwähnten minder guten Weg zurückgegriffen werden, die Haushaltsersparnisse zu berücksichtigen.

3. Der Einkommensteuer-Grundtarif und insbesondere der allgemeine Freibetrag werden so festgelegt, daß sie mögliche Haushaltsersparnisse berücksichtigen. Die Tarifvorschriften orientieren sich dann nicht am Alleinstehenden, sondern am Ledigen, der noch im elterlichen Haushalt oder in einer anderen Gemeinschaft lebt. Nur diejenigen Steuerpflichtigen, die nachweislich einen Ein-Personen-Haushalt führen, erhalten zum Ausgleich der mangelnden Haushaltsersparnis einen Sonderfreibetrag. Bei diesem System wäre für das Ehegatten-Splitting der Divisor 2 beizubehalten. Um angemessene Belastungsrelationen zu erreichen, müßten die unten unter c) näher erläuterten Kinderadditiven für das Familien-Splitting etwas höher festgesetzt werden, als dort im Rahmen des (Haupt-)Vorschlags vom Beirat vorgesehen ist. Daß schließlich bei dieser alle möglichen verfassungsrechtlichen Einwände berücksichtigenden Variante die übrigen im folgenden vorgeschlagenen Tarifregelungen ebenfalls überprüft werden müßten, ist zwar bereits angedeutet worden, sei aber vorsorglich nochmals betont.

c) Beim Familien-Splitting ist die angemessene Teilhabe der einzelnen Familienmitglieder am gemeinsamen Einkommen der Maßstab für die wirtschaftliche Einkommenszurechnung und damit der Ausgangspunkt für die Berechnung der Steuer. Zur Abschätzung des je Person zu berücksichtigenden Einkommensteils ist zunächst vom konsumtiven Bedarf auszugehen. Es ergibt sich, daß *für die Kinder in unterschiedlichen Lebensaltern verschieden hohe Anteile angesetzt werden müssen.* Als Erhöhung der Splitting-Divisoren, die in Höhe von 1,8 bei Ehegatten und in Höhe von 1 bei Alleinstehenden angesetzt werden können, erscheinen unter Berücksichtigung der mit der Kinderzahl wachsenden Haushaltsersparnis folgende Werte angemessen:

für Kinder von 0— 6 Jahren	0,3,
für Kinder von 7—14 Jahren	0,6,
für Kinder über 14 Jahre	0,9.

Im Falle eines Ehepaares mit 2 Kindern zwischen 7 und 14 Jahren wären also die einzelnen Elemente des Divisors von 1,8 (Grunddivisor für Ehegatten) und 2 × 0,6 (Kinderadditive) zu einem Gesamtdivisor von 3 zusammenzuzählen. Das Familieneinkommen wäre dementsprechend durch 3 zu teilen, und die sich für diesen Betrag ergebende Einkommensteuerschuld wäre mit 3 zu vervielfältigen.

Es liegt im Wesen des Splitting-Verfahrens, daß sich ein in den Tarif eingearbeitetes *Existenzminimum* (allgemeiner Freibetrag) nicht nur in der nominell festgelegten Höhe, sondern auch in dem Splitting-Divisor — und damit der Zusammensetzung der Familie entsprechend — auswirkt. Wird der Grundbetrag des Existenzminimums — wie später vorgeschlagen wird (vgl. unten Nummer 11) — auf einen Betrag von 3000,— DM festgesetzt, so ergibt sich bei Anwendung der Steuertabelle

für Ehepaare ein Freibetrag von				5400,— DM,
für Kinder von 0—6 Jahren	„	„	„	900,— DM,
für Kinder von 7—14 Jahren	„	„	„	1800,— DM,
für Kinder über 14 Jahre	„	„	„	2700,— DM.

Auf diese Weise werden automatisch nur die über das Familienexistenzminimum hinausgehenden Einkommensteile (Überschußeinkommen) von der Steuer betroffen. Tariftechnisch ist es auch möglich, statt einen Freibetrag in die Steuertabelle einzuarbeiten, das Familienexistenzminimum (Summe der Freibeträge der einzelnen Personen) von der Steuerbemessungsgrundlage abzusetzen.

Die sich beim Splitting ergebende Steuerschuld vermindert sich gegenüber der Steuerschuld nach dem bisherigen Verfahren bei steigendem Einkommen und höherer Kinderzahl nicht unbeträchtlich. Im Sinne der hier entwickelten Konzeption wäre jedoch die Auslegung abwegig, daß mit steigendem Einkommen die steuerliche Begünstigung der Kinder progressiv zunehme. Von der zugrunde liegenden Idee her ist es von vornherein unzulässig, von einer „Begünstigung" zu sprechen. *Die Minderung der Steuerlast bei höherem Einkommen ist vielmehr die Folge eines bewußt verwendeten progressiven Steuertarifs, mit dem ein gleiches relatives Opfer des Steuerpflichtigen erstrebt wird.* Das bei dieser Steuerlastverteilung verfolgte Ziel erfordert auch eine Entlastung in dem Umfang, in dem die Leistungsfähigkeit durch die Familiengröße gemindert wird.

Bei steigendem Einkommen ist allerdings zu berücksichtigen, daß das Gesamteinkommen in zunehmendem Maße nicht für den Verbrauch, sondern für die *Ersparnisbildung* verwendet wird. Es ist deshalb zu fragen, ob die gleichen Überlegungen, die für ein Splitting des Einkommens nach dem Maßstab des anteiligen Konsumbedarfs angestellt wurden, auch für die Ersparnisbildung gelten sollen. Es erscheint gerechtfertigt, die mit wachsendem Einkommen steigende Sparfähigkeit in erster Linie als Sparfähigkeit des Einkommensbeziehers (bzw. des Ehepaares), aber nicht des Haushaltes anzusehen. Es würde dementsprechend nicht im Interesse einer Besteuerung nach der Leistungsfähigkeit liegen, wenn die entlastende Wirkung des Vollsplittings auch jenen Einkommensteilen zugute käme, die für die Ersparnisbildung zur Verfügung stehen. Da unterstellt werden kann, daß die Sparfähigkeit mit steigendem Einkommen zunimmt, müssen diese Zusammenhänge steuertechnisch in der Weise berücksichtigt werden, daß *die Kinderadditive mit zunehmendem Einkommen vermindert werden.* Es wird empfohlen, von einem Überschußeinkommen von 9150,— DM (Übergang von der Proportional- zur Progressionszone) für den Alleinstehenden ausgehend, die Kinderadditive des Splitting-Divisors in Stufen von 250,— DM — erstmals bei 9400,— DM — um jeweils 1 v. T. abnehmen zu lassen.

Die *Steuertabellen* können in der Weise aufgestellt werden, daß in der Kopfzeile die Kinderadditive und in der Vorspalte die Grunddivisoren für Alleinstehende und Ehepaare für jeden

Einkommensbetrag aufgenommen werden. Bei der Lohnsteuertabelle wären zusätzlich die Grunddivisoren 0,8 (und für Kinderadditive 0 — Fall der gegenwärtigen Steuerklasse V) und 0,9 (unter Berücksichtigung der halben Kinderadditive — Fälle der gegenwärtigen Steuerklasse IV) aufzunehmen (vgl. das beigefügte Muster I). Für die Einkommensteuertabelle genügen die Grunddivisoren 1,0 und 1,8 (vgl. das beigefügte Muster II). Die mit steigendem Einkommen abnehmende Gewichtung der Kinderadditive wird in beiden Fällen bei der Berechnung der in die Tabelle aufzunehmenden Steuerbeträge berücksichtigt. Die Gewichtung der Kinderadditive erscheint also im Tabellenkopf nicht. Auch auf den Lohnsteuerkarten brauchen nur der Grunddivisor und die Summe der ungewichteten Kinderadditive eingetragen zu werden.

Folgerung: Änderung von §§ 26, 26 a, 26 b, 27, 32, 32 a und 33 a EStG.

8. Gegenüberstellung der Beschlüsse der Bundesregierung vom 11. Juni 1971 über Eckwerte und Grundsätze zur Steuerreform 1974 und der Vorschläge der Steuerreformkommission 1971 (Eberhard-Kommission) in ihren Auswirkungen*

Synopse zur Steuerreform

Geltendes Recht — Vorschläge der Steuerreformkommission — Beschlüsse der Bundesregierung

	Steuerreformkommission		*Bundesregierung*	
Geltendes Recht	**Vorschlag**	**Steuerminder einnahmen (./.) bzw. Steuermehreinnahmen(+)**	**Beschluß**	**Steuerminder einnahmen (./.) bzw. Steuermehreinnahmen(+)**
I. Einkommensteuer, Lohnsteuer				
1. Grundfreibetrag, Tarifgestaltung Grundfreibetrag 1 680 DM	Erhöhung des Grundfreibetrags auf 2 400 DM		Vorbehaltlich der Ergebnisse des Planspiels zum Lohnsteuerverfahren:	
Einheitlicher Steuersatz von 19 v. H. für zu versteuernde Einkommen von 1 680/3 360 DM bis 8 000/16 000 DM (Proportionalzone)	Beseitigung der proportionalen Eingangszone der ESt-Tarife		Erhöhung des Grundfreibetrags auf 2 040 DM Proportionalzone bis 12 000/24 000 DM; Proportionalsteuersatz 20 v. H.	

* Bulletin der Bundesregierung Nr. 95 vom 23. Juni 1971.

Progressive Besteuerung der zu versteuernden Einkommen von 8 000/16 000 DM bis 110 000/220 000 DM Endsteuersatz 53 v. H.	Einführung eines durchgehend progressiven Tarifs für zu versteuernde Einkommen von 2 400/4 800 DM bis 125 000/250 000 DM, Anfangsteuersatz 16 v. H., Endsteuersatz 55 v. H., Mehrbelastung gegenüber geltendem Tarif ab 30- bis 40 000/60- bis 80 000 DM	./. 4 000 Mill. DM	Spitzensatz 56 v. H. für zu versteuernde Einkommen ab 130 000/260 000 DM, Mehrbelastung gegenüber geltendem Tarif ab ca. 20 000/40 000 DM (unter Einbeziehung der künftig wegfallenden Ergänzungsabgabe ab ca. 50 000/100 000 DM)	./. 700 Mill. DM
Einheitlicher Steuersatz von 53 v. H. für zu versteuernde Einkommen oberhalb von 110 000/220 000 DM	Einheitlicher Steuersatz von 55 v. H. für zu versteuernde Einkommen oberhalb von 125 000/250 000 DM			
	Aufhebung der Ergänzungsabgabe			
2. Sonderausgabenabzug				
2.1. *Sonderausgaben i. S. des § 10 EStG* ***beschränkt abzugsfähig*** von der Steuerbemessungsgrundlage: — Beiträge zur Sozialversicherung, zu Kranken-, Unfall- und Haftpflichtversicherungen sowie zu Versicherungen auf den Erlebens- oder Todesfall	Abgeltung des Abzugs der Versicherungs- und Bausparbeiträge (ohne Nachweis) durch Pauschalabzug von der Steuerbemessungsgrundlage *Höhe der Pauschale:* 30 v. H. des Gesamtbetrags der Einkünfte bei Ledigen höchstens 6 000 DM mindestens 600 DM bei Ehegatten höchstens 12 000 DM mindestens 1 200 DM	./. 3 800 Mill. DM	Beibehaltung des individuellen Abzugs von Versicherungs- und Bausparbeiträgen, jedoch (statt Abzug von der Bemessungsgrundlage) Abzug von der Steuerschuld in Höhe von 20 v. H. der Aufwendungen. Begrenzung der berücksichtigungsfähigen Aufwendungen durch *Höchstbeträge* wie folgt:	

Geltendes Recht	Steuerreformkommission: Vorschlag	Steuerreformkommission: Steuermindereinnahmen (./.) bzw. Steuermehreinnahmen (+)	Bundesregierung: Beschluß	Bundesregierung: Steuermindereinnahmen (./.) bzw. Steuermehreinnahmen (+)
— Beiträge an Bausparkassen Begrenzung des Abzugs durch *Höchstbeträge* wie folgt: (see table A)	Beamte erhalten nur 1/3 des Pauschalabzugs Arbeitgeberbeiträge zur Sozialversicherung werden dem Arbeitslohn hinzugerechnet		(see table B) *) bei Arbeitnehmern gekürzt um Arbeitgeberanteil zur Sozialversicherung	+ 650 Mill. DM

Table A (Geltendes Recht):

Personenkreis	voll abzugsfähig	zur Hälfte abzugsfähig
	DM	DM
Ledige		
Grundbetrag*)	1 100	1 100
zusätzl. für Versicherungen**) ..	1 000	—
Ehegatten		
Grundbetrag*)	2 200	2 200

Table B (Bundesregierung, Beschluß):

Personenkreis	Höchstbetrag
	DM
Ledige	
Grundbetrag ...	3 000
zusätzl. für Versicherungen*) ...	1 200
Ehegatten	
Grundbetrag ...	6 000
zusätzl. für Versicherungen*) ...	2 400
Je Kind Erhöhung des Grundbetrags um	**600**

zusätzl. für Versicherungen**) . .	2 000	—			
Je Kind Erhöhung des Grundbetrages*) um	500	500			
*) Verdoppelung des Grundbetrages und des Erhöhungsbetrages für Kinder (voller Abzug und hälftiger Abzug) bei über 50jährigen					
**) bei Arbeitnehmern gekürzt um den Arbeitgeberanteil zur Sozialversicherung					
unbeschränkt abzugsfähig von der Steuerbemessungsgrundlage:					
Schuldzinsen			Grundsätzlich nicht mehr abzugsfähig. Ausnahme nur für Notfälle als außergewöhnliche Belastung (mit Selbstbehalt)	—	
Vermögensteuer			Beseitigung des Abzugs	+ 530 Mill. DM	Vermögensteuer ist keine Sonderausgabe mehr
Kirchensteuer			Keine Änderung des geltenden Rechts	—	Kirchensteuer, bestimmte Spenden sowie Lastenausgleichsabgaben weiterhin von der Bemessungsgrundlage abzugsfähig

Geltendes Recht	*Steuerreformkommission*		*Bundesregierung*	
	Vorschlag	Steuermindereinnahmen (./.) bzw. Steuermehreinnahmen (+)	Beschluß	Steuermindereinnahmen (./.) bzw. Steuermehreinnahmen (+)
2.2. *Spenden i. S. des § 10 b EStG* ***beschränkt abzugsfähig*** von der Steuerbemessungsgrundlage im Rahmen bestimmter Höchstbeträge: Ausgaben zur Förderung mildtätiger, kirchlicher, religiöser, wissenschaftlicher, staatspolitischer oder gemeinnütziger Zwecke sowie Beiträge und Spenden an politische Parteien	Keine Änderung des geltenden Rechts	—		
3. Lohnsteuerverfahren Für den Normalfall abschließende Besteuerung der Arbeitnehmer durch den Steuerabzug vom Arbeitslohn:	Allgemeine Veranlagung aller Arbeitnehmer zur Einkommensteuer Beibehaltung des Steuerabzugs vom Arbeitslohn als Voraus-		Lohnsteuerverfahren ist grundlegend zu vereinfachen Lohnsteuer-Ermäßigungsverfahren und Lohnsteuer-Jahresausgleichsverfahren sind nach	

Festsetzung von Werbungskosten- und Sonderausgaben-*Pauschbeträgen* zur Abgeltung der üblichen Aufwendungen Bildung von *Steuerklassen* zur Berücksichtigung der Tarif- und Kinderfreibeträge Einarbeitung der Freibeträge und Pauschbeträge in die *Lohnsteuertabellen* Anwendung der Lohnsteuertabellen auf Grund der Eintragungen auf den *Lohnsteuerkarten* Durchführung eines *Lohnsteuer-Jahresausgleichs* am Jahresende zur Anwendung des Jahresprinzips der Einkommensteuer Individuelle Steuerermäßigungen durch Eintragung von besonderen Freibeträgen auf den Lohnsteuerkarten oder entsprechenden Antragstellungen im Jahresausgleichsverfahren Für gesetzlich bestimmte Ausnahmefälle: Veranlagung zur Einkommensteuer	zahlung auf die Einkommensteuerschuld Durchführung des Lohnsteuerabzugs auf Grund von — die Lohnsteuerkarten ersetzenden — Steuerabzugsbescheinigungen, die nach dem vorangegangenen Veranlagungsergebnis jeweils einen individuellen Freibetrag für den Arbeitnehmer ausweisen Verteilung der Veranlagungsarbeit über ein Kalenderjahr durch eine Gruppeneinteilung der Arbeitnehmer mit jährlich wechselnden Steuererklärungsfristen (sog. rollierendes Verfahren) Realisierung von Steuerabschlußforderungen im Steuerabzugsverfahren	—	Möglichkeit unter Einbeziehung der Arbeitnehmer-Veranlagungsfälle zusammenzufassen

Geltendes Recht	Steuerreformkommission		Bundesregierung	
	Vorschlag	Steuerminder einnahmen (./.) bzw. Steuermehreinnahmen(+)	Beschluß	Steuerminder einnahmen (./.) bzw. Steuermehreinnahmen(+)
4. Familienlastenausgleich				
4.1. Berücksichtigung der Kinderlasten durch				
a) Kinderfreibeträge bei der Einkommensteuer (§ 32 Abs. 2 EStG)	Erhöhung der Kinderfreibeträge bei der Einkommensteuer	./. 1 200 Mill. DM	Bisheriges duales System wird durch eine Einheitslösung außerhalb des Besteuerungsverfahrens ersetzt:	
für das 1. Kind von 1 200 DM	für das 1. Kind auf 1 500 DM		einheitliches Kindergeld von 60 DM monatlich je Kind (vom 1. Kind an):	./. 2 200 Mill. DM
für das 2. Kind von 1 680 DM	für das 2. Kind auf 1 980 DM			
für das 3. und jedes weitere Kind von je 1 800 DM	für das 3. und jedes weitere Kind auf je 2 400 DM		Familienzuschlag für Familien mit vier oder mehr Kindern von 60 DM monatlich	./. 600 Mill. DM
und			(Kinderzuschüsse aus der gesetzlichen Rentenversicherung und Kinderzulagen aus gesetzlichen Unfallversicherungen bleiben unberührt; Kindergeld wird in diesen Fällen nicht gewährt)	
b) monatliches steuerfreies Kindergeld				
für das 2. Kind von 25 DM				
(bei Zweikinderfamilie nur unterhalb eines				

Elterneinkommens von 13 200 DM) für das 3. und 4. Kind von je 60 DM für das 5. und jedes weitere Kind von je 70 DM oder c) monatliche steuerpflichtige Kinderzuschläge nach besoldungsrechtlichen Vorschriften und tarifvertraglichen Regelungen im öffentlichen Dienst von je 50 DM sowie Kinderzulagen aus der gesetzlichen Unfallversicherung und Kinderzuschüsse aus den gesetzlichen Rentenversicherungen			
4.2. *Ehegattenbesteuerung* (§§ 26 ff. EStG) Zusammenveranlagung der nicht dauernd getrennt lebenden Ehegatten im sog. Splitting-Verfahren Wahlrecht auf getrennte Veranlagung	Keine Änderung		Beibehaltung des Ehegattensplitting

Geltendes Recht	*Steuerreformkommission*		*Bundesregierung*	
	Vorschlag	Steuerminder einnahmen (./.) bzw. Steuermehreinnahmen(+)	Beschluß	Steuerminder einnahmen (./.) bzw. Steuermehreinnahmen(+)
5. Betriebliche Altersversorgung 5.1. *Pensionsrückstellungen* (§ 6 a EStG) Ein Unternehmen, das seinen Arbeitnehmern eine Pensionszusage erteilt hat, kann für die auf Grund dieser Zusage später zu erbringenden Pensionsleistungen schon vor Eintritt des Versorgungsfalls eine den steuerlichen Gewinn mindernde Rückstellung (Pensionsrückstellung) bilden. Die Rückstellungsbildung setzt jedoch voraus, daß die Pensionszusage rechtsverbindlich ist. Die Pensionszusage muß vertraglich festgelegt sein oder sich aus einer Betriebsver-	Keine Änderung des bisherigen Rechtszustandes Die Kommission hat die von sozialpolitischer Seite erhobene Forderung, die Bildung von Pensionsrückstellungen nur noch zuzulassen, wenn der Pensionsanspruch des Arbeitnehmers bei einem vorzeitigen Ausscheiden in der bis dahin erdienten Höhe erhalten bleibt, abgelehnt, da es sich hierbei um ein rein sozialpolitisches Anliegen handle, das im Rahmen des Arbeitsrechts und nicht des Steuerrechts verwirklicht werden müsse		Beschränkung der Pensionsrückstellungen (Bedingung der Unverfallbarkeit)	± 0

einbarung, einem Tarifvertrag oder einer Besoldungsordnung ergeben Die Pensionszusagen sehen bisher in der Regel vor, daß der Pensionsanspruch des Arbeitnehmers verfällt, wenn dieser vor Eintritt des Versorgungsfalls aus dem Unternehmen ausscheidet. Auch für diese verfallbaren Pensionsverpflichtungen ist die Bildung einer Pensionsrückstellung zulässig				
5.2. *Zuwendungen an Unterstützungskassen* sind abzugsfähig zur Ansammlung eines Kassenvermögens in Höhe des Deckungskapitals der laufenden Leistungen zuzüglich 30 v. H. der Lohn- und Gehaltssumme des Trägerunternehmens	Beschränkung des Abzugs von Zuwendungen an Unterstützungskassen	+ 150 Mill. DM	Beschränkung des Abzugs von Zuwendungen an Unterstützungskassen	+ 150 Mill. DM
6. Förderung des Baues von Einfamilienhäusern, Zweifamilienhäusern und Eigentumswohnungen (§ 7 b EStG) Bei Einfamilienhäusern, Zweifamilienhäusern und	Die erhöhten Absetzungen bei Einfamilienhäusern, Zweifami-		Ersatz der Steuerbegünstigung nach § 7 b EStG durch eine	

Geltendes Recht	*Steuerreformkommission*		*Bundesregierung*	
	Vorschlag	Steuerminder einnahmen (./.) bzw. Steuermehreinnahmen(+)	Beschluß	Steuerminder einnahmen (./.) bzw. Steuermehreinnahmen(+)
Eigentumswohnungen können in den ersten 8 Jahren nach der Fertigstellung je 5 v. H. der Herstellungskosten abgesetzt werden. Die Absetzungen sind begrenzt bei Einfamilienhäusern und Eigentumswohnungen auf Herstellungskosten von 150 000 DM und bei Zweifamilienhäusern auf Herstellungskosten von 200 000 DM	lienhäusern und Eigentumswohnungen nach § 7 b EStG sind aufzuheben. Soweit aus gesellschafts-, eigentums- und wohnungspolitischen Gründen eine Förderung des Baues von Familienheimen und Eigentumswohnungen noch erforderlich ist, soll diese Förderung über offene Subventionen und Zuschüsse, nicht aber durch steuerliche Abschreibungsmöglichkeiten erfolgen	± 0	Begünstigungsmethode mit gleichmäßiger Entlastungswirkung	± 0
7. Degressive Abnutzung bei Gebäuden (§ 7 Abs. 5 EStG)				
Nach dem 31. 12. 1964 fertiggestellte Gebäude können vom Bauherrn degressiv abgeschrieben werden (in den ersten 12 Jahren mit 3,5 v. H., in den	Aufhebung der degressiven Gebäudeabschreibung Gebäude sind regelmäßig linear mit einem Satz von 2 v. H. der Herstellungskosten abzuschreiben	+ 260 Mill. DM	Beseitigung der degressiven AfA für Gebäude	+ 260 Mill. DM

folgenden 20 Jahren mit 2 v. H. und in den weiteren 18 Jahren mit 1 v. H. der Herstellungskosten)			
8. Bewirtungskosten und sonstige Spesen Aufwendungen für die Bewirtung von Geschäftsfreunden sind als Betriebsausgaben abzugsfähig, soweit sie nach der allgemeinen Verkehrsauffassung als angemessen anzusehen sind Die Bewirtungskosten sind in der Buchführung gesondert — getrennt von den sonstigen Betriebsausgaben — aufzuzeichnen. Aus der Buchung oder dem Buchungsbeleg muß der Name der bewirteten Person ersichtlich sein. Von der Namensnennung darf nur abgesehen werden, wenn die Feststellung des Namens dem Steuerpflichtigen nicht zugemutet werden kann, z. B. bei Bewirtung anläßlich einer Betriebsbesichtigung durch eine größere Personenzahl Geschenke an Geschäftsfreunde sind nur abzugs-	Die bestehende Abzugsbeschränkung bei Bewirtungskosten auf angemessene Aufwendungen und bei Geschenken auf einen Wert von 100 DM ist ausreichend, um Mißbräuche auszuschließen	± 0	Aufhebung der Abzugsfähigkeit von Bewirtungskosten und Geschenken	+ 500 Mill. DM

Geltendes Recht	Steuerreformkommission		Bundesregierung	
	Vorschlag	Steuerminder einnahmen (./.) bzw. Steuermehreinnahmen(+)	Beschluß	Steuerminder einnahmen (./.) bzw. Steuermehreinnahmen(+)
fähig, wenn ihr Wert 100 DM nicht übersteigt Aufwendungen für Gästehäuser außerhalb des Orts des Betriebs, für Jagd u. dgl. sind nicht abzugsfähig				
9. Besteuerung der Gewinne bei privaten Grundstücksveräußerungen Gewinne aus der Veräußerung von Grundstücken des Privatvermögens sind nur steuerpflichtig, wenn die Veräußerung innerhalb von zwei Jahren nach der Anschaffung erfolgt. Die Gewinne unterliegen dabei dem normalen Steuersatz	Erfassung von Veräußerungsgewinnen, wenn die Veräußerung innerhalb von 8 Jahren nach der Anschaffung erfolgt. Anwendung eines nach der Besitzdauer gestaffelten Steuersatzes Gewinne aus der Veräußerung von selbstbewohnten Eigentumswohnungen, Ein- und Zweifamilienhäusern bleiben steuerfrei, wenn die Veräuße-	± 0	Überprüfung der Frist für die Besteuerung der Gewinne bei privaten Grundstücksveräußerungen	

	rung wegen eines Wohnsitzwechsels vorgenommen wird			
10. Steuerfreiheit bestimmter Zuschläge für Sonntags-, Feiertags- und Nachtarbeit (§ 34 a EStG) Zuschläge, die nach Gesetz oder Tarifvertrag sowie — innerhalb bestimmter Höchstgrenzen — in anderen Fällen für tatsächlich geleistete Sonntags-, Feiertags- und Nachtarbeit neben dem Grundlohn gezahlt werden, sind steuerfrei, wenn der Arbeitslohn ohne diese Zuschläge und andere steuerfreie Bezüge 24 000 DM im Kalenderjahr nicht übersteigt	Aufhebung des § 34 a EStG	+ 420 Mill. DM	Beibehaltung der Steuerfreiheit	± 0
11. Kilometer-Pauschale (§ 9 Abs. 1 Nr. 4 EStG) Abgeltung der Aufwendungen für Fahrten zwischen Wohnung und Arbeitsstätte oder Betrieb mit eigenem Kraftfahrzeug mit einem Pauschbetrag von 0,36 DM je Entfernungskilometer	Entfernungsabhängige Degression der Kilometer-Pauschale von 0,40 DM bis 0,20 DM	+ 85 Mill. DM	Beibehaltung der Kilometerpauschale in Höhe von 0,36 DM	

Geltendes Recht	Steuerreformkommission		Bundesregierung	
	Vorschlag	Steuerminder einnahmen (./.) bzw. Steuermehreinnahmen(+)	Beschluß	Steuerminder einnahmen (./.) bzw. Steuermehreinnahmen(+)
12. Freibeträge für Arbeitnehmer (§ 19 Abs. 2, § 3 Nr. 17 EStG) Arbeitnehmer-Freibetrag von 240 DM Weihnachts-Freibetrag von 100 DM	Erhöhung des Arbeitnehmer-Freibetrags auf 480 DM Zusammenfassung des Weihnachts-Freibetrags mit dem Arbeitnehmer-Freibetrag (Aufrückung auf 600 DM)	./. 1 100 Mill. DM	Verdoppelung des Arbeitnehmerfreibetrags (von 240 DM auf 480 DM)	./. 1 000 Mill. DM
13. Einkommensteuerliche Sonderbegünstigungen durch Sonderabschreibungen und Bewertungsfreiheiten (§§ 76 bis 78 EStDV), Abzug eines bestimmten v. H.-Satzes der Anschaffungs- oder Herstellungskosten begünstigter Wirtschaftsgüter vom Gewinn, steuerfreie Rücklagen (§ 1 Abs. 1 Nr. 2 Entwicklungshilfesteuergesetz)	Nur steuersystematische Überlegungen: Beibehaltung von Vorschriften, die der Systematik des Ertragsteuerrechts entsprechen Grundsätzlich Abbau von Vergünstigungen, die unmittelbar wirtschaftspolitischen Zielen dienen. Soweit staatliche Förderung weiterhin notwendig, Ersetzung durch außerhalb des Steuerrechts entstehende haushaltsrechtliche Zulagen bzw. verbilligte Darlehen		Die Bundesminister für Wirtschaft und Finanzen, des Innern, der Verteidigung, für Arbeit und Sozialordnung sowie der Chef des Bundeskanzleramtes sind beauftragt, dem Bundeskabinett bis zum 1. 10. 1971 Vorschläge über den Abbau von Steuervergünstigungen zu unterbreiten	

insbesondere *steuerliche Maßnahmen für den Umweltschutz* Bewertungsfreiheiten für Anlagen zur Verhinderung, Beseitigung oder Verringerung — von Schädigungen durch Abwässer (§ 79 EStDV) — der Verunreinigung der Luft (§ 82 EStDV) — von Lärm oder Erschütterungen (§ 82 e EStDV)	Kein Abbau solcher Vergünstigungen, die aus zwingenden allgemeinpolitischen Gründen (z. B. Förderung der Wirtschaft von Berlin) oder wegen durchschlagender Interessen der Allgemeinheit (z. B. Umweltschutz) beibehalten werden müssen		Unterstützung der Umweltschutzpolitik durch steuerliche Maßnahmen	
II. Sparförderung a) Spar-Prämiengesetz *Prämiensätze:* je nach Familienstand zwischen 20 und 30 v. H. *Begünstigtes Sparvolumen:* zwischen 600 und 1 600 DM je Kalenderjahr *Zusatzprämie:* 40 v. H. der Grundprämie bei Einkommen bis 6 000 DM für Ledige 12 000 DM für Ehegatten *Verfahren:* jährliche Antragstellung und Festsetzung: Auszahlung zuzügl. Zinsen nach Ablauf der Festlegungsfrist (sechs bis sieben Jahre)	Zusammenfassung zu einem einheitlichen Prämiengesetz; Einführung einer Einkommensgrenze, bei deren Überschreiten Prämien nicht mehr gewährt werden *Einkommensgrenze:* 15 000 DM für Ledige/30 000 DM für Ehegatten *Prämiensätze:* 40 v. H. bei Einkommen bis 7 500 DM (Ledige) 15 000 DM (Ehegatten)		Allgemeine Sparförderung: Beschränkung der Förderung auf untere und mittlere Einkommen Vereinheitlichung von SparPG und WoPG Einkommensgrenze 24 000 DM/ 48 000 DM Höchstbeträge für geförderte Ersparnis: 800 DM/1 600 DM Prämiensätze: 25 v. H., zusätzlich 3 v. H. je Kind Angleichung des Auszahlungsverfahrens beim SparPG an das WoPG	+ 850 Mill. DM

Geltendes Recht	*Steuerreformkommission*		*Bundesregierung*	
	Vorschlag	Steuerminder einnahmen (./.) bzw. Steuermehreinnahmen (+)	Beschluß	Steuerminder einnahmen (./.) bzw. Steuermehreinnahmen(+)
b) Wohnungsbau-Prämiengesetz *Prämiensätze:* je nach Familienstand zwischen 25 und 35 v. H. Begünstigtes Sparvolumen: zwischen 1 142 und 1 600 DM je Kalenderjahr *Zusatzprämie:* 30 v. H. der Grundprämie bei Einkommen bis 6 000 DM für Ledige/12 000 DM für Ehegatten *Verfahren:* jährliche Antragstellung und Auszahlung	20 v. H. bei Einkommen bis 15 000 DM (Ledige) 30 000 DM (Ehegatten) Jeweils zuzügl. 2,5 v. H. je Kind unter 18 Jahren *Begünstigtes Sparvolumen:* 600 DM für Ledige/1 200 DM für Ehegatten (je Kalenderjahr) *Verfahren:* Jährliche Antragstellung und Festsetzung; Auszahlung einheitlich am Ende der Laufzeit	./. 100 Mill. DM		
c) Vermögensbildungsgesetz *Einkommensgrenze:* 24 000 DM für Ledige 48 000 DM für Ehegatten	15 000 DM für Ledige/30 000 DM für Ehegatten		VermBG bleibt als selbständiges Gesetz erhalten	

Arbeitnehmersparzulage: je nach Familienstand 30 und 40 v. H. der vermögenswirksamen Leistung (zusätzlich zur Sparprämie oder Wohnungsbauprämie) *Begünstigtes Volumen:* 624 DM je Arbeitnehmer und Kalenderjahr bei Nichtanrechnung auf die Prämienhöchstbeträge — Nur Begünstigung von Arbeitnehmern — Keine Einbeziehung der Selbständigen	Keine Änderung des geltenden Rechts		
Zu a, b und c: *Anlageformen* (nur soweit Unterschiede zwischen geltendem Recht und Änderungsvorschlägen)			
Allgemeines Keine Übereinstimmung zwischen Anlageformen nach den Prämiengesetzen und dem weitergehenden Anlagekatalog des VermBG.	Vereinheitlichung der nach Prämiengesetz und VermBG begünstigten Anlageformen nach dem Prinzip, einen möglichst breit gefächerten Anlagekatalog zu bieten.		Vereinheitlichung der nach Prämiengesetz und VermBG begünstigten Anlageformen
Im einzelnen Aufwendungen und Schuldentilgung für Zwecke des Baues oder des Erwerbs von Wohngebäuden (ein-	Schuldentilgung für Zwecke des Wohnungsbaus (einschl. Bauspartilgung) begünstigt. Unmittelbare Aufwendungen für		

Geltendes Recht	Steuerreformkommission		Bundesregierung	
	Vorschlag	Steuerminder einnahmen (./.) bzw. Steuermehreinnahmen (+)	Beschluß	Steuerminder einnahmen (./.) bzw. Steuermehreinnahmen(+)
schl.Bauspartilgung) nach VermBG, nicht aber nach Prämiengesetzen begünstigt	Zwecke des Wohnungsbaus nicht begünstigt.	In a), b) und c) enthalten		
Wohnbau-Sparverträge (mit Kreditinstituten und bestimmten gemeinnützigen Wohnungsunternehmen) und Baufinanzierungsverträge (mit Wohnungs- und Siedlungsunternehmen) nach VermBG und WoPG begünstigt	Wohnbau-Sparverträge und Baufinanzierungsverträge nicht begünstigt.			
Arbeitnehmerdarlehen nach VermBG, nicht aber nach Prämiengesetzen begünstigt	Arbeitnehmerdarlehen begünstigt.			
Bestimmte („vermögensbildende") Lebensversicherungen nach VermBG, nicht aber nach Prämiengesetzen begünstigt.	Lebensversicherungen insoweit begünstigt wie nach VermBG in der z. Z. geltenden Fassung.			
„Sparen im eigenen Betrieb" weder nach VermBG noch	„Sparen im eigenen Betrieb" nicht begünstigt.		Förderung des Sparens im eigenen Betrieb über Investi-	

nach Prämiengesetzen begünstigt.		—	tionsprämien (innerhalb der Grenzen der Sparförderung)	./. 80 Mill. DM
III. Körperschaftsteuer 1. System (Problem der Doppelbelastung) a) Inländische Anteilseigner von Kapitalgesellschaften Zwei(mehr)fachbelastung der Gewinne mit Körperschaft- und Einkommensteuer, gemildert durch ermäßigten Satz für berücksichtigungsfähige Ausschüttungen.	Vollständige Anpassung der Körperschaftsteuerbelastung der Kapitalgesellschaften und der Erwerbs- und Wirtschaftsgenossenschaften — bezogen auf die Lebensdauer der Unternehmen — an die individuelle Einkommensteuer der inländischen Anteilseigner durch Anrechnung der Körperschaftsteuer auf deren Einkommensteuer, soweit — Gewinne ausgeschüttet — Rücklagen in Nennkapital umgewandelt werden.		Anrechnung der auf ausgeschüttete Gewinne entfallenden Körperschaftsteuer auf die Einkommen- oder Körperschaftsteuerschuld der Anteilseigner	
b) Steuerbefreite Anteilseigner Einbehaltung von 25 v. H. Kapitalertragsteuer bei Ausschüttungen an steuerbefreite Körperschaften. Ausnahme: Gemeinnützige Körperschaften	Fließen Gewinne, die der Körperschaftsteuer unterlegen haben, steuerbefreiten Körperschaften zu, so hat eine Anrechnung (hier-Erstattung) der Körperschaftsteuer wegen fehlender Doppelbelastung zu unterbleiben. Ausnahme: Gemeinnützige Körperschaften		Keine Erstattung an steuerbefreite Anteilseigner mit Ausnahme einer Teilerstattung für einen noch zu bestimmenden Kreis gemeinnütziger Körperschaften	
c) Ausländische Anteilseigner Ausländische Muttergesellschaften können von einem Gewinn von 100	Keine Erstattung deutscher Körperschaftsteuer an ausländische Muttergesellschaften			

Geltendes Recht	Steuerreformkommission		Bundesregierung	
	Vorschlag	Steuerminder einnahmen (./.) bzw. Steuermehreinnahmen(+)	Beschluß	Steuerminder einnahmen (./.) bzw. Steuermehreinnahmen(+)
ihrer inländischen Tochtergesellschaft nach Abzug der Steuerbelastung 56,6 als Dividende erhalten und diese reinvestieren. Der inländischen Muttergesellschaft verbleibt dagegen von einem Gewinn von 100 nur 47,5.	(— Beseitigung des Ausländereffekts). Soweit jedoch Dividenden im Wohnsitzstaat des ausländischen Anteilseigners der Belastung mit Einkommen- oder Körperschaftsteuer unterliegen, ist die deutsche Körperschaftsteuer teilweise zu erstatten. Die Erstattung ist so zu gestalten, daß die Nettodividende der Anteilseigner unverändert bleibt.			
d) Ausschüttungen ausländischer Kapitalgesellschaften an inländische Anteilseigner Keine Milderung der Zweifachbelastung mit ausländischer Körperschaftsteuer und inländischer Einkommensteuer	Keine Anrechnung ausländischer Körperschaftsteuer			
2. Tarif Gespaltener Körperschaftsteuertarif für Kapitalge-	Einheitlicher Körperschaftsteuertarif in Höhe des Einkom-		Einheitlicher Körperschaftsteuersatz von 56 v. H.	

sellschaften (in der Regel 51 v. H. und 15 v. H. für berücksichtigungsfähige Ausschüttungen), für die übrigen Körperschaften einheitlicher Tarif von 49 v. H.	menstеuerspitzensatzes von 55 v. H.	Ausnahme: für eine Übergangszeit ermäßigter Steuersatz für öffentliche oder unter Staatsaufsicht stehende Sparkassen sowie für Kreditgenossenschaften und Zentralkassen (§ 19 Abs. 2 a KStG)
Jedoch Vielzahl von Tarifvergünstigungen, so für — personenbezogene Kapitalgesellschaften (Staffeltarif mit gespaltenem Satz) — bestimmte Einkünfte der Kreditanstalten (36,5/15 v. H. sowie Staffeltarife) — unter Staatsaufsicht stehende öffentliche Sparkassen (35 v. H.) — Kreditgenossenschaften (32/19 v. H.). Der gespaltene Satz bedingt in bestimmten Fällen eine Nachsteuer.	Keine Tarifvergünstigungen	
3. Persönliche Steuerbefreiungen a) Steuerbefreiung bestimmter Kreditinstitute, z. B. Deutsche Genossenschaftskasse, Staatsbanken	Aufhebung der Steuerbefreiungen für die Deutsche Genossenschaftskasse und die Staatsbanken. Ausnahme: Bayerische Landesbank für Aufbaufinanzierung.	Beseitigung der persönlichen Steuerbefreiung in noch zu bestimmenden Fällen (vorwiegend Sonderinstitute des Kreditgewerbes)

Geltendes Recht	Steuerreformkommission		Bundesregierung	
	Vorschlag	Steuer-minder-einnahmen (./.) bzw. Steuer-mehrein-nahmen(+)	Beschluß	Steuer-minder einnahmen (./.) bzw. Steuer-mehrein-nahmen(+)
b) Pensions-, Unterstützungs- und sonstige Hilfskassen	Die Steuerbefreiung wird von der zusätzlichen Voraussetzung abhängig gemacht, daß die Mittel der Kassen nicht an das Trägerunternehmen zurückfließen dürfen.			
c) Gemeinnützige Wohnungs- und Siedlungsunternehmen, Organe der staatlichen Wohnungsbaupolitik	Aufhebung der Steuerbefreiung			
d) Berufsverbände ohne öffentlich-rechtlichen Charakter; Verlust der Steuerbefreiung, falls wirtschaftlicher Geschäftsbetrieb unterhalten wird, der nicht dem Verbandszweck dient.	Beibehaltung der Steuerfreiheit. Der zweckwidrige wirtschaftliche Geschäftsbetrieb löst nur noch partielle Steuerpflicht aus.	./. 425 Mill. DM		./. 306 Mill. DM
IV. Gewerbesteuer				
Gewerbesteuer a) nach dem Gewerbeertrag	Die Gewerbesteuer soll so gestaltet werden, daß ihr Auf-		Reduzierung und Umgestaltung der Gewerbesteuer muß	

b) nach dem Gewerbekapital c) nach der Lohnsumme (keine zwingende Erhebungsform).	kommen nur noch 1/3 des jetzigen Aufkommens beträgt. Keine Besteuerung mehr nach dem Gewerbeertrag, sondern nur nach dem Gewerbekapital und der Lohnsumme im Verhältnis 7 : 3.	./. 11 960 Mill. DM	im Zusammenhang mit der Harmonisierung der „indirekten Besteuerung“ in der EWG gesehen werden. Zunächst Erhöhung des Freibetrags beim Gewerbeertrag von 7 200 DM auf 12 000 DM und der Ertragsstufe mit ermäßigter Steuermeßzahl jeweils von 2 400 DM auf 3 600 DM, ohne daß für die Gemeinden eine Einnahmeminderung eintritt	./. 550 Mill. DM
V. Vermögensteuer				
1. Bewertung				
a) Grundvermögen und land- und forstwirtschaftliches Vermögen: Ansatz mit den Einheitswerten 1935	Ansatz mit den Einheitswerten 1964	(+ 1 100 Mill. DM)	Ansatz des Grundvermögens mit dem 1,4fachen der Einheitswerte 1964	
b) Ansatz der Anteilsrechte an Kapitalgesellschaften: Kurswert bzw. der nach dem sog. Stuttgarter Verfahren ermittelte gemeine Wert zum Bewertungsstichtag	50 v. H. des Kurswerts bzw. des gemeinen Werts zum Bewertungsstichtag, jedoch nur soweit im sonstigen (Privat-) Vermögen natürlicher Personen	(— 230 Mill. DM)		
2. Freibeträge				
a) Grundfreibetrag: 20 000 DM	30 000 DM	(— 120 Mill. DM)	60 000 DM (je Steuerpflichtigen, Ehegatten und je Kind)	
b) Kapitalfreibetrag (für Zahlungsmittel, Kapitalforderungen, Spar- und				

Geltendes Recht	*Steuerreformkommission*		*Bundesregierung*	
	Vorschlag	Steuer-minder-einnahmen (./.) bzw. Steuer-mehrein-nahmen(+)	Beschluß	Steuer-minder einnahmen (./.) bzw. Steuer-mehrein-nahmen(+)
Bankforderungen, Aktien und sonstige Anteilsrechte): 10 000 DM	15 000 DM (nicht für Aktien und sonstige Anteile an Kapitalgesellschaften)	(— 45 Mill. DM)	Beibehaltung des Freibetrags für Kapitalvermögen (10 000/ 20 000 DM)	
c) Altersfreibetrag (§ 5 Abs. 2 VStG): 5 000 DM	7 500 DM	(— 5 Mill. DM)		
d) Erhöhter Altersfreibetrag (§ 5 Abs. 3 VStG): 25 000 DM	37 500 DM	(— 10 Mill. DM)	Verdoppelung der Altersfreibeträge	
3. Steuersätze				
a) Natürliche Personen: 1,0 v. H. (= 1 750 Mill. DM Aufkommen 1974)	0,5 v. H. (= 945 Mill. DM Aufkommen 1974)	(— 945 Mill. DM)	0,7 v. H. für natürliche Personen	
b) Nichtnatürliche Personen 1,0 v. H. (= 1 850 Mill. DM Aufkommen 1974)	1,0 v. H. (= 2 400 Mill. DM Aufkommen 1974)		1 v. H. für nichtnatürliche Personen	

Vermögensteueraufkommen 1974 insgesamt: 3 600 Mill. DM	Vermögensteueraufkommen 1974 nach dem Vorschlag der Steuerreformkommission insgesamt:	— 470 Mill. DM		+ 635 Mill. DM
VI. Erbschaftsteuer				
1. Bewertung				
a) Grundvermögen und Wohnteil des land- und forstwirtschaftlichen Vermögens:				
Ansatz mit den Einheits-Wohnanteil des land- und	Ansatz mit den Einheitswerten 1964		Ansatz des Grundvermögens mit dem 1,4fachen der Einheitswerte 1964	
b) Wirtschaftsteil des land- und forstwirtschaftlichen Vermögens:				
Ansatz mit den Einheitswerten 1935	Ansatz mit den Einheitswerten 1964			
2. Hinterbliebenenversorgung				
a) Hinterbliebenenansprüche auf Grund Gesetzes (Beamtengesetze, Sozialversicherung usw.): Steuerfrei	Ansprüche werden auf (erhöhten) Freibetrag angerechnet			
b) Ansprüche auf Grund privater Versorgungsverträge, soweit es sich um laufende Bezüge handelt, die den gesetzlichen Ansprüchen entsprechen: Steuerpflichtig	Steuerpflichtig			

Geltendes Recht						*Steuerreformkommission*					*Bundesregierung*					
						Vorschlag				Steuermindereinnahmen (./.) bzw. Steuermehreinnahmen(+)	Beschluß					Steuermindereinnahmen (./.) bzw. Steuermehreinnahmen(+)
3. Tarif																
Steuerpflichtiger Erwerb bis einschließlich Deutsche Mark	Steuerklasse I von Hundert	II	III	IV	V	Steuerpflichtiger Erwerb bis einschließlich Deutsche Mark	Steuerklasse I von Hundert	II	III		Steuerpflichtiger Erwerb bis einschließlich Deutsche Mark	Steuerklasse I von Hundert	II	III	IV	
10 000	2	4	6	8	14	25 000	2	6	14		50 000	3	6	11	20	
20 000	2,5	5	7,5	10	16	50 000	2,5	7,5	16		75 000	3,5	7	12,5	22	
30 000	3	6	9	12	18	75 000	3	9	18		100 000	4	8	14	24	
40 000	3,5	7	10,5	14	20	100 000	3,5	10,5	20		125 000	4,5	9	15,5	26	
50 000	4	8	12	16	22	125 000	4	12	22		150 000	5	10	17	28	
100 000	4,5	9	13,5	18	24	150 000	4,5	13,5	24		200 000	5,5	11	18,5	30	
150 000	5	10	15	20	26	200 000	5	15	26		250 000	6	12	20	32	
200 000	5,5	11	16,5	22	28	250 000	5,5	16,5	28		300 000	6,5	13	21,5	34	
300 000	6	12	18	24	30	300 000	6	18	30		400 000	7	14	23	36	
400 000	6,5	13	19,5	26	32	400 000	6,5	19,5	32		500 000	7,5	15	24,5	38	
500 000	7	14	21	28	34	500 000	7	21	34		600 000	8	16	26	40	
600 000	7,5	15	22,5	30	36	600 000	7,5	22,5	36		700 000	8,5	17	27,5	42	
700 000	8	16	24	32	38	700 000	8	24	38		800 000	9	18	29	44	

800 000	8,5	17	25,5	34	40
900 000	9	18	27	36	42
1 000 000	9,5	19	28,5	36	44
2 000 000	10	20	30	40	46
4 000 000	11	21	32	42	48
6 000 000	12	22	34	44	51
8 000 000	13	23	36	46	54
10 000 000	14	24	38	48	57
darüber	15	25	40	50	60

4. Steuerklassen

Steuerklasse I
Ehegatte und Kinder

Steuerklasse II
Enkel und andere Deszendenten

Steuerklasse III
Eltern, Großeltern, Stiefeltern, Geschwister

Steuerklasse IV
Schwiegerkinder, Schwiegereltern, Abkömmlinge ersten Grades von Geschwistern

Steuerklasse V
alle übrigen Erwerber und Zweckzuwendungen

5. Freibeträge

a) Ehegatte:
30 000 DM

800 000	8,5	25,5	40
900 000	9	27	42
1 000 000	9,5	28,5	44
2 000 000	10	30	46
4 000 000	11	32	48
6 000 000	12	34	51
8 000 000	13	36	54
10 000 000	14	38	57
25 000 000	16	40	60
50 000 000	18	42	63
100 000 000	20	45	65
darüber	25	50	70

Steuerklasse I
Ehegatten, Kinder und Kinder verstorbener Kinder

Steuerklasse II
übrige Angehörige der Stkl. II bis IV (alt)

Steuerklasse III
alle übrigen Erwerber und Zweckzuwendungen

500 000 DM

900 000	9,5	19	30,5	46
1 000 000	10	20	32	48
2 000 000	11	22	34	50
3 000 000	12	24	36	52
4 000 000	13	26	38	54
6 000 000	14	28	40	56
8 000 000	16	30	43	58
10 000 000	18	33	46	60
25 000 000	21	36	49	62
50 000 000	24	39	52	64
100 000 000	27	42	56	67
über 100 000 000	30	45	60	70

Steuerklasse I
Ehegatten, Kinder und Kinder vorverstorbener Kinder

Steuerklasse II
Angehörige der Steuerklasse II (alt), soweit nicht in Steuerklasse I

Steuerklasse III
Angehörige der Steuerklassen III und IV (alt)

Steuerklasse IV
Alle übrigen Erwerber und Zweckzuwendungen

250 000 DM

Geltendes Recht	*Steuerreformkommission*		*Bundesregierung*	
	Vorschlag	Steuerminder einnahmen (./.) bzw. Steuermehreinnahmen(+)	Beschluß	Steuermindereinnahmen (./.) bzw. Steuermehreinnahmen(+)
b) sog. „bekinderter" Ehegatte: 250 000 DM	500 000 DM			
c) Kinder: 30 000 DM	50 000 DM		50 000 DM, Kinder in Ausbildung je nach Alter zusätzlich 10 000 bis 50 000 DM	
d) Kinder vorverstorbener Kinder: 20 000 DM	50 000 DM		50 000 DM	
e) sonstige Abkömmlinge: 20 000 DM	20 000 DM		Sonstige Abkömmlinge 30 000 DM; Eltern, Großeltern und weitere Voreltern, Stiefeltern, voll- und halbbürtige Geschwister, Schwiegerkinder und -eltern, Abkömmlinge 1. Grades von Geschwistern 5 000 DM; alle anderen Erwerber 2 000 DM	
f) Angehörige der Steuerklasse III (alt): 3 000 DM Freigrenze	20 000 DM (Freibetrag)			
g) Angehörige der Steuerklasse IV (alt): 1 000 DM Freigrenze	20 000 DM (Freibetrag)			+ 200 Mill. DM
h) Angehörige der Steuerklasse V (alt): 1 000 DM Freigrenze	10 000 DM (Freibetrag)			

6. Aufkommen Erbschaftsteuersoll 1974: 440 Mill. DM		./. 40 Mill. DM	Beim Vorliegen bestimmter Voraussetzungen Rechtsanspruch des Steuerpflichtigen auf angemessene Stundung
VII. Grundsteuer			
1. Bemessungsgrundlage: Einheitswerte 1935	Einheitswerte 1964		Einheitswerte 1964
2. Steuermeßzahlen: Unterschiedliche Meßzahlen nach Art des Steuergegenstandes, Alter, Wert, Größe der Gemeinde	Senkung der Steuermeßzahlen entsprechend der bundesdurchschnittlichen Steigerung des Einheitswertvolumens 1964 gegenüber dem Einheitswertvolumen 1935 Keine unterschiedlichen Meßzahlen nach Art des Steuergegenstandes, Alter, Wert, Größe der Gemeinde		Vereinheitlichung der Steuermeßzahlen
3. Grundsteuermehrbelastung (= Zuschläge zur Grundsteuer für gemeindliche Entsorgungsleistungen) zulässig	Streichung der Möglichkeit		
4. Vergünstigungen nach den Wohnungsbaugesetzen: Die Schaffung begünstigten Wohnraums wird durch das auf die Dauer von 10 Jahren bestimmte „Einfrieren“ der vor der Bebauung zu zahlenden Grundsteuer unterstützt	Streichung der Vergünstigung und Auslaufenlassen der bestehenden Vergünstigungen		

	Steuerreformkommission		*Bundesregierung*	
Geltendes Recht	Vorschlag	Steuerminder einnahmen (./.) bzw. Steuermehreinnahmen(+)	Beschluß	Steuermindereinnahmen (./.) bzw. Steuermehreinnahmen(+)
5. Aufkommen: Grundsteuer A und B 1974: 3,34 Mrd. DM	Erhöhung um 50 v. H.: 20 v. H. durch erhöhte Meßzahlen 30 v. H. durch Auslaufenlassen der Vergünstigungen nach den Wohnungsbaugesetzen (für 1974 jedoch erst geringes Mehraufkommen)	+ 840 Mill. DM	Es wird ein um 25 v. H. erhöhtes Aufkommen der Grundsteuer B angestrebt (durch Anhebung der Steuermeßzahlen). Die Mehreinnahmen von etwa 840 Mill. DM sollen zur Verbesserung der kommunalen Einnahmen dienen	(+ 840 Mill. DM)
VIII. Verkehr- und Verbrauchsteuer 1. Kraftfahrzeugsteuer a) für Zweiradkraftfahrzeuge Steuersatz 3,60 DM je angefangene 25 ccm Hubraum	Kein Vorschlag		Neuordnung im 2. Steuerreformgesetz	
b) für Personenkraftwagen und Dreiradkraftfahrzeuge zur Personenbeförderung Steuersatz 14,40 DM je angefangene 100 ccm Hubraum	Reduzierung der Zahl der Steuerklassen auf 4 (50, 100, 150 und 200 DM). Ausgleich durch erhöhte Mineralölsteuer. Besteuerungsgrundlage: zulässiges Gesamtgewicht oder Fahrzeugfläche, Einführung des Steuerplakettenverfahrens an			

	Stelle des Steuerbescheidverfahrens, wenn Kontrolle sichergestellt werden kann. Begründung: Vereinfachung des Erhebungsverfahrens			
c) für Dreiradkraftfahrzeuge, die nicht ausschließlich zur Personenbeförderung bestimmt sind Steuersatz 16,— DM je angefangene 100 ccm Hubraum	Kein Vorschlag	./. 1 100 Mill. DM		
d) für alle anderen Fahrzeuge (insbesondere Nutzfahrzeuge, Elektrofahrzeuge und Fahrzeuge mit Drehkolbenmotor) Steuersatz 22,— bis 58,50 DM je angefangene 200 kg Gesamtgewicht* Steuergläubiger: Länder; Aufkommen 1970: 3 830 Mill. DM				
2. Grunderwerbsteuer				
a) unterschiedliche Grunderwerbsteuergesetze der Länder	Vereinheitlichung des Grunderwerbsteuerrechts	—	Prüfung der Möglichkeiten einer aufkommensneutralen Vereinheitlichung mit dem Ziel einer Verankerung im 2. Steuerreformgesetz	± 0
b) allgemeiner Steuersatz in allen Ländern 7 v. H.	Abbau der Steuerbefreiungstatbestände unter gleichzeitiger Senkung des Steuersatzes auf 2 oder 3 v. H.; Beibehaltung			

* Zwischenzeitlich geändert, vgl. § 11 IV KraftStG

Geltendes Recht	*Steuerreformkommission*		*Bundesregierung*	
	Beschluß	Steuerminder einnahmen (./.) bzw. Steuermehreinnahmen(+)	Vorschlag	Steuerminder einnahmen (./.) bzw. Steuermehreinnahmen(+)
	des bisherigen Steueraufkommens Begründung: Die Ausweitung der Steuerbefreiungstatbestände hat dazu geführt, daß heute 70 v. H. der Erwerbsvorgänge von der Steuer befreit sind			
c) Steuergläubiger: Länder und Gemeinden (Aufkommen 1970: 1 048 Mill. DM)	Steuergläubiger: Stadt- und Landkreise. Begründung: Äquivalenzgedanke			
3. Gesellschaftsteuer Allgemeiner Steuersatz: 2,5 v. H. Steuergläubiger: Bund Aufkommen 1970: 291 Mill. DM	Abschaffung Begründung: Die Gesellschaftsteuer erfaßt nur die Kapitalansammlungen innerhalb der Kapitalgesellschaften; Behinderung der breiten Kapitalstreuung	./. 300 Mill. DM	Ermäßigung des Steuersatzes entsprechend der EWG-Steuerharmonisierung (von z. Z. 2,5 v. H. auf 1 v. H.)	./. 150 Mill. DM

4. Börsenumsatzsteuer allgemeiner Steuersatz 2,5 v. T. Steuergläubiger: Bund Aufkommen 1970: 84 Mill. DM	Abschaffung Begründung: Bagatellsteuer; einseitige Belastung des Erwerbs von Wertpapieren, der an sich aus gesellschafts- und kapitalmarktpolitischen Gründen für weite Bevölkerungskreise gefördert werden soll.	./. 95 Mill. DM	Vorläufige Beibehaltung bis zu einer EWG-Harmonisierung
5. Wechselsteuer allgemeiner Steuersatz 1,5 v. T. Steuergläubiger: Bund Aufkommen 1970: 233 Mill. DM	Abschaffung Begründung: Diskriminierung einer bestimmten Art der Kreditschöpfung	./. 290 Mill. DM	Vorläufige Beibehaltung bis zu einer EWG-Harmonisierung
Nachrichtlich: *Einführung neuer Verbrauchsteuern innerhalb der EWG* EG-Kommission tritt für die Einführung einer Verbrauchsteuer auf *Wein* und *alkoholfreie Getränke* (Limonaden) in der Gemeinschaft ein, die in der BR bisher nicht erhoben werden	Den Bestrebungen innerhalb der EWG, eine Weinsteuer und eine Limonadensteuer einzuführen, sollte entgegengetreten werden Begründung: Geringe fiskalische Bedeutung; Weinsteuer würde zu Nachteilen für die vielen kleinen Winzer führen und ihre Erhebung erhebliche Schwierigkeiten bereiten; gegen eine Limonadensteuer sprechen auch gesundheitspolitische Gründe		Einführung einer Wein- und Limonadensteuer ist nicht vorgesehen

9. Beschlüsse des außerordentlichen Parteitages der SPD vom 18. und 19. November 1971 in Bonn*

Art der Steuerrechtsänderung	Steuermehreinnahmen (+) oder Mindereinnahmen (—) gegenüber geltendem Recht in Millionen DM**
1. Einkommensteuer	
1.1. Tarif/Grundfreibetrag	— 200
1. Der Grundfreibetrag wird von 1 680 DM auf 2 040 DM erhöht, Abzug mit 20 v. H. von der Steuerschuld.	
2. Die untere Proportionalzone wird beibehalten und bis zu einem zu versteuernden Einkommen von 12 000 DM bei Ledigen und 24 000 DM bei Verheirateten ausgedehnt. Der Steuersatz in der Proportionalzone beträgt 20 v. H.	
3. Die anschließende Progressionszone führt bis zu einem Spitzensteuersatz von 60 v. H. bei Einkommen von 200 000 DM, wobei sich bei Verheirateten die Einkommensteuerschuld um den Splittingvorteil von 5 000 DM ermäßigt.	
4. Die Ergänzungsabgabe fällt weg.	— 1 400
1.2. Sonstige Freibeträge	
1. Der Arbeitnehmerfreibetrag wird von 240 DM auf 480 DM verdoppelt und mit 20 v. H. von der Steuerschuld abgezogen.	— 820
2. Der Weihnachtsfreibetrag wird von 100 DM auf 120 DM erhöht und mit 20 v. H. von der Steuerschuld abgezogen.	— 30
Übertrag	— 2450

* Entnommen aus den Materialien zum Parteitag der SPD vom 10. bis 14. April 1972 in Hannover, S. 102 ff.

** Anmerkung: Alle Zahlen sind geschätzt und beziehen sich auf das Jahr 1974.

Art der Steuerrechtsänderung	Finanzielle Auswirkungen
Übertrag	— 2450
3. Der Freibetrag für Land- und Forstwirte wird in eine Freigrenze umgewandelt. 4. Der steuerfreie Betrag bei Einkünften aus freiberuflicher Arbeit wird beseitigt.	+ 230
1.3. Sonderausgaben	
1. Aufwendungen für die Lebens- und Altersvorsorge, die nicht Kapitalansammlungscharakter haben, sind als Sonderausgaben abzugsfähig.	+ 500
Sie werden mit 20 v. H. von der Steuerschuld abgezogen. Die Höchstbeträge für diese Aufwendungen betragen 3 600 DM für Ledige und 7 200 DM für Verheiratete sowie 600 DM für jedes Kind.	— 30
Außerdem wird für Ledige in Höhe von 1 200 DM und für Verheiratete in Höhe von 2 400 DM ein Zusatzbetrag für Versicherungsbeiträge gewährt, der bei Arbeitnehmern um den Arbeitgeberanteil zur Sozialversicherung zu kürzen ist.	
2. Die Schuldzinsen sind nicht mehr als Sonderausgaben abzugsfähig.	+ 70
3. Die Vermögensteuer ist ebenfalls nicht mehr als Sonderausgabe abzugsfähig.	+ 530
4. Die steuerliche Begünstigung der Aufwendungen des Steuerpflichtigen für seine Berufsausbildung oder Weiterbildung in einem nicht ausgeübten Beruf soll im Zusammenhang mit der Erweiterung des Ausbildungsförderungsgesetzes abgebaut werden.	± 0
5. Soweit Sonderausgaben (und außergewöhnliche Belastungen) weiterhin zum Abzug kommen, werden sie mit 20 v. H. von der Steuerschuld abgezogen (Kirchensteuer, bestimmte Spenden, Zinsanteil der LA-Abgabe, Steuerberatungskosten).	(in 1.3.1.) enthalten)
6. (Überprüfung durch Bundestagsfraktion.)	
7. (Überprüfung durch Bundestagsfraktion.)	
8. Prämien für Erbschaftsteuerversicherungen nicht mehr abzugsfähig.	
1.4. Familienlastenausgleich/Kindergeld	
Die bisherigen steuerlichen Kinderfreibeträge werden durch ein gestaffeltes Kindergeld ersetzt, und zwar in Höhe von monatlich 50 DM für das erste Kind, 70 DM für das zweite Kind, 90 DM für das dritte und jedes weitere Kind.	— 3 510
Übertrag	— 4660

	Art der Steuerrechtsänderung	Finanzielle Auswirkungen
	Übertrag	— 4660
	Mit diesem Kindergeld werden der derzeitige steuerliche Kinderfreibetrag, das Kindergeld nach dem Bundeskindergeldgesetz, sowie die Kinderzuschläge in den Bereichen des öffentlichen Dienstes abgegolten. Finanzielle Nachteile, die für Beschäftigte im öffentlichen Dienst mit Kindern entstehen würden, sollen durch eine Verbesserung des Ortszuschlages ausgeglichen werden. Kinderzuschüsse aus der gesetzlichen Rentenversicherung und Kinderzulagen aus gesetzlichen Unfallversicherungen bleiben unberührt, Kindergeld wird in diesen Fällen nicht gewährt. Kindergeld erhalten auch diejenigen Kinder, die Waisen- oder Versorgungsrenten nach dem Bundesversorgungsgesetz beziehen.	— 430
1.5.	*Ehegattensplitting* Der Splittingvorteil wird bis zu einem zu versteuernden Einkommen von 40 000 DM voll mit dem Divisor 2 gewährt. Bei darüber liegenden Einkommen wird der Splittingvorteil kontinuierlich verringert und ab Einkommen von 80 000 DM auf 5 000 DM begrenzt.	+ 550
1.6.	*Lohnsteuerverfahren* Das Lohnsteuerverfahren wird vereinfacht: — Das Lohnsteuerermäßigungsverfahren wird eingeschränkt. — Die Sozialversicherungsbeiträge sind vorab mit 20 v. H. von der Steuerschuld abzuziehen. Die anderen Sonderausgaben werden durch eine Pauschale berücksichtigt. — Auf Lohnsteuererstattungen wird ein Zuschlag (Bonus) gewährt.	± 0
1.7.	*Besteuerung von Aufwandsentschädigungen* Die Diäten der Bundes- und Landtagsabgeordneten sind steuerpflichtig. Im übrigen bleiben Aufwandsentschädigungen unter den im Gesetz genannten Voraussetzungen steuerfrei.	± 0
1.8.	*Schmier- und Bestechungsgelder* Auch ins Ausland gezahlte Schmier- und Bestechungsgelder sind nicht mehr als Betriebsausgaben abzugsfähig.	+ 100
1.9.	*Abzugsfähigkeit von Bewirtungsspesen, Geschenken und Mehraufwand für Verpflegung* 1. Ausgaben für die Bewirtung von Geschäftsfreunden und für Geschenke sind nicht mehr als Betriebsausgaben abzugsfähig.	+ 500
	Übertrag	— 3940

Art der Steuerrechtsänderung	Finanzielle Auswirkungen
Übertrag	— 3940
2. Die steuerliche Abzugsfähigkeit für den Mehraufwand an Verpflegung bei Geschäftsreisen im Inland wird auf 50 DM je Tag begrenzt.	+ 100
1.10. *Pensionsrückstellungen*	
1. Rückstellungen für Pensionsanwartschaften können nur dann gewinnmindernd gebildet und damit steuerbegünstigt werden, wenn spätestens nach fünf Jahren Betriebszugehörigkeit die Unverfallbarkeit des Anspruchs bei grundsätzlichem Ausschluß von Widerrufsvorbehalten eintritt.	± 0
2. Durch Überprüfung und Erhöhung (um mindestens ½-v. H.-Punkt) des Berechnungszinsfußes soll eine Überdotierung der Rückstellung verhindert bzw. abgebaut werden.	+ 200
3. Der Abzug von Zuwendungen an Unterstützungskassen ist auf ein angemessenes Maß zu begrenzen.	+ 150
1.11. *Besteuerung der Gewinne aus der Veräußerung bestimmter Anlagegüter*	
Die steuerliche Begünstigung der Gewinne aus der Veräußerung bestimmter Anlagegüter wird beseitigt.	+ 125
1.12. *Degressive Abschreibung bei Gebäuden*	
Die degressive Abschreibung für Abnutzung bei Gebäuden wird beseitigt.	+ 260
1.13. *Sonderabschreibung für Ein- und Zweifamilienhäuser sowie für Eigentumswohnungen*	
Die Bestimmungen über Sonderabschreibungen für Ein- und Zweifamilienhäuser sowie für Eigentumswohnungen (§ 7 b und § 54 EStG) werden wie folgt umgestaltet: 1. Sie gelten nur für *eigengenutzte* Ein- und Zweifamilienhäuser sowie für eigengenutzte Eigentumswohnungen. 2. Die Progressionswirkung der Förderung wird dadurch ausgeschaltet, daß 20 v. H. der nach § 7 b EStG zulässigen Abschreibung von der Steuerschuld abzugsfähig sind. 3. Die Höhe der berücksichtigungsfähigen Baukosten ist zu überprüfen. 4. Bei einer Neuregelung ist für die bislang gewählten Sonderabschreibungen eine Übergangsregelung zu treffen.	± 0
Übertrag	— 3105

Art der Steuerrechtsänderung	Finanzielle Auswirkungen
Übertrag	— 3105
1.14. *Besteuerung der Gewinne aus der Veräußerung wesentlicher Beteiligungen an Kapitalgesellschaften* Gewinne aus der Veräußerung von Beteiligungen an Kapitalgesellschaften werden bereits dann versteuert, wenn der Veräußerer zu mehr als 5 v. H. an der Kapitalgesellschaft beteiligt war.	+ 90
1.15. *Kilometer-Pauschale bei Fahrten zwischen Wohnung und Arbeitsstätte (Betrieb)* Die derzeitige Kilometer-Pauschale für Fahrten zwischen Wohnung und Arbeitsstätte (Betrieb) mit einem eigenen Kraftfahrzeug in Höhe von 0,36 DM je Entfernungskilometer wird beibehalten.	± 0
1.16. *Betriebsausgaben* Der Reklameaufwand für Tabakwaren, alkoholische Getränke, Arzneimittel und technisch weitgehend gleichartige Produkte bleibt von einer bestimmten Höhe an bei der Ermittlung der steuerlichen Gewinne unberücksichtigt.	+ 200
1.17. *Absetzung für Abnutzung* Wirtschaftsgüter sind nicht voll abzuschreiben, sondern mit einem Restbestand in Höhe der letzten Abschreibungsrate bis zum Ausscheiden aus dem Betriebsvermögen anzusetzen. Geringwertige Wirtschaftsgüter werden mit einem Durchschnittssatz abgeschrieben.	+ 100
1.18. *Werbungskosten* Der Pauschbetrag für Werbungskosten bei Einkünften aus nichtselbständiger Tätigkeit (§ 9 a EStG) wird von 564 DM auf 600 DM erhöht.	— 100
1.19. *Verlustrücktrag* Die Einführung eines Verlustrücktrags wird abgelehnt.	± 0
1.20. *Besteuerung von Veräußerungsgewinnen* 1. Die Tarifbegünstigung für Veräußerungsgewinne (§ 34 Abs. 2 Ziff. 1 EStG) wird mit der Maßgabe gestrichen, daß die Freibeträge (§§ 14, 14 a, 16, 17, 18 Abs. 3 EStG) zu erhöhen sind. 2. Die Frist für die Besteuerung der Gewinne bei privaten Grundstücksveräußerungen (§ 23 EStG) ist zu überprüfen (Bundestagsfraktion).	
1.21. *Besteuerung der Altersbezüge* Bei Pensionsbezügen keine Änderung.	
Übertrag	— 2815

Art der Steuerrechtsänderung	Finanzielle Auswirkungen
Übertrag	— 2815
1.22. *Einkünfte aus Vermietung und Verpachtung*	
1.23. *Soziale Freibeträge* Erhöhung des Freibetrages für Alleinstehende mit Kind von 1 200 DM auf 2 400 DM.	— 120
1.24. *Steuerfreiheit der Zuschläge für Sonntags-, Feiertags- und Nachtarbeit (§ 34 a EStG)* Beibehaltung der Steuerfreiheit derartiger Zuschläge, die auf gesetzlicher oder tariflicher Grundlage beruhen. Die Einkommensgrenze von 24 000 DM fällt weg.	— 70
1.25. *Außergewöhnliche Belastungen* 1. Abzug von der Steuerschuld mit 20 v. H. 2. Beibehaltung der derzeitigen zumutbaren Eigenbelastung. 3. Für Unterhaltsaufwendungen keine Änderung, jedoch Abzug von der Steuerschuld mit 20 v. H.	
1.26. *Sonstige Vorschläge auf dem Gebiete der Einkommenbesteuerung* Ordnungsmäßigkeit der Buchführung als Voraussetzung für die Gewährung von Steuervergünstigungen bleibt bestehen.	± 0
2. *Sparförderung* 1. Es wird ein einheitliches Sparprämiengesetz geschaffen, mit a) einheitlichen Einkommensgrenzen für die Sparförderung von 24 000 DM bei Ledigen und 48 000 DM bei Verheirateten, b) einem einheitlichen Prämiensatz in Höhe von 25 v. H. der erbrachten Sparleistung, zusätzlich 3 v. H. für jedes Kind, c) einem Höchstbetrag der geförderten Sparleistung von 800 DM für Ledige und 1 600 DM für Verheiratete. 2. Sparleistungen sind nicht mehr als Sonderausgaben abzugsfähig. 3. Die Förderung des Sparens durch Arbeitnehmer nach dem 3. Vermögensbildungsgesetz bleibt bestehen. Die nach diesem Gesetz begünstigten Anlageformen sollen mit denen nach dem Prämiengesetz vereinheitlicht werden. 4. Keine Präferenz des Bausparens.	+ 850
Übertrag	— 2155

Art der Steuerrechtsänderung	Finanzielle Auswirkungen
Übertrag	— 2155
3. *Körperschaftsteuer*	
1. Die Kommission hält eine Änderung des derzeitigen Körperschaftsteuersystems nicht für geboten und überdies für schwer durchführbar. Eine Änderung des Systems könnte allenfalls im Zusammenhang mit einer breiteren Vermögensbildung erwogen werden. 2. Der allgemeine Steuersatz soll — unter Beibehaltung der ermäßigten Tarife — auf 56 v. H. erhöht werden, wobei die Bundestagsfraktion zu prüfen hat, ob der Abstand von 4 v. H. zwischen Einkommen- und Körperschaftsteuer unter ökonomischen Gesichtspunkten möglich ist.	+ 1 000
3. Bestimmte persönliche Steuerbefreiungen von Kreditinstituten mit Sonderaufgaben sollen beseitigt werden.	
4. Keine Vollversteuerung der Sparkassen.	
4. *Vermögensteuer*	
1. Bei der Bewertung soll das Grundvermögen mit dem 1,4fachen der Einheitswerte 1964 angesetzt werden, bis eine zeitnahe Ermittlung der Verkehrswerte möglich ist. 2. Die Steuersätze betragen für natürliche Personen 1 v. H. und für nicht natürliche Personen 1,2 v. H. 3. Die Freibeträge werden wie folgt erhöht: Persönlicher Grundfreibetrag 60 000 DM Altersfreibetrag 10 000 DM Erhöhter Altersfreibetrag 50 000 DM Der Kapitalfreibetrag von 10 000 DM wird nicht erhöht.	+ 1 870
4. Der Abzug dinglicher Belastungen wird nur bis zur Höhe des Wertansatzes des belasteten Grundstücks zugelassen.	+ 200
5. *Grundsteuer*	
1. Zunächst werden die Einheitswerte 1964 mit dem Faktor 1,4 angewandt. Die Steuersätze bzw. -meßzahlen werden so vermindert, daß das Steueraufkommen 25 v. H. über dem jetzigen Aufkommen liegt. Auf lange Sicht soll die Grundsteuer auf der Basis möglichst zeitnaher Werte (Verkehrswerte) berechnet werden. Die Steuersätze sollen dann so	+ 750
Übertrag	+ 1665

Art der Steuerrechtsänderung	Finanzielle Auswirkungen
Übertrag	+ 1665
verändert werden, daß insgesamt kein höheres Steueraufkommen erzielt wird als vorher.	
2. Religionsgemeinschaften werden in die Grundsteuerpflicht einbezogen, soweit Grundvermögen nicht der Religionsausübung oder sozialen Zwecken dient.	
3. Die zehnjährige Grundsteuerbefreiung für Neubauten des sozialen Wohnungsbaus wird beibehalten.	
6. *Besteuerung der nicht realisierten Wertsteigerungen beim Grund und Boden (Bodenwertzuwachssteuer)*	
Für die Besteuerung der Wertsteigerungen beim Grund und Boden gelten folgende Grundsätze:	
1. Sowohl der realisierte als auch der nicht realisierte Wertzuwachs beim Grund und Boden soll besteuert werden.	
2. Die Besteuerung soll durch eine selbständige Steuer (Bodenwertzuwachssteuer) erfolgen.	
3. Besteuert werden soll der Wertzuwachs bei bebauten und unbebauten Grundstücken.	
4. Dabei soll von Verkehrswerten ausgegangen werden.	
5. Die Verkehrswerte sollen aufgrund einer zeitnahen Bewertung der Grundstücke ermittelt werden.	
6. Es sollen nur außergewöhnliche Wertsteigerungen erfaßt werden.	
7. *Gewerbesteuer*	
1. Das derzeitige System der Gewerbesteuer wird beibehalten.	
2. Bei der Gewerbeertragsteuer für natürliche Personen werden der Freibetrag auf 12 000 DM und die Staffelbeträge in der Eingangsprogression auf 3 600 DM erhöht.	— 550
3. Bei der Gewerbekapitalsteuer wird die Freigrenze auf 12 000 DM erhöht.	
4. Die Steuermeßzahl bei der Gewerbekapitalsteuer beträgt 3 v. T.	+ 550
5. Die Beteiligung des Bundes und der Länder am Gewerbesteueraufkommen wird beibehalten.	
6. Die Gewerbesteuerumlage soll auf 50 v. H. erhöht werden. Die Gemeinden erhalten einen höheren Anteil an der Einkommensteuer.	
Übertrag	+ 1665

Art der Steuerrechtsänderung	Finanzielle Auswirkungen
Übertrag	+ 1665
8. *Kraftfahrzeugsteuer* Die Besteuerung von Personenkraftfahrzeugen erfolgt: 1. durch die Erhebung der Jahressteuer in einem Betrag und Nachweis durch eine Plakette; 2. unter Zugrundelegung der PS-Zahl in vier Steuerklassen; 3. das derzeitige Steueraufkommen wird nicht verändert; 4. Elektro-Kraftfahrzeuge sollen nach einem festzusetzenden Termin (Erscheinen auf dem Markt) für einen Zeitraum von mindestens fünf Jahren steuerbegünstigt werden.	± 0
9. *Erbschaftsteuer* 1. Die Zahl der Steuerklassen wird verringert: Steuerklasse I — Ehegatten, Kinder und Kinder verstorbener Kinder, Steuerklasse II — die übrigen näheren Verwandten, Steuerklasse III — alle sonstigen Erwerber. 2. Die Freibeträge werden erhöht. Der Ehegatte hat einen Freibetrag von 250 000 DM, jedes Kind 50 000 DM. Wenn ein Kind vom Erblasser unterhalten wurde oder seine Ausbildung noch nicht beendet hat, erhöht sich der Freibetrag je nach Alter um weitere 10 000 DM bis 50 000 DM. 3. Der Erwerb von auf gesetzlicher Grundlage beruhenden Hinterbliebenenbezügen und der Erwerb von Ansprüchen aus privaten Versorgungsverträgen, soweit es sich um laufende, den gesetzlichen Ansprüchen entsprechende Bezüge handelt, sind erbschaftsteuerfrei.	
4. Der neue Tarif beginnt in der Steuerklasse I bei steuerpflichtigen Erwerben ab 50 000 DM mit 3 v. H., beträgt bei 1 000 000 12 v. H. und erreicht bei 25 Millionen DM 40 v. H. Die Steuerklasse II beginnt mit 6 v. H. und steigt auf 60 v. H. an. Der Spitzensteuersatz der Steuerklasse III beträgt 75 v. H. 5. Das Grundvermögen wird mit dem 1,4fachen der Einheitswerte 1964 angesetzt, bis eine zeitnahe Ermittlung der Verkehrswerte möglich ist. 6. Die zahlreichen Umgehungsmöglichkeiten des geltenden Rechts sind auszuschließen.	+ 230
Übertrag	**+ 1895**

Art der Steuerrechtsänderung	Finanzielle Auswirkungen
Übertrag	+ 1895
10. *Steuerflucht* Der Parteitag unterstützt die Bemühungen der Bundesregierung bei der Schaffung eines Gesetzes zur Bekämpfung der Steuerflucht und fordert die Bundestagsfraktion auf, den Regierungsentwurf dahingehend zu überprüfen, ob der Umfang der Basisgesellschaften (zu denen auch Personengesellschaften u. a. gehören) ausreichend umgrenzt, alle Gewinnverlagerungsmöglichkeiten erfaßt sind und die vorgesehene Freigrenze nicht zu hoch ist.	
11. *Besteuerung umweltfeindlicher Produkte* Das Steuerrecht ist in verstärktem Maße für die Bekämpfung der Umweltverschmutzung einzusetzen. Produkte, deren Beseitigung als Abfall nicht ohne eine unverhältnismäßig hohe Belastung der Umwelt oder nur unter unverhältnismäßig hohem Aufwand möglich ist, werden — wo ein Verbot unzweckmäßig ist — besteuert. Die Steuer wird beim Produzenten oder für Importwaren beim Importeur erhoben werden. Die Steuer ist so zu bemessen, daß mindestens die Kosten der Beseitigung der Schäden gedeckt und umweltfreundliche Konkurrenzprodukte gefördert werden.	+ 200
12. *Branntweinsteuer* 1. Der Steuersatz für Trinkbranntwein wird von 1 200 DM/hl auf 1 500 DM/hl erhöht. 2. Der Steuersatz für Körperpflegemittelbranntwein wird von 600 DM/hl auf 750 DM/hl erhöht. 3. Propyl- und Isopropylalkohol werden besteuert.	+ 1 000
13. *Tabaksteuer* Die Tabaksteuer für Zigaretten wird um ca. 20 v. H. erhöht.	+ 1 800
14. *Mineralölsteuer* 1. Die Mineralölsteuer wird in zwei Stufen erhöht: — ab 1. 1. 1972 um 7 Pfennig; davon erhalten die Gemeinden 3 Pfennige; — ab 1. 1. 1974 um 4 Pfennige; davon erhalten die Gemeinden 1 Pfennig. 2. Die zusätzlichen Steuereinnahmen sind für den Straßenbau und für Aufgaben des Verkehrs zu verwenden.	+ 4 000
Übertrag	+ 8895

Art der Steuerrechtsänderung	Finanzielle Auswirkungen
Übertrag	+ 8895
Dabei sind die Mehreinnahmen zu 50 v. H. für Maßnahmen des öffentlichen Nahverkehrs bereitzustellen, soweit sie in den gemeindlichen Sektor gehen.	
3. Die öffentlichen Nahverkehrsbetriebe werden von der Mineralölsteuer befreit.	
4. Der Steuersatz für Dieseltreibstoffe ist der Höhe des Satzes für Benzin anzugleichen.	
15. *Verkehr- und Verbrauchsteuern*	
1. Bei der Gesellschaftsteuer wird der Steuersatz von 2,5 v. H. auf 1 v. H. herabgesetzt.	— 150
2. Die Kinosteuer und die Speiseeissteuer werden abgeschafft.	— 10
16. *Steuervergünstigungen*	
1. a) *Bewertungsabschlag für Importwaren* mit wesentlichen Preisschwankungen (§ 80 EStDV).	
b) *Steuerfreie Rücklage* für Preissteigerungen (§ 74 EStDV).	
c) *Bewertungsabschlag für Importwaren* des volkswirtschaftlich vordringlichen Bedarfs.	+ 47
Diese Vergünstigungen sind zu streichen.	
2. *Sonderabschreibung für Schutzräume* etc. Die Förderung sollte, wenn notwendig, durch Zulagen erfolgen.	± 0
3. a) *Bewertungsfreiheit für Fabrikgebäude,* Lagerhäuser und landwirtschaftliche Betriebsgebäude bei Vertriebenen, Flüchtlingen und Verfolgten (§ 7 e EStG).	
b) *Begünstigung des nichtentnommenen Gewinnes* für Vertriebene, Flüchtlinge und Verfolgte (§ 10 a EStG). Vorschriften streichen.	+ 3
4. *Pauschbeträge für Hinterbliebene von Körperbehinderten* (§ 65 Abs. 4 EStDV). Vorschrift streichen.	+ 40
5. *Bewertungsfreiheit für private Krankenanstalten* (§ 75 EStDV). Nicht verlängern.	+ 9
6. *Bewertungsfreiheit* für — Abwässerbehandlungsanlagen — Luftreinigungsanlagen — Wirtschaftsgüter, die der Verhinderung von Lärm und Erschütterung dienen (§§ 79, 82 und 82 e EStDV).	
Übertrag	+ 8834

Art der Steuerrechtsänderung	Finanzielle Auswirkungen
Übertrag	+ 8834
Vergünstigungen zum vorgesehenen Termin (31. 12. 1974) auslaufen lassen. Die bestehenden außersteuerlichen Auflagen sollten verschärft werden.	+ 160
7. *Bewertungsfreiheit* für Wirtschaftsgüter, die der *Forschung und Entwicklung* dienen (§ 82 d EStDV). Die Vergünstigungen sollten zum vorgesehenen Termin 31. 12. 1974 auslaufen.	+ 145
8. *Steuerfreiheit für Kreditinstitute* mit Sonderaufgaben (§ 4 Abs. 1 Ziff. 2 und 3 KStG). Steuerfreiheit soll nur noch die Bundesbank genießen. Die Bundesregierung sollte prüfen, ob bei der Kreditanstalt für Wiederaufbau Steuerfreiheit noch gerechtfertigt ist.	+ 45
9. *Steuerfreiheit bestimmter Zinsen* (§ 3 a EStG). Die Bundesregierung wird aufgefordert, durch geeignete Maßnahmen dafür zu sorgen, daß die Emissionsinstitute die steuerfreien festverzinslichen Wertpapiere vorzeitig auslosen.	
10. *Sonderabschreibung bei Seeschiffen*, Schiffen, die der Seefischerei dienen, und bei Luftfahrzeugen im internationalen Verkehr (§ 82 f EStDV). Die Sonderabschreibung ist zu streichen. Falls eine Förderung nach wie vor für notwendig gehalten wird, sollte sie über Zulagen erfolgen.	+ 60
11. *Begünstigung bestimmter Investitionen* in der Land- und Forstwirtschaft (§§ 76—78 EStDV). Steuerbegünstigungen streichen. Eventuell durch Investitionszulagen ersetzen.	± 0
12. *Begünstigung für Vollzuchtbetriebe* (§ 82 c EStDV). Vergünstigung streichen.	+ 1
13. *Ermittlung des Gewinns aus Land- und Forstwirtschaft nach Durchschnittssätzen* (GDL). Das Gesetz über die Ermittlung der Gewinne aus Land- und Forstwirtschaft nach Durchschnittssätzen sollte nicht verlängert werden. Es müßte jedoch eine praktikable Lösung für die Gewinnermittlung durch die Nebenerwerbslandwirte geschaffen werden.	± 0
14. *Steuervergünstigung* zur Förderung des Baus von *Landarbeiterwohnungen* (VO vom 16. 7. 1958). Die Förderung über die Steuerbegünstigung sollte auslaufen. Wohnungsbau für Landarbeiter sollte erforderlichenfalls durch offene Subventionen gefördert werden.	± 0
Übertrag	**+ 9245**

Art der Steuerrechtsänderung	Finanzielle Auswirkungen
Übertrag	+ 9245
15. *Steuerliche Begünstigung von Wasserkraftwerken.* Vergünstigung streichen.	+ 15
16. *Gesetz zur Förderung der Verwendung von Steinkohle* in Kraftwerken. Steuerfreie Rücklage (vom 12. 8. 1965). Falls eine Verlängerung der Förderungsmaßnahmen für erforderlich gehalten wird, sollte sie als offene Subvention erfolgen.	± 0
17. *Bergmannsprämie* Umwandlung in offene Subventionen.	± 0
18. *Begünstigung von Veräußerungsgewinnen* bei Bergwerksunternehmen (§ 10 des Gesetzes vom 15. 5. 1968). Vergünstigung — wie vorgesehen — am 31. 12. 1971 auslaufen lassen.	± 0
19. *Verlustausgleichsrücklage bei der Ruhrkohle AG* (Art. 8 § 4 Abs. 2 StÄndG 1969). Vergünstigung auslaufen lassen.	± 0
20. *Bewertungsfreiheit für bestimmte Investitionen im Kohlenbergbau* (§ 81 EStDV). Die Bewertungsfreiheit sollte — wenn Förderung weiter notwendig ist — durch Investitionszulagen oder zinslose Darlehen ersetzt werden.	± 0
21. *Investitionszulagen* und Investitionsprämien für die Errichtung oder Erweiterung einer Betriebsstätte im *Steinkohlenbergbaugebiet* (Investitionszulagegesetz und § 32 des Gesetzes vom 15. 9. 1968). Die Doppelbegünstigung wird beseitigt.	± 0
22. *Investitionszulagen* und Sonderabschreibungen für Investitionen im *Zonenrandgebiet* und anderen förderungsbedürftigen Gebieten (Investitionszulagegesetz und Zonenrandförderungsgesetz). Die derzeitige Doppelförderung von Investitionszulagen und Sonderabschreibungen wird beseitigt, die Förderung erfolgt ausschließlich über offene Investitionszulagen.	± 0
23. *Berlinförderung* (Berlin-Förderungsgesetz). Die Berlinpräferenzen in der gegenwärtigen Form müssen geprüft werden, sobald die Lage in und um Berlin dies zuläßt.	± 0
24. Gesetz über steuerliche Maßnahmen bei *Auslandsinvestitionen* (vom 18. 8. 1969). Vorschrift streichen.	+ 200
Übertrag	+ 9460

Art der Steuerrechtsänderung	Finanzielle Auswirkungen
Übertrag	+ 9460
25. *Entwicklungshilfe* (Entwicklungshilfe-Steuergesetz i. d. F. vom 15. 3. 1968). Das Gesetz in seiner gegenwärtigen Form wird nicht verlängert. Bei einer möglichen Novellierung oder bei Ersatzmaßnahmen sollten folgende Grundsätze beachtet werden. Die Begünstigung soll auf solche Entwicklungsländer beschränkt werden, die noch besonderer Investitionsanreize bedürfen. Dabei ist die Möglichkeit von Mißbräuchen auszuschließen. Der Übergang von Steuervergünstigungen zu Investitionsprämien wird empfohlen.	
26. *Umsatzsteuergesetz* 1. Schriftsteller sind von der Umsatzsteuer zu befreien. 2. Die öffentlichen Nahverkehrsbetriebe sind von der Umsatzsteuer zu befreien. 3. Die Investitionssteuer (§ 30 UStG) ist in eine Vermögensbildungsabgabe umzuwandeln.	
27. *Allgemein* 1. Insofern Steuervergünstigungen verbleiben, muß die Bundesregierung die Bevölkerung über alle Möglichkeiten der Steuerersparnis aufklären. 2. Begrenzung von Verlustzuweisungen bei Beteiligungsgesellschaften. 3. Ordnungsmäßigkeit der Buchführung als Voraussetzung der Gewährung von Steuervergünstigungen und Subventionen.	
Summe der Steuermehreinnahmen	9 460
Davon: — Mehreinnahmen aus direkten Steuern	2 660
— Mehreinnahmen aus Verbrauchsteuern	6 800

17. *Veranlagungsverfahren*

1. In den Finanzverwaltungen der Länder soll für die Durchführung der Massenverfahren bei der Veranlagung der Einsatz von elektronischen Datenverarbeitungsanlagen verstärkt und dabei bundeseinheitliche Systeme und Programme verwendet werden.
2. Zur Verkürzung des Zeitraums zwischen Entstehung und Zahlung der Einkommen- und Körperschaftsteuer ist für alle Steuerpflichtigen die Selbstveranlagung einzuführen. Ausgenommen sind Steuerpflichtige mit niedrigem Einkommen und Arbeit-

Art der Steuerrechtsänderung	Finanzielle Auswirkungen
nehmer, die überwiegend Einkünfte aus nichtselbständiger Tätigkeit haben. 3. Zum Ausgleich der Vor- und Nachteile vorzeitiger und nachträglicher, zu hoher und zu niedriger Steuerzahlungen ist zum nächstmöglichen Zeitpunkt, spätestens jedoch bis zur nächsten Legislaturperiode, für alle Ertragsteuern die Vollverzinsung für Steuerschulden und Erstattung einzuführen.	
18. *Grunderwerbsteuer* Die kommunalen Körperschaften (Gemeinden, Gemeindeverbände usw.) sind auch nach der Neuordnung der Grunderwerbsteuer von dieser Steuer zu befreien.	
19. *Steuerermittlungs- und Erhebungsverfahren* 1. Dem Bundestag und den Länderparlamenten sollte jährlich eine Liste der größeren *Steuererlaßfälle* (ab 10 000 DM) vorgelegt werden. 2. Das *Steuergeheimnis* wird bei einer Neuregelung dahingehend geändert, daß ein Mißbrauch vermieden wird. 3. Die seitherigen *Verjährungsfristen* für Steuerforderungen sind beizubehalten. 4. Die *Finanzverwaltung* muß personell und sachlich verbessert ausgestattet werden. Vor allem die Betriebsprüfungsstellen sind zu verstärken. 5. Der *Motorflugsport* darf nicht als besonders förderungswürdiger gemeinnütziger Zweck anerkannt werden. 6. *Steuerrecht, Formulare der Finanzverwaltungen* (z. B. Steuererklärungen), Verwaltungsvorschriften und Erläuterungen zum Steuerrecht usw. sind in einer Sprache abzufassen, die auch von der großen Mehrheit unserer Bürger verstanden wird, die wirtschaftlich nicht dazu in der Lage sind, Steuerfachleute für ihre Angelegenheiten zu bezahlen. Soziale Gerechtigkeit in der Steuergesetzgebung ist auch davon abhängig, daß die Sprache der Gesetzgebung nicht zum Privileg von Eingeweihten und damit Bevorteilten wird.	
20. *Sonstiges* *1.* *Vermögensstatistik* Die Bundestagsfraktion der SPD wird aufgefordert, dem Bundestag Gesetzentwürfe vorzulegen, mit dem Ziel, die statistischen Informationen über die Verteilung der Einkommen und Vermögen in der BRD so zu verbessern, daß eine vollständige und genügend aktuelle Darstellung der Verteilung und ihrer Veränderungen möglich wird.	

Art der Steuerrechtsänderung	Finanzielle Auswirkungen
Die Statistik der Einkommens-/Vermögensverteilung sollte Angaben enthalten über — die Einkommen/Vermögen nach Einkommens-/Vermögensschichten, — die Einkommen/Vermögen in den sozialen Schichten, — die Einkunfts-/Vermögensarten. Jährlich sollte eine auch Steuerermäßigungsgründe umfassende Statistik der Einkommen- (und Lohn-), Körperschaft- und Vermögensteuer erstellt werden.	
2. *Indirekte Steuern* a) Die Bundesregierung darf nicht zulassen, daß die besonders auf indirekten Steuern beruhenden Steuersysteme Frankreichs und Italiens zum Vorbild für die Steuerharmonisierung innerhalb der Gemeinschaft gemacht werden. b) Die Umsatzsteuer ist grundsätzlich im Rahmen der Steuerreform nicht zu erhöhen. Sollte das aus finanzpolitischen Gründen oder wegen der Harmonisierung im Rahmen der EWG unvermeidbar sein, so müssen die Güter des täglichen Grundbedarfs von einer Anhebung ausgenommen sein.	
21. *Steuerlastquote* 1. Keine dogmatische Festlegung, bei wachsendem Bedarf auch nach oben flexibel bleiben. 2. Die Einwirkungsmöglichkeiten steuerpolitischer Maßnahmen auf den Konjunkturablauf dürfen nicht durch eine fixierte Steuerlastquote beeinträchtigt werden. 3. Die Steuerlastquote ist dem für die gesellschaftspolitischen Reformen notwendigen Finanzbedarf anzupassen.	

10. Ergebnisprotokoll der F.D.P. — Steuerreformkommission vom 2. Juni 1971

I. Einkommensteuer, Lohnsteuer

1. Grundfreibetrag, Tarifgestaltung

Erhöhung des Grundfreibetrages auf 2400 DM (wie Kommission). Keine Beseitigung der proportionalen Eingangszone des EST-Tarifs, sondern proportionale Zone bis 10/20 000 DM bei 20 % Eingangssatz (wie Länderfinanzminister).

Einheitlicher Steuersatz 55 % oberhalb von 125 000/250 000 DM (wie Kommission). Voraussetzung dabei ist unbegrenztes Splitting.

Aufhebung der Ergänzungsabgabe, Ergänzungsabgabe aus Grundgesetz streichen (eigener Vorschlag).

2. Sonderausgabenabzug

Grundsatz: Aufwendungen mit Sparcharakter *proportional* von der Steuerschuld absetzbar, dagegen leistungsfähigkeitsmindernde Sonderbelastungen *mit Progressionswirkung* von der Bemessungsgrundlage abzuziehen.

2.1. Beschränkt abzugsfähige Sonderausgaben:

a) Versicherungs- und Bausparbeiträge:

Abzug von der Steuerschuld mit Einkommensteuersatz 20 %, Höchstbetrag 6000/12 000 DM (ähnlich wie BMF)

b) Unbeschränkt und mit Progressionswirkung abzugsfähige Sonderausgaben: Schuldzinsen und Kirchensteuer.

Unbeschränkt von der Steuerbemessungsgrundlage abzugsfähig (wie geltendes Recht)

Vermögensteuer: Beseitigung des Abzugs (bei Verdoppelung der Freibeträge und gespaltenem Vermögensteuersatz von 0,5/1,0 %)

2.2. Spenden

(wie geltendes Recht)

3. Lohnsteuerverfahren

Vereinfachtes Veranlagungsverfahren für alle Lohnsteuerpflichtigen (wie BMF)

4. Familienlastenausgleich

4.1. Berücksichtigung der Kinderlasten: einheitlicher Kinderfreibetrag je Kind von 1800 DM,

bei Mindeststeuerentlastung von 60 DM monatlich je Kind (wie BMF)

4.2. Ehegattenbesteuerung

Aufrechterhaltung des Vollsplitting

5. Besteuerung der im Alter bezogenen Einkünfte

Wegfall des Sonderfreibetrages von 840 DM (wie Kommission). Erhöhung des Altersfreibetrages auf 3000/6000 DM. Angleichung der Besteuerung von Sozialrenten und Beamtenpensionen durch Einführung einer 50 %igen Teilfreistellung für alle typischen Altersbezüge etc. incl. Werkspensionen (wie BMF)

6. Pensionsrückstellungen

Bildung von Pensionsrückstellungen nur noch für unverfallbare Pensionszusagen,

mit einer großzügigen Übergangsregelung zur Auflösung bisheriger Pensionsrückstellungen für verfallbare Zusagen (wie BMF).

7. § 7 b EStG

Umwandlung des § 7 b von der Werbungskosten- bzw. Betriebsausgabenregelung in eine Sonderausgabenlösung durch Abzug von der Steuerschuld (20 %, ggf. Negativsteuer).

Abzugsfähigkeitsbegrenzung von 200 000 DM für Einfamilienhäuser, 250 000 DM bei Zweifamilienhäusern.

(eigener Vorschlag).

8. Degressive Abschreibung bei Gebäuden

Aufhebung der degressiven Gebäudeabschreibung, Gebäude sind regelmäßig linear nach der betriebsgewöhnlichen Nutzungsdauer abzuschreiben (Grundsatz: einzelne Abschreibungstatbestände sind nicht durch Gesetz zu regeln!) (eigener Vorschlag).

9. Besteuerung des Nutzungswerts der Wohnung im eigenen Haus

Wegfall der fingierten Nutzungswertbesteuerung. Kein Werbungskostenabzug (wie Kommission).

10. Bewirtungskosten und sonstige Spesen

(wie geltendes Recht).

11. Besteuerung der Gewinne bei privaten Grundstücksveräußerungen

Grundsätzliche Bedenken wegen Erhöhung der Immobilität im Grundstücksverkehr und wegen der Umgehungsmöglichkeiten. Äußerstenfalls eine Erfassung der Veräußerungsgewinne nach schweizer Beispiel mit nach Besitzdauer degressiv gestaffelten Sätzen, die bei 15 Jahren 0 % betragen. Dazu sollte ein hoher jährlicher Freibetrag von 100 000 DM kommen. (eigener Vorschlag).

12. Aufwandsentschädigungen

Volle Besteuerung; allerdings weitgehende Pauschalierung der tatsächlichen Aufwendungen. (wie Kommission).

13. Steuerfreiheit für Sonntagszuschläge etc.

Beibehaltung des geltenden Rechts.

14. Kilometer-Pauschale

10 Pfg. pro Kilometer ohne Berücksichtigung der Art des benutzten Verkehrsmittels (wie BMF).

15. Außergewöhnliche Belastungen

a) Krankendiät:

Nur noch in schwerwiegenden Fällen nach Einzelnachweis berücksichtigungsfähig

b) Pauschalbeträge für Körperbehinderte und Hinterbliebene: Aufrechterhaltung und Effizienzsteigerung (wie BMF).

neu eingefügt:

c) Unterstützung bedürftiger Angehöriger § 33 a, Abs. 1 Einkommensteuergesetz

bisher bis maximal 1200 DM,

bis maximal 2400 DM steuerlich absetzbar,
dafür Besteuerung beim Empfänger (eigener Vorschlag).

16. Arbeitnehmerfreibeträge

Erhöhung des Arbeitnehmer-Freibetrages auf 480 DM. Beibehaltung des Weihnachtsfreibetrages von 100 DM (wie BMF).

17. Zuwendungen an Unterstützungskassen:

Noch nicht entschieden.

II. Sparförderung

Zusammenfassung zu einem einheitlichen Prämiengesetz, Einführung einer Einkommensgrenze von 24 000/48 000 DM (eigener Vorschlag).

Prämiensatz: 40 % für 1. Hälfte,
20 % für 2. Hälfte des begünstigten Sparvolumens zuzüglich 2 % bzw. 1 % je Kind
(wie BMF).

Begünstigtes Sparvolumen
900/1800 DM (wie BMF).

Vermögensbildungsgesetz:
Beibehaltung der Einkommensgrenze
24 000/48 000 DM (eigener Vorschlag).

Anlageformen: Auch Schuldentilgung für Zwecke des Wohnungsbaus, Wohnbausparverträge, Sparen im eigenen Betrieb begünstigt, allerdings Beibehaltung der Einkommensgrenze.

III. Körperschaftsteuer

Anrechnungsverfahren, soweit Gewinn ausgeschüttet oder Rücklagen in Nennkapital umgewandelt werden (wie Kommission).

Einheitlicher Tarif in Höhe des Einkommensteuerspitzensatzes von 55 % (wie Kommission).

Persönliche Steuerbefreiungen
(wie Kommission).

IV. Gewerbesteuer

Umgestaltung der Gewerbesteuer in eine „Standort-Steuer" in Höhe von 1/3 des jetzigen Aufkommens; Erhebung nach Gewerbekapital und Lohnsumme im Verhältnis 7 : 3
(wie Kommission).

Inkrafttreten des Abbaus der Gewerbeertragsteuer erst bei Einführung eines einheitlichen Mehrwertsteuersatzes in der EWG; strenges Junktim zwischen beiden Maßnahmen. Ausgleich des kommunalen Steuerausfalls aus dem Mehraufkommen.

Vorabmaßnahmen:

Erhöhung der Unternehmerfreibeträge bei der Gewerbeertragsteuer auf 12 000 DM und der Stufenbeträge bei der Anhebung der Steuermeßzahl von jeweils 4000 DM
(eigener Vorschlag).

V. Vermögensteuer

1. Bewertung

Grundvermögen und Wohnteil (Haus- und Grundeigentum)
Einheitswerte 1964 × 1,4

Wirtschaftsteil: (landwirtschaftlich genutztes Grundvermögen) Einheitswerte 64

Ansatz der Kapitalanteile bei natürlichen Personen 0 %
(Vermeidung der Doppelbelastung von Kapitalvermögen)
(eigener Vorschlag)

2. Freibeträge

Einheitlicher Grundfreibetrag 100 000 DM
Einheitlicher Altersfreibetrag 50 000 DM

3. Steuersätze

Natürliche Personen 0,5 % (bei Wegfall der Absetzbarkeit von der Einkommensteuer); juristische Personen 1,0 %
(wie Kommission).

Anmerkung:

Die F.D.P.-Steuerreformkommission beschloß zur Reform der Vermögensteuer folgende Prioritätenliste:

1. Senkung des Steuersatzes für natürliche Personen,

2. Anhebung der Freibeträge,
3. (zunächst zurückzustellen:)
   Vermeidung der Doppelbelastung von Aktien.

VI. Erbschaftsteuer

Vorschlag BMF angenommen, bei Freibeträgen folgende Änderungen:

c) Kinder: 100 000 DM,
d) Kinder vorverstorbener Eltern: 100 000 DM,
e) Sonstige Abkömmlinge 50 000 DM.

VII. Verkehrsteuern

1. Kraftfahrzeugsteuer

Umwandlung in zweckgebundene Beiträge; für Pkw Bemessung nach Grundfläche, Reduzierung auf vier Beitragsklassen, jährliche Beitragserhebung nach Plakettenverfahren.

Lkw: Straßenbenutzungsgebühren nach Brutto-Tonnen Kilometern mit totalem Grenzausgleich.

11. Aus dem Berliner Programm der CDU, 2. Fassung 1971

Das geltende Recht muß im Rahmen einer umfassenden und stufenweise zu verwirklichenden Steuerreform den gesellschafts- und wirtschaftspolitischen Zielen entsprechend neu gestaltet werden.

Insbesondere soll es

- die Lasten so verteilen, daß eine ausgewogenere Einkommensverteilung und gerechtere Vermögensbildung bewirkt wird,
- eine verbesserte Eigenkapitalausstattung der Unternehmen erleichtern,
- die Beteiligung breiter Schichten der Bevölkerung am Produktivkapital fördern,
- wettbewerbsneutral sein,
- ein wirtschaftliches Steuersystem verwirklichen, durch welches das Steueraufkommen auf weniger Steuern als bisher konzentriert wird,
- so einfach wie möglich gestaltet sein, um den Verwaltungsaufwand in vertretbaren Grenzen zu halten und dem Staatsbürger die Übersicht zu erleichtern,
- die internationale Konkurrenzfähigkeit der deutschen Wirtschaft erhalten,
- die Harmonisierung der Steuersysteme in der EWG berücksichtigen und die Integrationsbemühungen unterstützen,
- Steuerhinterziehungen stärker erfassen; der Steuerflucht entgegenwirken.

Steuererleichterungen und Finanzhilfen müssen im Hinblick auf ihre weitere Berechtigung überprüft und durch ein einheitliches Verfahren übersichtlich und kontrollierbar gestaltet werden; direkte Zuschüsse sind in der Regel zu bevorzugen.

12. Aus den Vorschlägen der Deutschen Kommunistischen Partei für eine Steuerreform mit sozialen Zielen*

Für die arbeitende Bevölkerung schlagen wir Steuererleichterungen vor:

1. Die Tarife bei der Lohn- und Einkommensteuer müssen neu festgesetzt werden. Die Löhne und Gehälter der Arbeiter, Angestellten und Beamten sowie geringe oder mittlere Einkommen aus der Bauernschaft, dem Mittelstand und der kleinen und mittleren Industrie sind spürbar zu entlasten.

Der Eingangs-Steuersatz für die arbeitende Bevölkerung ist von jetzt 19 Prozent auf 15 Prozent zu senken. Die Grenze der Progression ist so heraufzusetzen, daß die Löhne und Gehälter nicht erfaßt werden.

2. Der steuerfreie Grundbetrag, der das Existenzminimum absichern soll, muß von 1680 DM auf je 2400 DM für den Arbeiter und Angestellten und jedes unterhaltsberechtigte Familienmitglied angehoben werden.

3. Die Beiträge zu den Sozialversicherungen (Rentenversicherungen der Arbeiter und Angestellten sowie Knappschaftsversicherung, Kranken- und Arbeitslosenversicherung) einschließlich der Beiträge zur befreienden Lebensversicherung, zur Angestellten-Zusatzversorgung im öffentlichen Dienst, zu betrieblichen Pensionskassen und zu den Ersatz- und Betriebskrankenkassen bleiben automatisch und von vornherein in unbegrenzter Höhe steuerfrei.

4. Die Kilometerpauschale ist wieder auf 50 Pfennig anzuheben, und zwar pro Kilometer einfacher Weg zwischen Wohnung und Arbeitsstelle, unabhängig von den benutzten Verkehrsmitteln.

5. Leistungen, die im Rahmen von Rationalisierungsabkommen vereinbart wurden, wie z. B. Übergangshilfen, Abfindun-

* 2. Auflage, Düsseldorf o. J. (1971), S. 10 ff.

gen und Kosten für Umschulungen, sind von der Steuer zu befreien.

6. Die Höchstbeträge bei den Sonderausgaben werden verdoppelt und der Pauschalbetrag von bisher 936 DM auf 1500 DM angehoben.

7. Die zumutbare „Eigenbelastung" bei außergewöhnlichen Ausgaben oder Aufwand für Krankheiten, Diätkosten usw. wird ersatzlos gestrichen.

8. Die Absetzbarkeit der Kosten für den Unterhalt bedürftiger Angehöriger wird pro Person und Monat von bisher 100 DM auf 200 DM angehoben.

9. Die Pauschalbeträge für Körperbehinderte sind zu verdoppeln.

10. Der Freibetrag für Verpflegungsmehraufwand wegen längerer Abwesenheit von der Wohnung wird bereits bei über 10 Stunden täglicher Abwesenheit in Höhe von 3,50 DM gewährt.

11. Auf die im Lohnsteuerjahresausgleich zu erstattenden Beträge sind 8 Prozent Zinsen zu zahlen; die Erstattungen sind nicht pfändbar.

12. Bei Bescheiden des Finanzamtes wird die Rechtsmittelfrist auf drei Monate ausgedehnt. Das Einspruchsverfahren ist kostenfrei.

13. Die Abgabefrist für Anträge auf Lohnsteuerjahresausgleich wird vom 30. April auf den 30. Juni verlängert.

Sofortmaßnahmen für Bauern und Mittelstand

Alle Steuerbenachteiligungen für Bauern, Handwerker und Einzelhändler, die gemeinschaftlich zusammenarbeiten, sind aufzuheben.

Bei Gemeinschaftsgründungen sind sie drei Jahre von der Einkommen- und Vermögensteuer zu befreien um ihnen den Start zu erleichtern.

Der in den bäuerlichen Betrieben benötigte Treibstoff ist schon an der Tankstelle steuerfrei abzugeben.

Der Freibetrag bei der Gewerbesteuer ist für mittelständische Betriebe zu verdoppeln. Der Steuerausfall bei den Gemeinden wird durch einen entsprechend erhöhten Anteil der Gemeinden am Gesamtsteueraufkommen ausgeglichen.

Senkung der indirekten Massensteuern

Die Mehrwertsteuer, die alle Verbrauchsgüter um durchschnittlich 11 Prozent verteuert, darf unter gar keinen Umständen weiter erhöht werden, auch nicht unter dem Vorwand einer „Steuerharmonisierung" in der EWG.

Für Massenbedarfsgüter, Lebensmittel und Dienstleistungen ist der Mehrwertsteuersatz auf 2,5 Prozent zu ermäßigen. Diese Ermäßigungen sind voll an die Verbraucher weiterzuleiten.

Von der Mehrwertsteuer sind zu befreien:

die Erzeugnisse der künstlerischen und geistigen Intelligenz,
die öffentlichen und privaten Verkehrsträger sowie
die kommunalen Elektrizitäts-, Gas- und Wasserwerke.

Die indirekten Steuern, die alle Güter des Lebensbedarfs erheblich verteuern, müssen spürbar herabgesetzt werden. Auch dadurch kann ein Stopp der laufenden Preiserhöhungen erzielt werden. Der Handel muß gesetzlich verpflichtet werden, die Steuerermäßigungen voll an die Verbraucher weiterzugeben.

Ausgleich durch stärkere Belastung der Großverdiener

Die steuerliche Höchstbelastung für Millionäre und Milliardäre ist beträchtlich heraufzusetzen.

Für Großverdiener muß die Progression bei der Einkommensteuer verschärft werden, so daß der steuerliche Höchstsatz nicht wie jetzt 53 Prozent beträgt, sondern 80 Prozent.

Die großen Einkommen (Dividenden und Zinsen) aus Aktienbesitz, Pfandbriefen, Schuldverschreibungen, Investment-Zertifikaten und großen Barvermögen müssen mit einer Quellensteuer (Kapitalertragsteuer) belegt werden, um die in die Milliarden gehende Steuerhinterziehung der Großverdiener zu stoppen. Die Quellensteuer (Kapitalertragsteuer) ist in Höhe des höchsten Einkommensteuersatzes festzulegen und an der „Quelle" d. h. beim dividenden- oder zinsenzahlenden Unternehmen zu erheben.

Steuerpflichtigen mit geringem Einkommen und kleinem Wertpapierbesitz muß wie bisher die Möglichkeit gegeben werden, sich vom Finanzamt von der Zahlung der Quellensteuer (Kapitalertragssteuer) freistellen zu lassen.

Bei der Körperschaftsteuer für Kapitalgesellschaften ist der ausgeschüttete Gewinn, der bisher mit 15 Prozent besteuert wird, mit 20 Prozent zu besteuern und der nicht ausgeschüttete Gewinn, der bisher mit einem festen Satz von 51 Prozent besteuert wird, mit bis zu 80 Prozent zu besteuern.

Das Steuergeheimnis ist aufzuheben. Die Einkommen der Spitzenverdiener in der Bundesrepublik müssen veröffentlicht werden.

13. Aus den Vorschlägen des Bundes Deutscher Steuerbeamten zur Steuerreform zum 7. Steuerbeamtentag am 24. und 25. April 1972 in Saarbrücken*

1. Verfahrensänderungen

a) Umgestaltung des Lohnsteuerverfahrens entsprechend dem Mehrheitsgutachten der Steuerreformkommission zu einem vereinfachten Veranlagungsverfahren.

b) Sonderausgabenpauschale ohne Einzelnachweis für Vorsorgeaufwendungen von 30 % (Beamte = 10 %) des Gesamtbetrags der Einkünfte, höchstens jedoch von 4500 DM (Beamte = 1500 DM) für Ledige und 9000 DM (Beamte = 3000 DM) für Verheiratete.

c) Anrechnungsverfahren bei der Körperschaftsteuer, limitiert mit 30 % und ohne Einbeziehung der Gratisaktien.

2. Materiell-rechtliche Änderungen

a) Grundfreigrenze von 3000 DM.

b) Durchgehend progressiver Tarif, der oberhalb der Grundfreigrenze mit 2 oder 3 % beginnt sowie bei 125 000 DM Einkommen für Ledige und ihnen Gleichgestellte um 5 Punkte höher ist als für Verheiratete und bei steigendem Einkommen um höchstens weitere 5 Punkte — alternativ bis auf einen Differenzpunkt im Spitzensteuersatz für Ledige gegenüber Verheirateten — ansteigt.

c) Einheitlicher Körperschaftsteuersatz, der allenfalls um 5 Punkte nach unten vom Spitzensteuersatz (für Ledige) bei der Einkommensteuer abweichen darf.

d) Wegfall der Ergänzungsabgabe zur Einkommensteuer und Körperschaftsteuer.

e) Zusammenfassung von Kindergeld und Kinderfreibeträgen zu einem einheitlichen Steuerabzugsbetrag bis zur Negativwir-

* Anlage 14 zu Punkt 15 der Tagesordnung, S. 6 ff.

kung von jährlich 600 DM für das erste Kind, 840 DM für das zweite Kind, 1080 DM für das dritte und jedes weitere Kind.

f) Zeitlich relativ unbeschränkte steuerliche Erfassung der privaten Grundstücksveräußerungsgewinne.

g) Besteuerung der Diäten und Aufwandsentschädigungen.

h) Steuerfreie Pensionsrückstellungen nur bei Unverfallbarkeit der Pensionszusagen.

i) Abschaffung der degressiven Abschreibung bei Grundstükken, die einheitlich mit 2 % linear jährlich abzuschreiben sind.

k) Einschränkung der §§ 6 b und 6 c des Einkommensteuergesetzes auf Grund und Boden, aber Ausdehnung auf alle Einkunftsarten.

l) Ersatz der Sonderabschreibungen des § 7 b des Einkommensteuergesetzes durch gleichmäßige Steuerabzugsbeträge.

m) Arbeitgeberanteile zur Sozialversicherung als steuerpflichtiger Arbeitslohn (Hinweis auf das Veranlagungsverfahren bei Arbeitnehmern).

n) Erhöhung des steuerfreien Essenzuschusses von 1,50 DM auf 2,50 DM arbeitstäglich.

o) Besteuerung der eigengenutzten Wohnung mit der Miete oder Quasimiete abzüglich Werbungskosten tatsächlicher Art.

p) Erhöhung der Werbungskostenpauschale bei Arbeitnehmern auf 600 DM sowie Abgeltung der Fahrten zwischen Wohnung und Arbeitsstätte mit einem einheitlichen Kilometersatz nach der Entfernung ohne Rücksicht auf das tatsächlich benutzte Verkehrsmittel. Bei Selbständigen ist pauschal ohne Nachweis oder Widerlegungsmöglichkeit der Differenzbetrag zwischen diesem einheitlichen Kilometersatz und den tatsächlichen Kraftfahrzeugkosten je km den Einkünften hinzuzurechnen.

q) Abzugsfähigkeit von Schuldzinsen u. ä. nur noch als Sonderbelastungen.

r) Für den Fall der Entscheidung, Steuerfreibeträge durchgängig durch Steuerabzugsbeträge zu ersetzen, Abzugsfähigkeit von Kirchensteuer und Spenden ebenfalls nur noch als Steuerabzugsbetrag mit einem einheitlichen Steuersatz.

s) Wegfall der Freibeträge für Land- und Forstwirte, damit gleichmäßige und gerechte Vollbesteuerung der tatsächlichen Einkünfte unter Verzicht auf das GDL, dafür aber Grundsteuerbefreiung.

t) Freibetrag bei Veräußerungsgewinnen von 60 000 DM.

u) Vereinheitlichung der Höhe und des Abzugsverfahrens der Freibeträge für Arbeitnehmer und freie Berufsangehörige.

v) Erhöhung des Arbeitnehmerfreibetrags unter Einbeziehung des Weihnachtsfreibetrags auf 600 DM.

w) Erhöhung der Werbungskostenpauschbeträge bei Einkünften aus Kapitalvermögen von 150 DM auf 300 DM und von 300 DM auf 600 DM.

x) Einbeziehung der Beamtenversorgung in die Ertragsanteilbesteuerung der Renten (Folge der Sonderausgabenregelung).

y) Wegfall des Altersfreibetrages (ebenfalls Folge der Sonderausgabenregelung).

z) Einheitlicher Steuerabzugsbetrag für den Unterhalt mittelloser Angehöriger von 600 DM.

aa) Keine Abzugsfähigkeit von Kosten für Hausgehilfinnen, zumal da der dafür notwendige Aufwand im Krankheitsfalle mit zu den steuerlich zu berücksichtigenden Sonderbelastungen gehört.

bb) Einheitlicher Steuerabzugsbetrag für den Unterhalt und die Berufsausbildung von Kindern neben dem Steuerabzugsbetrag für Kinder von 600 DM bzw. 1200 DM.

cc) Ersatz der steuerlichen Begünstigung für Körperbehinderte durch gleichmäßige offene Subventionen.

dd) Keine Steuerfreiheit bestimmter Zuschläge zum Arbeitslohn (ausschließliches Lohn- und Preis-Bemessungsproblem).

ee) Erhöhung des steuerfreien Nebeneinkunftsbetrages von 800 DM auf 1200 DM.

ff) Keine Einführung des Verlustrücktrags, aber Ausdehnung des Verlustvortrags auf alle Einkunftsarten.

Sparförderung

Durch die Besteuerung und die steuerliche Förderung können nur Sparfähigkeit und Sparwilligkeit belebt werden. Die Vermögensbildung im Sinne der Sachwertbeteiligung ist keine steuerliche Angelegenheit, sondern ein Problem entsprechender Fondsbildung und -gestaltung.

Hinsichtlich der Neuregelung der Sparförderung schließen wir uns dem Mehrheitsgutachten der Steuerreformkommission an, halten aber eine Erhöhung des begünstigten Sparvolumens von 600 DM auf 900 DM für Ledige und von 1200 DM auf 1800 DM für Verheiratete für angebracht.

Gewerbesteuer

Das weitere Schicksal der Gewerbesteuer ist keine z. Z. zu entscheidende Frage, sondern muß sich ggf. bis zur völligen Beseitigung der Gewerbesteuer hin im Rahmen des Fortgangs der Steuerharmonisierung in den europäischen Gemeinschaften regeln. Als Sofortmaßnahmen — allerdings nur im Zusammenhang mit entsprechenden, längst versprochenen Verbesserungen für Arbeitnehmer — kommen in Betracht:

1. Anhebung der Freibeträge bei der Gewerbeertragsteuer,
2. Wegfall der Gewerbekapitalsteuer,
3. Beseitigung der Lohnsummensteuer.

Einheitsbewertung

Verzicht auf eine stets unzulängliche, steuerlich ungerecht wirkende, aber arbeitsintensive Einheitsbewertung.

Vermögensteuer und Erbschaftsteuer

Mit dem Verzicht auf die Einheitsbewertung muß die laufende Vermögensbesteuerung bei natürlichen Personen entfallen. Nichtnatürliche Personen, die der Erbschaftsteuer nicht unterliegen, müssen weiterhin der Vermögensteuer unterworfen bleiben, die sich nach ihrem einkommen-(körperschaft-)steuerlichen Betriebsvermögen bemessen sollte.

Der Erbschaftsteuer sind Verkehrswerte zugrunde zu legen. Reines land- und forstwirtschaftliches Vermögen, das weiterhin voll land- und forstwirtschaftlich genutzt wird, muß erbschaftsteuerfrei bleiben.

Für die Erbschaftsteuer sollten nur noch drei Steuerklassen vorgesehen werden:

Steuerklasse I: Ehegatten (Freibetrag 250 000 DM), Kinder und Kinder verstorbener Kinder (Freibetrag 50 000 DM);

Steuerklasse II: sonstige Angehörige der bisherigen Steuerklassen II bis IV (Freibetrag 20 000 DM);

Steuerklasse III: alle anderen (Freibetrag 10 000 DM).

Um jedes Jahr, das der Erbfall früher als nach 30 Jahren eintritt, muß sich der Steuersatz um ein Dreißigstel vermindern.

Grundsteuer

In Verwaltung, Festsetzung und Erhebung sollte die Grundsteuer voll auf die Gemeinden übertragen werden. Die Grundsteuer kann von der tatsächlichen Miete oder Quasi-Miete bzw. der entsprechenden Pacht ausgehen. Auf Grundsteuern beim land- und forstwirtschaftlichen Grundvermögen sollte verzichtet werden, während bei gewerblich genutzten Grundstücken die Grundsteuer von den Anschaffungs- oder Herstellungskosten zu erheben wäre.

Die Grundsteuer muß beim Hauseigentümer mit bestimmten, von den Gemeinden innerhalb eines bundesgesetzlich geregelten Rahmens festzulegenden Prozentsätzen erhoben werden.

Grunderwerbsteuer

Nach einer vollen Besteuerung auch der privaten Grundstücksveräußerungsgewinne sollte die Grunderwerbsteuer beseitigt werden.

Verkehrsteuern

Abschaffung der
Versicherungsteuer,
Feuerschutzsteuer,
Wechselsteuer,
Gesellschaftsteuer und
Börsenumsatzsteuer.

Beibehaltung der Kraftfahrzeugsteuer für Lastkraftwagen, Omnibusse und Anhänger. Im übrigen Einbau der bisherigen Kraftfahrzeugsteuer in die Mineralölsteuer. Zur Abgeltung der erheblichen Kosten für den ruhenden Verkehr sowie den Spitzenverkehr Erhebung einer Einheitssteuer ohne Erstattungsanspruch.

Verbrauchsteuern

Bagatellsteuern, die z. T. entgegen der sozialen Marktwirtschaft mit freiem Wettbewerb zur dirigistischen Schonung von Monopolen mißbraucht werden, sind abzuschaffen.

Umsatzsteuer (Mehrwertsteuer)

Eine Erhöhung des Steuersatzes im Zusammenhang mit der Steuerreform kann grundsätzlich nicht in Betracht kommen. Allenfalls kann es zum Ausgleich von Minderaufkommen eine Anhebung des allgemeinen Steuersatzes um einen Punkt geben. Hierbei und bei künftigen Entwicklungen in der EWG ist unbedingt am ermäßigten Steuersatz für den lebensnotwendigen Bedarf festzuhalten. Die Manipulationen für die Land- und Forstwirtschaft müssen beseitigt und dürfen nicht fortgeführt werden.

14. Aus den Vorschlägen des Deutschen Gewerkschaftsbundes zur Steuerreform, Bonn-Bad Godesberg 1972*

Ehegattensplitting und Familienbesteuerung

1. Ehegattensplitting

Das Ehegattensplitting wird auf einen bestimmten zu versteuernden Einkommenshöchstbetrag begrenzt. Danach läuft das Splitting in einer Übergangszone aus. Der höchste Splittingvorteil wird auf etwa 5000 bis 6000 DM begrenzt[1]. Der begrenzte Splittingvorteil wird unabhängig von der Einkommenshöhe jedem Steuerpflichtigen gewährt, bei dem die Voraussetzungen für eine Zusammenveranlagung vorliegen.

Begründung:

Das Splitting höhlt die Einkommensteuerprogression aus. Es ist sozial ungerecht, wenn das Ehegattensplitting dem Durchschnittsverdiener nur eine Steuerersparnis von knapp 400 DM, dem Spitzenverdiener aber einen Steuergewinn von über 11 000 DM bringt. Allein durch das Ehegattensplitting wird der heutige Spitzensteuersatz für Verheiratete von 53 v. H. auf 48 v. H. herabgedrückt. Der höchste Splittingvorteil allein beträgt fast das Dreizehnfache der Steuerersparnis, die der Durchschnittsverdiener durch die Kinderermäßigung für drei Kinder erhält.

2. Berücksichtigung von Kindern

Vorschlag:

1. Die Kinderfreibeträge werden gestrichen. Für den öffentlichen Dienst ist eine Sonderregelung zu schaffen.

2. Es wird ein mit der Kinderzahl gestaffeltes Kindergeld vom ersten Kind an von der Steuerschuld abgezogen, was bei

* S. 12 ff.

[1] Überprüfung dieses Betrages im Rahmen der allgemeinen Einkommensentwicklung.

denjenigen, die keine oder nur eine geringe Einkommen-(Lohn-) steuer zahlen, zu einer Steuererstattung führt (Negativsteuer).

Staffelung:

40 DM für das erste Kind,
70 DM für das zweite Kind,
105 DM für das dritte Kind,
120 DM für das vierte Kind,
140 DM für das fünfte und jedes weitere Kind.

3. Das Kindergeld wird dynamisiert.

Begründung:

1. Kinderfreibeträge höhlen die Einkommensteuerprogression aus[2].

Sie haben den Mangel,
- daß sie zu ungleichen Startchancen der Kinder beitragen, weil die mit ihnen verbundene Steuerersparnis um so größer ist, je höher das Einkommen ist.
- daß rund 3 Millionen Familien wegen geringen Einkommens und/oder vieler Kinder gar keine oder keine volle Steuerersparnis durch Kinderfreibeträge erhalten.

2. Kindergeld bzw. Steuerschuldabzug vermeiden die Nachteile von Kinderfreibeträgen. Es wird das heutige Nebeneinander von Freibeträgen und Kindergeld abgeschafft. Alle Steuerpflichtigen erhalten einen klaren Überblick über die staatliche Förderung[3]. Die vorgeschlagene Staffelung trägt der zur Verfügung stehenden Finanzmasse ebenso Rechnung wie dem Umstand, daß kinderreiche Familien gegenüber dem geltenden Recht nicht benachteiligt werden dürfen.

Die Frage, ob das Kindergeld bar ausgezahlt oder von der Steuerschuld abgezogen werden soll (mit Negativsteuer) ist mehr als nur technisch zu sehen. Die Ausgestaltung als Steuerschuldabzug verhindert ein Ansteigen des Aufkommens bei der Kirchensteuer um rund 700 Millionen DM. Letzteres würde bei

[2] Insofern gilt die Begründung zum Steuerschuldabzug von Lebensvorsorgeaufwendungen und Sonderausgaben sowie zur Splitting-Begrenzung entsprechend.

[3] Die Regelung ist ein erster Schritt zur Angleichung von Startchancen und liegt damit im Interesse der gesamten Gesellschaft.

Barzahlung des Kindergeldes eintreten, da sich infolge der Streichung der Kinderfreibeträge das Lohn- und Einkommensteueraufkommen erhöht. Von diesem (so erhöhten) Steueraufkommen wird bekanntlich die Kirchensteuer mit einem bestimmten Prozentsatz berechnet. Der Steuerschuldabzug des Kindergeldes ermäßigt also das Aufkommen an Lohn- und Einkommensteuer und damit die Berechnungsgröße für die Kirchensteuer.

3. Eine Dynamisierung des Kindergeldes bzw. der Steuerabzugsbeträge ist erforderlich, da auch die Steuerersparnis aus den heutigen Kinderfreibeträgen mit der allgemeinen Einkommensentwicklung dynamisch wächst. Daher darf die künftige Regelung nicht auf einen Zeitpunkt starr festgeschrieben werden.

Einkommensteuer-Tarif

Vorschlag

1. Der Grundfreibetrag für das Existenz-Minimum wird von 1680 DM auf 2040 DM erhöht.

2. Der Tarif wird durch eine Proportionalzone eingeleitet mit einem Steuersatz von 20 v. H., der bis 12 000/24 000 DM (ledig/verheiratet) zu versteuerndes Jahreseinkommen angewendet wird.

3. Der Tarif muß per saldo[4] zu Entlastungen bei kleinen Einkommen führen und darf bis zu einem zu versteuernden Jahreseinkommen von mindestens 20 000 DM für Ledige und 40 000 DM[5] für Verheiratete per saldo keine Mehrbelastung bringen.

4. Der Spitzensteuersatz beträgt 60 v. H. bei 260 000 DM zu versteuerndem Jahreseinkommen.

Begründung:

1. Der vorstehende Tarifvorschlag entspricht nach Auffassung des DGB dem Grundsatz der Besteuerung nach der wirtschaftlichen Leistungsfähigkeit.

[4] Unter Berücksichtigung des Tarifes, des Steuerschuldabzuges bei der Lebensvorsorge und den Sonderausgaben.
[5] Überprüfung an Hand der Einkommensentwicklung erforderlich.

2. Er trägt der Tatsache Rechnung,

— daß der Umverteilungsfunktion des Einkommensteuertarifs eine besondere Bedeutung zukommt und

— daß die haushaltsmäßige Ergiebigkeit des Tarifs gesichert bleiben muß.

3. Die seit 1965 eingetretenen Preiserhöhungen würden an sich eine Erhöhung des Grundfreibetrages auf mindestens 2400 DM erfordern. Zum gegenwärtigen Zeitpunkt muß wegen des damit verbundenen zusätzlichen Steuerausfalls von 2 bis 2,5 Milliarden DM von einer so weit gehenden Erhöhung Abstand genommen werden. Ziel bleibt eine Heraufsetzung auf 3000 DM.

4. Anhand von Planspielen der Finanzverwaltung hat sich gezeigt, daß die Vorschaltung einer Proportionalzone das Lohnsteuerverfahren im Unterschied zu einem durchgehend progressiven Tarif erheblich vereinfacht. Ein durchgehend progressiver Tarif würde die allgemeine Veranlagung aller Arbeitnehmer zur Einkommensteuer erforderlich machen.

5. Nach Auffassung des DGB macht der Grundsatz einer sozial gerechteren Besteuerung eine Anhebung des höchsten Spitzensteuersatzes auf 60 v. H. erforderlich. Hinter diesem Grundsatz muß auch das Argument zurückstehen, daß eine Erhöhung dieses Spitzensatzes verhältnismäßig wenig Steuermehreinnahmen bringt. Im übrigen darf das Steuermehraufkommen hier nicht unterschätzt werden.

Körperschaftsteuer

1. Eine Umstellung des geltenden Körperschaftsteuersystems auf das sogenannte Anrechnungsverfahren[6] wird abgelehnt.

Beispiel für das Anrechnungsverfahren: Die Gesellschaft schüttet ihren Gewinn nach Steuern voll aus.

Gewinn der Gesellschaft vor Steuern			100
Körperschaftsteuer (z. B. 50 v. H.)			50
Ausschüttung			50
Einkommen der Anteilseigner	Bardividende	50	
	Steuergutschrift	50	100
darauf entfallende Einkommensteuer (30 v. H.)			30
anzurechnende Körperschaftsteuer			50
an die Anteilseigner zu erstatten (50—30)			20

2. Der heutige Körperschaftsteuersatz von 51 v. H. auf einbehaltene Gewinne wird auf 56 v. H. erhöht.

Begründung:

1. Beim Anrechnungsverfahren kann der Anteilseigner (z. B. Aktionär) diejenige von der Kapitalgesellschaft (z. B. Aktiengesellschaft) gezahlte Körperschaftsteuer, die auf ausgeschüttete Gewinne entfällt, auf seine Einkommensteuer anrechnen, das heißt, von seiner Einkommensteuerschuld absetzen[6].

Dieses System bedeutet einen großen Vorteil für alle Anteilseigner und würde nach dem gegenwärtigen Stand der Diskussion zu erheblichen Steuerausfällen führen (rund 1 Milliarde DM).

Die Aktien deutscher Aktiengesellschaften befinden sich nur zu einem verschwindend geringen Teil in den Händen von Arbeitnehmern. Nur etwa 12 v. H. *aller* deutschen Haushalte besitzt überhaupt Aktien und unter diesen Haushalten ist der Aktienbesitz wiederum hoch konzentriert. Nur 1,8 v. H. *aller* Haushalte besitzen rund 90 v. H. des gesamten Aktienbestandes, der sich in den Händen von Privatpersonen befindet. Schon aus diesen Zahlen wird deutlich, daß der Löwenanteil an Vorteilen aus dem Anrechnungsverfahren den ohnehin schon Vermögenden zufließen würde.

Den Steuerausfall aber müßten in erster Linie die Arbeitnehmer mit um so höheren Steuerleistungen ausgleichen: Arbeitnehmer müßten also für die Aktionäre zahlen.

Das Argument, den größten Vorteil hätte derjenige, der wegen seines geringen Einkommens nur einen niedrigen Steuerprozentsatz zahlen muß, gilt nur auf dem Papier, denn je niedriger das Einkommen ist, um so weniger kann sich jemand den Kauf von Aktien leisten — und Aktienbesitz ist ja nun einmal die Voraussetzung dafür, daß man vom Anrechnungsverfahren profitieren kann.

Auf der anderen Seite aber können die Empfänger hoher Einkommen durch Ausnutzung der breiten Palette von Steuervergünstigungen (z. B. mannigfaltige Sonderabschreibungen) ihren Einkommensteuersatz herunter manipulieren (sogenannter Chaban-Delmas-Effekt). Dadurch wird *ihr* Vorteil aus dem Anrechnungsverfahren noch zusätzlich erhöht.

Auch das Argument, wegen der Vorteile des Anrechnungsverfahrens würden die Arbeitnehmer künftig mehr Aktien kaufen, ist aus folgendem Grund bloß ein Scheinargument.

Der Kurswert der Aktien würde sich nach Einführung des Anrechnungsverfahrens erhöhen[7], und der Arbeitnehmer müßte noch mehr Konsumverzicht leisten (sparen) als heute, um eine Aktie zu erwerben.

Wer das Aktiensparen der Arbeitnehmer fördern will, kann es im Rahmen einer *gezielten* Sparförderung tun. Wegen des erheblichen Kursrisikos eignet sich die Aktie im übrigen noch nicht als bevorzugte Anlageform für Arbeitnehmer.

2. Die Erhöhung des Körperschaftsteuersatzes steht in einem angemessenen Verhältnis zu der vorgeschlagenen Änderung des ESt-Tarifs.

Gewerbesteuer

Vorschlag:

Die Gewerbesteuer bleibt in ihrer vorliegenden Form erhalten.

Begründung:

1. Die (auch von der Steuerreformkommission) an der Gewerbesteuer geübte Kritik, derzufolge diese Steuer

— eine zu starke örtliche Streuung aufweise,

— zu konjunkturempfindlich sei und deswegen in ihrem Aufkommen zu sehr schwanke,

— zu einer zu starken Abhängigkeit einer Gemeinde von der positiven oder negativen Entwicklung eines Unternehmens oder einer Branche führe,

[7] Mit anderen Worten: Die Aktienrendite würde erhöht und über steigende Kurse der Rendite festverzinslicher Wertpapiere so angepaßt, daß die vor Einführung des Anrechnungsverfahrens eingependelte Relation der Renditen wieder hergestellt wäre.

zieht lediglich die Eignung der Gewerbesteuer als Gemeindesteuer in Zweifel. Wäre diese Kritik berechtigt, so könnte ihr dadurch Rechnung getragen werden, daß ein größerer Teil des Gewerbesteueraufkommens als bisher (40 v. H.) auf Bund und Länder umgelegt würde.

2. Die Kritik der innerstaatlichen Wettbewerbsverfälschung durch die Gewerbesteuer könnte allenfalls damit begründet werden, daß die Hebesätze von Gemeinde zu Gemeinde erhebliche Unterschiede aufweisen. Mit Ausnahme ganz weniger Gemeinden haben aber fast alle Gemeinden ihren Hebesatzspielraum ausgeschöpft, so daß von hier aus keine nennenswerten Wettbewerbsverfälschungen begründet werden können.

3. Die Gewerbesteuer verzerrt auch nicht den Wettbewerb im Außenhandel. Dies wird schon offensichtlich durch die hohen Exportüberschüsse der deutschen Wirtschaft bewiesen.

Die Tatsache, daß deutsche Exporte an der Grenze zwar von der deutschen Mehrwertsteuer, nicht aber von der Gewerbesteuer entlastet werden, spricht keineswegs für den Abbau der Gewerbesteuer. Mit demselben oder zumindest mit weitestgehend demselben Argument könnte auch der Abbau anderer Ertragsteuern begründet werden, von denen die Exporte auch nicht entlastet werden.

Ein Abbau der Gewerbesteuer im Austausch gegen eine Erhöhung des Mehrwertsteuersatzes um 3 Punkte von 11 auf 14 v. H. kann im Exportgeschäft dieselbe Wirkung wie eine Abwertung der D-Mark haben, was in der augenblicklichen Situation absurd wäre.

Im übrigen ist die Gewerbesteuer kaum von ausreichendem Gewicht, um die Wettbewerbsfähigkeit der deutschen Exportwirtschaft zu stören, weil

— zu einem internationalen Steuerbelastungsausgleich auch ein Vergleich der positiven und negativen Ausgabenwirkungen der verschiedenen Staatshaushalte gehört,

— es wettbewerbsrelevante Faktoren gibt, die erheblich wichtiger sind als die Steuerbelastung oder gar nur die Gewerbesteuerbelastung. Dazu gehören z. B. das Lohnniveau, Grundstückskosten, Energiepreise, Qualität der (auch von Gemeinden) zur Verfügung gestellten Infrastruktur, natürlich Standortlage, Gesamtbelastung mit Steuern und sonstigen Abgaben, Sozialstruktur usw.

4. Das vorstehend zum allgemeinen Außenhandelswettbewerb Gesagte gilt auch für den Wettbewerb innerhalb der EWG. Hier ist jedoch zusätzlich die Frage der EWG-Steuerharmonisierung zu beachten.

Der DGB widerspricht der Auffassung der Kommissionsmehrheit, daß sich ein Austausch von Gewerbesteuer und Mehrwertsteuer im Rahmen der EWG-Steuerharmonisierung ohnehin anbiete, mit folgender Begründung:

Es gibt keinerlei Anzeichen von Plänen zur Harmonisierung der Ertragsteuern. Eine Übereinstimmung der Ertragsteuerbelastung innerhalb der EWG ist wegen der Unterschiede in den Einkommensniveaus sowie in der Einkommensverteilung und -entwicklung auch zumindest auf absehbare Zeit ausgeschlossen. Das gilt um so mehr, wenn man die erheblichen Abweichungen bei ertragsteuerähnlichen Abgaben auf Grund unterschiedlicher Sozialpolitik und Sozialstruktur in den Mitgliedsländern berücksichtigt.

Bei dieser Sachlage ist es nach Meinung des DGB nicht einzusehen, warum die Gewerbesteuer, die zu 80 v. H. eine Ertragsteuer ist, im Austausch gegen eine Erhöhung der Mehrwertsteuer abgebaut werden soll.

Der DGB bestreitet die Unterstellung, daß der Mehrwertsteuersatz in der BRD im Zuge der Harmonisierung ohnehin auf 15 v. H. erhöht werden müsse. Die Pläne der EWG-Kommission stehen dem entgegen. Nach Auffassung des DGB wäre es ein politisch unzweckmäßiger Vorgriff auf spätere Verhandlungen, wollte man schon jetzt einen Mehrwertsteuersatz von 15 v. H. unter dem Aspekt der Harmonisierung zum Leitsatz deutscher Steuerpolitik machen.

Auch ein Abbau der Gewerbesteuer ist in den Plänen der EWG-Steuerharmonisierung nicht enthalten.

Überhaupt müssen zunächst einmal die flankierenden steuerpolitischen Maßnahmen, die andere Mitgliedstaaten zum Ausgleich der Mehrwertsteuer-Harmonisierung ergreifen, abgewartet bzw. in Konsultationen der Mitgliedstaaten untereinander erörtert werden. So wird z. B. Frankreich seine Mehrwertsteuer senken und zum Ausgleich andere Steuern anspannen müssen.

5. Unter dem Gesichtspunkt der realen Einkommensverteilung hält der DGB den Austausch von Gewerbesteuer und Mehrwertsteuer für sozial unvertretbar. Dieser Austausch vollzieht sich nicht preisneutral. Der gegenteiligen Annahme liegt die Vorstellung vom Modell der vollständigen Konkurrenz zugrunde. Eine solche Vorstellung ist in der oligopolitischen Wettbewerbssituation der BRD unrealistisch.

Vermögensteuer

Vorschlag:

Das Aufkommen aus der Vermögensteuer wird durch folgende Maßnahmen um mindestens 50 v. H. erhöht:

1. Die Abzugsfähigkeit der Vermögensteuer als Sonderausgabe bei der Einkommensteuer wird ersatzlos gestrichen.

2. Das Grundvermögen wird möglichst zeitnah bewertet. Zu diesem Zweck sind die Einheitswerte des Jahres 1964 pauschal zu erhöhen[8].

3. Der Vermögensteuersatz beträgt weiterhin 1 v. H.

4. Zur Schonung von Kleinvermögen wird der allgemeine Freibetrag von 20 000 auf 50 000 DM erhöht.

Begründung:

1. Die einseitige Vermögensverteilung in der Bundesrepublik ist auch durch die erheblichen Steuervergünstigungen gefördert worden.

Es ist notwendig, die Vermögenskonzentration dementsprechend auch durch eine entsprechende Ausgestaltung der Vermögensteuer zu korrigieren.

2. Die Vorschläge des DGB sind an dem Grundsatz der Besteuerung gemäß der wirtschaftlichen Leistungsfähigkeit orientiert. Sie gehen davon aus, daß Vermögensbesitz — und zwar

[8] Entsprechend den bisherigen Plänen des Bundesfinanzministeriums.

auch insofern, daß er keinen Ertrag abwirft — eine besondere wirtschaftliche Leistungsfähigkeit begründet, die insbesondere bei Höchstverdienern durch die Einkommensteuer nicht ausreichend erfaßt wird.

Erbschaftsteuer

Vorschlag:

1. Die Besteuerung von Erbanfällen ist durch Ausschaltung zahlreicher Umgehungsmöglichkeiten wirksamer als bisher zu gestalten. Im einzelnen werden dazu folgende Maßnahmen vorgeschlagen:

a) Der Rückfall eines nicht voll ausgenutzten Nießbrauches auf den Erben wird der Erbschaftsteuer unterworfen[9] (§ 24 Abs. 2 ErbStG).

b) Bei Schenkungen gilt nur jeweils die Hälfte der Erbschaftsteuerfreibeträge, und das auch nur dann, wenn zwischen zwei Schenkungen mindestens ein Zeitraum von 10 bis 15 Jahren liegt.

Mehrere Erwerbe von einer und derselben oder von verschiedenen Personen, die innerhalb eines Zeitraumes von 15 Jahren anfallen, werden zusammengerechnet und unter Anrechnung von bereits früher gezahlter Erbschaftsteuer versteuert (§ 13 ErbStG).

c) Bei Familienstiftungen wird der Vermögensübergang wie bei normalen juristischen Personen besteuert.

Der spätere Vermögensübergang von der Stiftung auf den zuletzt Begünstigten wird versteuert (§ 10 Abs. 2 ErbStG).

d) Familienstiftungen wird keine Gemeinnützigkeit mehr zuerkannt (§ 18 Abs. 1 Nr. 19 Buchstabe b ErbStG).

[9] Beispiel zum Nießbrauch: Ein Vater schenkt seinem Sohn noch zu Lebzeiten sein Vermögen. Das verschenkte Vermögen wird mit dem Anspruch des Vaters etwa auf eine hohe Rente belastet. In diesem Anspruch des Vaters ist ein sogenannter Nießbrauch zu sehen. Normalerweise müßte das verschenkte Vermögen der Schenkung(-Erbschaft-)Steuer unterworfen werden. Der Rentenanspruch wird jedoch kapitalisiert und der so errechnete Rentenwert wird vom Wert der Schenkung abgezogen, so daß dieser bis auf Null vermindert werden kann. Stirbt der Vater, und entfällt die Nießbrauchsbelastung, so daß der Sohn völlig unbelastetes Vermögen besitzt, so wird dieser Vorteil nicht der Erbschaftsteuer unterworfen.

e) Die Bewertung des Grundvermögens erfolgt möglichst zu Verkehrswerten am Stichtag des Erbanfalls.

f) Die Steuerfreiheit der Erbschaftsteuer-Versicherung wird gestrichen (§ 19 ErbStG).

g) Die Begünstigung des mehrfachen Vermögensüberganges durch relativ kurz aufeinanderfolgende Erbfälle wird gestrichen, da nach relativ kurzen Zeitspannen zwischen zwei Erbfällen die Zeitspanne bis zum dritten Erbfall regelmäßig um so länger ist (§ 21 ErbStG).

h) Die Steuerfreiheit von Erbanfällen, soweit sie nur eine Überschuldung des Erben gegenüber dem Erblasser beseitigen, wird gestrichen (§ 18 Abs. 1 Nr. 6 ErbStG).

j) Die völlig überholten Vorschriften des § 18 Abs. 1 Nummern 9, 10, 11 und 12 werden gestrichen.

k) Die Steuerfreiheit „üblicher Gelegenheitsgeschenke" (§ 18 Abs. 1 Nr. 17 ErbStG) wird gestrichen, da sie überflüssig ist und juristisch gar nicht gehandhabt werden kann. Dasselbe gilt für § 18 Nr. 22 (= Steuerfreiheit von Zuwendungen, die der Pflege des Seelenheils dienen).

2. Es werden die folgenden drei (statt bisher fünf) Steuerklassen eingerichtet:

Es werden eingestuft

in Steuerklasse I:

Ehegatten, Kinder und Enkelkinder, die an Stelle verstorbener Kinder erben

in Steuerklasse II: Alle übrigen Verwandten

in Steuerklasse III: Alle übrigen Erwerber.

3. An Freibeträgen werden gewährt

in Steuerklasse I: Je 125 000 DM

in Steuerklasse II: Je 20 000 DM

in Steuerklasse III: Je 10 000 DM

4. Es wird folgender Erbschaftsteuertarif vorgeschlagen:

Steuerstufen in 1000 DM	Steuerklasse I	Steuerklasse II	Steuerklasse III
Staffeltarif: über ... bis einschließlich	Staffeltarif in v. H.	Staffeltarif in v. H.	Staffeltarif in v. H.
0— 10	2	6	14
10— 20	2,5	7,5	16
20— 30	3	9	18
30— 40	3,5	10,5	20
40— 50	4	12	22
50— 100	4,5	14	25
100— 150	5	16	28
150— 200	5,5	18	31
200— 300	6	21	35
300— 400	7	24	39
400— 500	8	27	43
500— 600	10	30	47
600— 700	12	34	51
700— 800	14	38	55
800— 900	16	42	59
900— 1 000	18	46	63
1 000— 2 000	20	49	67
2 000— 4 000	22	52	70
4 000— 6 000	24		
6 000— 8 000	26		
8 000—10 000	28		

5. Alle Hinterbliebenenbezüge sind steuerfrei.

Begründung:

1. Die Streichung von Umgehungsmöglichkeiten ist erforderlich, um den Erbschaftsteuertarif tatsächlich wirksam werden zu lassen.

2. Die kleinere Anzahl der Steuerklassen dient der Straffung und Vereinfachung des geltenden Rechts.

3. Die vorgeschlagenen Freibeträge sind ausgewogener als diejenigen nach dem geltenden Recht und berücksichtigen die Höherbewertung des Grundvermögens.

Gegenüber dem geltenden Recht wurden die Freibeträge für überlebende Ehegatten ohne Kinder und für Kinder von 30 000 DM auf 125 000 DM erhöht; dagegen wurde der heute überhöhte Freibetrag für überlebende Ehegatten mit Kindern von 250 000 DM auf 125 000 DM ermäßigt.

4. Die generelle Erbschaftsteuerfreiheit der Hinterbliebenenbezüge ist zum Zwecke der steuerlichen Gleichbehandlung erforderlich[10].

5. Insgesamt führen die Vorschläge zu der erforderlichen Anspannung der Erbschaftbesteuerung:
Die Vorschläge sind so gestaltet, daß die Erbschaftsteuer im deutschen Steuer- und Wirtschaftssystem ihre wirtschafts-, sozial- und gesellschaftspolitischen Aufgaben erfüllen kann.

Die Vermögensausgleichsfunktion der Erbschaftsteuer ist ein wichtiges Mittel, um die Ungleichheit der wirtschaftlichen Startbedingungen zu mildern. Den Erbschaft- (und Vermögen-) steuern kommt nach Auffassung der modernen Finanzwissenschaft eine Ergänzungs- und Kontrollfunktion gegenüber der Einkommensteuer zu. Nach dieser Auffassung muß die Erbschaftsteuer als Ergänzungssteuer zur Einkommensteuer den Grundsatz der Besteuerung nach der Leistungsfähigkeit verwirklichen helfen, wozu die Einkommensteuer allein nicht imstande ist.

Der Erbschaftsteuer wird also — allerdings nur bei einer entsprechenden Ausgestaltung — die Aufgabe einer steuerlichen Nachlese zur jährlichen Einkommensteuer zugedacht, indem sie auch jenes Vermögen steuerlich erfaßt, das früher aus unversteuert gebliebenem Einkommen gebildet worden ist. In der Erfüllung dieser Aufgabe steht die Erbschaftsteuer eng neben der Einkommensteuer und ist als Glied des Einkommensteuersystems zu betrachten.

10 Heute z. B. Hinterbliebenenbezüge von Beamten oder aus der gesetzlichen Sozialversicherung im Gegensatz zu vertraglichen Bezügen steuerfrei.

15. Aus der Stellungnahme der kirchlichen Vertreter in dem Anhörungstermin zum Referenten-Entwurf eines Einkommensteuergesetzes 1974 am 4. Februar 1972

1. Die Kirchen beabsichtigen nicht, aus der Reform des Einkommensteuergesetzes materielle Vorteile für das Kirchensteueraufkommen zu erreichen.

2. Bei der Bemessung der Kirchensteuerschuld muß auch in Zukunft das Anliegen des Familienlastenausgleichs (Kindergeldregelung — Kinderzahl) berücksichtigt bleiben.

3. Dies erscheint uns am ehesten möglich, wenn der Familienlastenausgleich (Kindergeldregelung) durch Abzug von der Einkommensteuerschuld berücksichtigt wird, wie es der ursprüngliche Steuerreformvorschlag der Bundesregierung vorsah. Maßstab der Kirchensteuer wäre dann die so verminderte staatliche Steuerschuld.

Ob und inwieweit dies zu einer Minderung des Kirchensteueraufkommens führen würde, wäre noch nachzuprüfen. Wir hielten dies noch für vertretbarer als die jetzt ins Gespräch gekommenen Kirchensteuermehreinnahmen als Folge des hier zur Beratung stehenden Einkommensteuer-Gesetzentwurfs.

4. Sollte für den Familienlastenausgleich ein anderer Weg gewählt werden (z. B. durch Zahlung von Kindergeld außerhalb des Besteuerungsverfahrens), so ist der Staat aufgefordert, im Zusammenwirken mit den Kirchen ein Instrumentarium für eine familiengerechte Gestaltung der Kirchensteuer bereitzustellen.

Dabei bitten wir dann besonders darauf Bedacht zu nehmen, daß von seiten der Kirchen weder den Arbeitgebern, d. h. den Lohnbüros der Betriebe und den gehaltzahlenden Kassen, noch der staatlichen Finanzverwaltung mehr Arbeit und damit mehr Kosten beim Kirchenlohnsteuer-Abzug aufgebürdet werden.

Schließlich dürfen wir versichern, daß die Kirchen nicht daran interessiert sein können, daß die Kirchensteuer dadurch in Mißkredit kommt, daß ihr der bisherige familiengerechte Charakter durch die Einkommensteuerreform genommen wird.

16. Aus dem Gutachten des Instituts Finanzen und Steuern e. V. über „Grundlagen und Möglichkeiten einer organischen Steuerreform"*

Die Steuerreform

1. Die *Abgabenordnung* muß als einheitliches Grundgesetz der Besteuerung erhalten bleiben und sämtliche Vorschriften über das Rechtsmittelverfahren, das Steuerstrafrecht und das Steuerstrafverfahren mit enthalten. Sie bedarf einer Überarbeitung mit dem Ziele einer Verstärkung des Rechtsschutzes im Sinne rechtsstaatlicher Grundsätze. Hierzu gehört insbesondere die Sicherstellung der Unabhängigkeit der Finanzgerichte und ein verstärkter Schutz des Bankgeheimnisses. Einer Überprüfung bedürfen ferner auch die Bestimmungen über Stundung und Erlaß.

2. Die Überlegungen zur Reform des geltenden *Einkommensteuergesetzes* werden sich auf folgende Fragen erstrecken müssen:

a) Für den künftigen *Tarif* wird sich eine Gestaltung als zweckmäßig erweisen, die möglichst nahe einem solchen Tarif kommt, der sich in der Vergangenheit bereits bewährt und insbesondere die Steuerwilligkeit der Bevölkerung nicht beeinträchtigt hat. Zur Erfüllung dieses Zieles müßte man an einen bereinigten Tarif denken, der wesentliche Merkmale der Tarife von 1925 und 1934 in sich vereinigt. Hierbei dürfte der Progressionshöchstsatz 50 v. H. und der Plafond 40 v. H. des steuerpflichtigen Einkommens nicht übersteigen, wobei der Plafond bei 200 000,— DM einsetzen würde.

b) Für die *Haushaltsbesteuerung* wird eine gerechtere Regelung als bisher gefunden werden müssen. Bis die Zeit für die Einführung des amerikanischen Splitting-Verfahrens reif wird, sollten über die geltende Regelung hinaus auch Einkünfte der

* Heft 30 der Schriftenreihe des Instituts, Bonn o. J., S. VII ff.

Ehefrau aus Land- und Forstwirtschaft, Gewerbebetrieb und selbständiger Arbeit auf Antrag von der Zusammenveranlagung ausgenommen werden. Bei der Mitarbeit der Ehefrau im Betriebe des Ehemannes müßte bei dessen Veranlagung ein angemessener Abzug im Rahmen der Gewinnermittlung zugestanden werden.

c) Die Vorschriften über die *steuerliche Gewinnermittlung* tragen bisher den betriebswirtschaftlichen Erkenntnissen und Notwendigkeiten nur unzureichend Rechnung und sollten daher diesen stärker angepaßt werden.

So sollte insbesondere die Heranziehung fiktiver Erträge, vor allem der sonstigen Personensteuern im Sinne des § 12 Abs. 3 zur Einkommenbesteuerung unterbleiben.

Ferner sollte bei den *Betriebsausgaben* der durch das Gesetz vom 24. Juni 1953 eingefügte Zusatz zu § 4 Abs. 4 wieder beseitigt werden. Es sollten ferner Zuwendungen für allgemeinwissenschaftliche Forschungszwecke als Betriebsausgaben abzugsfähig gestaltet werden.

Einer Überprüfung bedarf ferner, ob die bisherige grundsätzliche Nichtabzugsfähigkeit von *Ordnungsstrafen und Geldbußen des Wirtschaftsstrafrechts* als Betriebsausgaben in uneingeschränktem Umfang aufrechterhalten werden kann.

Bei der Bildung von *Rückstellungen* sollten betriebswirtschaftliche Gesichtspunkte in stärkerem Umfang als bisher berücksichtigt werden. Das gleiche gilt für den Begriff der *Gewinnverwirklichung*, zu dessen Auslegung der Bundesfinanzhof im Urteil vom 17. Mai 1952 (BStBl. III S. 208) richtungweisend Stellung genommen hat. Solange die angeregte Tarifsenkung nicht verwirklicht ist, sollten die Investitionen der Unternehmen zur Steigerung ihrer Betriebskapazität dadurch erleichtert werden, daß ihnen die steuerfreie Bildung einer *Rücklage für Ersatzbeschaffung* in der Größenordnung von jährlich etwa 5 v. H. der Buchwerte für das abnutzbare Anlagevermögen in der jeweiligen steuerlichen Endbilanz für die einzelnen Wirtschaftsjahre zugestanden wird.

Anzustreben ist weiter *eine Anpassung* der Sätze der Absetzungen für Abnutzung an die tatsächlichen *Wiederbeschaffungskosten* für die Ersatzgüter.

Die von der Finanzverwaltung beabsichtigte Typisierung der Abschreibungssätze erscheint in hohem Grade bedenklich, da hierbei die betriebsindividuellen Verschiedenheiten im tatsächlichen Einsatz der einzelnen Anlagegüter nicht berücksichtigt werden können.

Auch für die aktivierten *Geschäftswerte* sollten, wie im Aktienrecht vorgeschrieben ist, laufende Absetzungen für Abnutzung zugelassen werden.

Die *degressive Abschreibung* sollte über die Bestimmungen des Abschnittes 62 EStR 1952 hinaus, ohne Rücksicht auf den Zeitpunkt der Anschaffung des sich abnutzenden Wirtschaftsgutes und die Zeit seiner betriebsgewöhnlichen Nutzungsdauer zulässig sein, und es sollten die auch für § 36 IHG geltenden gesetzlichen Verbote in §§ 7 a Abs. 2, 7 c Abs. 3, 7 d Abs. 1 EStG für Anwendung der degressiven Abschreibungsmethode aufgehoben werden.

Die *Scheingewinnbesteuerung* beim Vorratsvermögen sollte durch gesetzliche Maßnahmen verhindert werden.

Überprüft sollte auch werden die *Abgrenzung zwischen Betriebs- und Privatvermögen bei Grundstücken,* die in Abschnitt 17 EStR unverhältnismäßig kompliziert und z. T. auch nicht ganz folgerichtig geregelt ist, sowie die Bestimmungen über die *Bewertung von Sacheinlagen* (§ 6 Ziff. 5 EStG) mit dem Ziel, daß hierbei stets der Teilwert des eingebrachten Wirtschaftsgutes z. Z. seiner Einbringung in den Betrieb maßgebend sein sollte.

Die Vorschriften über die Behandlung der vom Kalenderjahr *abweichenden Wirtschaftsjahre* könnten wesentlich vereinfacht werden, wenn die von 1934 bis zur Währungsreform gültige Regelung wieder eingeführt wird, nach der die Ergebnisse der einzelnen Wirtschaftsjahre in dem Kalenderjahr besteuert wurden, in dem das jeweilige Wirtschaftsjahr geendet hat.

d) Die Überlegungen für die Behandlung des *Verlustvortrags* stehen der amerikanischen Regelung immer positiver gegenüber. Man wird vor allem prüfen müssen, ob nicht der Ausgleichszeitraum für den Verlustvortrag rückwärts auf zwei und vorwärts auf sechs Jahre ausgedehnt werden kann.

e) Die bestehende Regelung über die zur Hälfte zu berücksichtigenden *Sonderausgaben* sollte über den 31. Dezember 1954 hinaus beibehalten werden und die Verdoppelung der Sonderausgaben für ältere Personen sollte auf sämtliche Steuerpflichtige ausgedehnt werden.

f) In der Zeit bis zum Inkrafttreten der unter a) skizzierten Tarifregelung sollten die bestehenden Sondervorschriften für Zuwendungen zur Förderung des *Kleinwohnungsbaues* und des *Schiffsbaues* sowie für *Kapitalansammlungsverträge* in dem durch die kleine Steuerreform zugelassenen Rahmen beibehalten werden, und zwar erforderlichenfalls unter Verlängerung der in dieser vorgesehenen Fristen.

Für den Bau von Arbeitnehmerwohnungen sollten auch nach Verwirklichung der Tarifsenkung wenigstens verlorene Zuschüsse der Arbeitgeber weiterhin wie zur Zeit steuerfrei bleiben.

g) Bis zur Einführung der angeregten Tarifsenkung sollten ferner die Begünstigungen für das *Wertpapiersparen* einerseits auf den Ersterwerb von Industrieobligationen und Aktien ausgedehnt, andererseits sinngemäß auch auf juristische Personen erstreckt werden.

Dementsprechend müßte dann die steuerliche Sonderbehandlung des nichtentnommenen Gewinns allgemein wieder eingeführt werden. Nur so würde die notwendige Harmonie der Finanzierungsmöglichkeiten der gewerblichen Wirtschaft für diese Zeit bis zum Inkrafttreten der angeregten Tarifsenkung herbeigeführt.

h) Bei der Zubilligung von Steuerermäßigungen für *außergewöhnliche Belastungen* wird man sozialen Gesichtspunkten in stärkerem Umfang Rechnung zu tragen haben, als dies in der letzten einschlägigen Rechtsprechung des Bundesfinanzhofes geschehen ist.

i) Die bestehenden Vorschriften über die *Kapitalertragsteuer* bedürfen einer besonders eingehenden Überprüfung nach den folgenden Gesichtspunkten:

Mit der angeregten Senkung des Einkommensteuertarifs müßten auch die Kapitalertragsteuersätze ermäßigt werden.

Eventuell könnte von diesem Zeitpunkt ab auch § 46 a EStG (Abgeltung der Einkommensteuer durch den Steuerabzug vom Kapitalertrag) entfallen, falls dann nicht überhaupt auf den erst durch das 1. Kapitalmarktförderungsgesetz für fest verzinsliche Wertpapiere eingeführten Steuerabzug (Kuponsteuer) verzichtet werden kann. Solange § 46 a noch gilt, müßte erwogen werden, ob diese Abgeltung nicht auch für Gewinnausschüttungen von Kapitalgesellschaften eingeführt werden könnte, ferner müßte die in § 46 a vorgesehene Veranlagungsmöglichkeit zwecks gleichmäßiger Behandlung auch auf unbeschränkt steuerpflichtige Körperschaften ausgedehnt werden.

3. Der *Körperschaftsteuertarif* wird entsprechend dem Einkommensteuertarif zu senken sein. Grundsätzlich ist er wie bisher proportional zu gestalten.

a) Die Höhe des künftigen allgemeinen Körperschaftsteuersatzes wird im Falle der vollen Beseitigung der Doppelbelastung der Gewinnausschüttungen (s. unter b), entsprechend der Höhe des Einkommensteuerplafonds auf 40 v. H. zu bemessen sein. Falls diese Doppelbelastung in vollem Umfang aufrechterhalten wird, müßte der allgemeine Körperschaftsteuersatz auf 30 v. H. gesenkt werden. Bei der teilweisen Beseitigung der Doppelbelastung müßte der allgemeine Körperschaftsteuersatz zwischen 30 und 40 v. H. liegen.

b) Die wirtschaftlichen Gefahren, die mit der *doppelten Erfassung der Gewinnausschüttungen* für juristische Personen verbunden sind, haben sich in der jüngsten Vergangenheit auch zum Schaden des Kapitalmarktes besonders gezeigt. Hier müssen Überlegungen angestellt werden, deren Ziel die Beseitigung dieser doppelten Erfassung ist.

c) Die unter 2 c gegebenen Anregungen für die stärkere Anpassung der *Gewinnermittlungsvorschriften* an betriebswirtschaftliche Grundsätze gelten auch für das Körperschaftsteuerrecht. Darüber hinaus bedarf hier auch einer besonderen Prüfung, ob die derzeitige Nichtabzugsfähigkeit der Vermögensteuer und der Aufsichtsratsvergütungen bei der Gewinnermittlung weiter aufrechterhalten werden darf.

d) Für *Kapitalverwaltungsgesellschaften* sollten besondere Steuererleichterungen vorgesehen werden.

e) Die bestehenden Steuervergünstigungen für solche *Genossenschaften,* die nach Art und Umfang ihres Geschäftsbetriebs in unmittelbarem Wettbewerb mit gewerblichen Betrieben anderer Rechtsform des gleichen Wirtschaftszweiges stehen, sollten aufgehoben werden.

4. Die *Vermögensteuer* ist dem deutschen Steuersystem besonders eigentümlich. Sie findet sich nur selten in ausländischen Steuersystemen. Sie hat sich aus der alten Ergänzungssteuer mit der Bedeutung einer ergänzenden Ertragsbesteuerung entwikkelt und ist daher mit besonderer Vorsicht zu praktizieren. Der heutige Vermögensteuersatz von 1 v. H. liegt sehr hoch. Grundlegende Reformen am Tarif und im System der Vermögensteuer kommen jedoch z. Z. nicht in Frage, da die Vermögensteuer durch § 6 LAG mit dem Lastenausgleich gekoppelt worden ist.

5. Die *Erbschaftsbesteuerung* wird in Deutschland unter anormalen Bedingungen durchgeführt. Zwei Währungsreformen haben das Sparkapital weitgehend vernichtet, und die mit der Abtretung deutscher Gebietsteile verbundenen Vertreibungen haben erhebliche strukturelle Änderungen innerhalb der Bevölkerung herbeigeführt. Die Erbschaftsteuer trifft heute im wesentlichen die zahlreichen Fälle, in denen ein gewerbliches Unternehmen oder ein landwirtschaftlicher Besitz vom Vater auf den Sohn oder andere Familienangehörige übergeht. Produktionseinschränkungen, Verschleuderung von Vermögenswerten, Überfremdung, sind in vielen Fällen die gefährlichen Folgen der heutigen Erbschaftsbesteuerung. Sie führt zu Eingriffen in die Substanz, die aus volkswirtschaftlichen Gründen im Interesse der Erhaltung der Produktionsstätten und der Arbeitsplätze vermieden werden sollten. Diese Folgen treten insbesondere in denjenigen Fällen ein, in denen bei Wegfall der Kinder durch Kriegseinwirkungen das Unternehmen oder der Hof auf entferntere Verwandte übergeht. Der gegebene Weg wäre einmal, die Wiedereinführung der Steuersätze des Erbschaftsteuergesetzes 1934. Ferner sollte die Zahl der Steuerklassen auf 4

verringert werden. Die wirtschaftsschädliche Auswirkung der Erbschaftsteuer sollte außerdem dadurch gemildert werden, daß eine Ablösung der Erbschaftsteuer bereits zu Lebzeiten des Vermögenseigentümers und der Abschluß von Erbschaftsteuerversicherungen im Sinne des § 18 a ErbStG auch in den Fällen zugelassen werden, in denen die mutmaßlichen Erben nicht den Steuerklassen I und II angehören.

Derartige Änderungen müssen unter den obwaltenden Verhältnissen zwangsläufig zu einer Minderung des Aufkommens der Erbschaftsteuer führen. Angesichts der Tatsache, daß die ErbSt. im Rechnungsjahr 1950/51 nur 24,6 Mill. DM und 1951/52 nur 41 Mill. DM erbracht hat, ist die Feststellung gerechtfertigt, daß das Erbschaftsteueraufkommen im Rahmen des gesamten Steueraufkommens kaum eine Rolle spielt. Es drängt sich daher die Frage auf, ob es vertreten werden kann, die mit der Erbschaftsteuer verbundene erhebliche arbeitsmäßige Belastung der Finanzverwaltungen und der mit der Erbschaftsteuer befaßten Vertreter der Pflichtigen noch weiterhin aufrechtzuerhalten und ob es nicht naheliegt, die Erbschaftsteuer vorübergehend außer Hebung zu setzen.

6. Unter Beibehaltung der *Gewerbesteuer nach Ertrag und Kapital* wäre im Sinne einer Vereinfachung und einer stärkeren Berücksichtigung der Leistungsfähigkeit die Frage der Zu- und Abrechnungen zu überprüfen, mit dem Ziel, Überspannungen des Objektcharakters zu verhindern. Es wäre ferner dafür zu sorgen, daß die Verordnungen der Länder über die Koppelungsvorschriften auch tatsächlich überall durchgeführt werden, oder daß solche Koppelungsvorschriften in den Ländern neu eingeführt werden, wo sie noch nicht bestehen. Den Berufsvertretungen sollte ein Anhörungsrecht bei der Festsetzung der Realsteuerhebesätze gewährt werden. Die Erlaßpraxis wäre zu überprüfen. Die *Lohnsummensteuer* sollte in Wegfall kommen.

Die heute erreichte durchschnittliche Höhe der Hebesätze bedarf einer Senkung, da sie zu einer untragbaren Sonderbelastung der privaten Wirtschaft geführt hat. Voraussetzung dafür ist allerdings eine für die Gemeinden günstigere Regelung des Finanzausgleichs oder eine nachdrückliche Ausgabensenkung, gegebenenfalls eine Gemeindeeinwohnersteuer, die im Abschnitt „Finanzausgleich“ näher behandelt ist.

7. Die Problematik der deutschen *Umsatzbesteuerung* wird regelmäßig wiederkehrend immer wieder erörtert, vor allen Dingen dann, wenn Erhöhungen des Umsatzsteuertarifs dazu führen, die Mängel der bestehenden Umsatzbesteuerung, insbesondere ihre kumulative Wirkung besonders in Erscheinung treten zu lassen. Es wird dann meist das System einer Steuer vom Nettoumsatz empfohlen, wie sie schon 1919 von Wilhelm v. Siemens vorgeschlagen wurde, eine Besteuerung, deren Auswirkungen ebenso schwer zu übersehen sind, wie ihre technische Gestaltung durchführbar ist. Man wird unter den augenblicklichen Umständen und unter der Voraussetzung, daß eine Erhöhung des Steuersatzes über das zur Zeit geltende Maß nicht erfolgt, nicht verantworten können, das System der Steuer vom Nettoumsatz zum 1. Januar 1955 vielleicht einzuführen. Bei einem Weiterverfolgen des Gedankens ist es unerläßlich, sorgfältige Berechnungen darüber anzustellen, welche strukturellen Verschiebungen und welche Konsequenzen in den einzelnen Zweigen der Wirtschaft sich bei einer Einführung der Steuer vom Nettoumsatz ergeben würden.

8. Von den den *Vermögensverkehr* treffenden Steuern sollten nur die Wechselsteuer, die Versicherungsteuer, die Grunderwerbsteuer und die Börsenumsatzsteuer bestehen bleiben, ohne daß an ihre Verschärfung oder Erhöhung gedacht wird. Dagegen wird man sich für den Wegfall der Gesellschaftsteuer und der Wertpapiersteuer aussprechen müssen. Denn diese beiden Steuern sind einerseits gewinnmindernd und behindern den Kapitalmarkt; andererseits verursachen sie Verwaltungsarbeit und Reibungsmöglichkeiten mit den Steuerpflichtigen, bringen aber keinen nennenswerten Beitrag zum gesamten Steueraufkommen.

9. Die Besteuerung des *Personen- und Güterverkehrs* erfolgt in Deutschland gegenwärtig in der Form der Beförderungsteuer, der Kraftfahrzeugsteuer und in der Belastung der Treibstoffe durch die Mineralölabgaben. Ein Ersatz dieser verschiedenen Besteuerungsformen durch eine einzige, allgemeine Verkehrsteuer wird nicht für möglich gehalten. Aus Gründen der

Vereinfachung, zugleich aber auch zur Verwirklichung des Grundsatzes der Gleichstellung aller Verkehrsträger, sollte jedoch die *Beförderungsteuer*, die ihrem Wesen nach eine Sonderform der Umsatzsteuer ist, unter Zugrundelegung des allgemeinen Tarifs der Umsatzsteuer in diese eingebaut werden.

Bei der *Mineralölsteuer* sollte eine Einschränkung des Kreises der steuerpflichtigen Waren, der in den letzten Jahren aus fiskalischen Gründen erweitert worden ist, erwogen werden. Darüber hinaus bedarf aber auch der Tarif der Mineralölbesteuerung einer Überprüfung mit dem Ziele einer Gestaltung der Steuersätze ohne verbrauchshemmende Wirkung.

Es muß als eine wesenseigene Aufgabe des Staates angesehen werden, ein leistungsfähiges Straßennetz zu schaffen und zu unterhalten. Mit dieser Aufgabe der öffentlichen Hand ist aber eine Zweckbindung, sei es der *Kraftfahrzeugsteuer* oder auch der Mineralölabgaben, grundsätzlich unvereinbar. Für die Finanzierung der Straßenbaukosten sollte vielmehr auf den Anleiheweg zurückgegriffen werden. Hierbei sollten bei einer organischen Reform auch die zur Amortisation und Verzinsung der Anleihen erforderlichen Beträge grundsätzlich aus allgemeinen Haushaltsmitteln bereitgestellt werden. Da ein leistungsfähiges Straßennetz die unerläßliche Voraussetzung für eine wirksame Landesverteidigung bildet, ist es notwendig und berechtigt, die Anrechnung eines wesentlichen Teiles der hierfür aufzuwendenden Mittel auf den von der Bundesrepublik zu leistenden Verteidigungsbeitrag zu begehren.

10. Gegenstand der *Verbrauchsbesteuerung* sind nur Wirtschaftsgüter, deren bestimmungsgemäße Verwendung im Konsum durch den Letztverbraucher liegt. Anderen Verwendungsmöglichkeiten, die sich insbesondere durch die Entwicklung der Technik ergaben, wurde steuerlich dadurch Rechnung getragen, daß für derartige Zwecke Steuerbefreiungen vorgesehen wurden. Es ist offensichtlich, daß ein solcher im Zuge der technischen Entwicklung immer weiter wachsender „Negativkatalog“ keine befriedigende Lösung darstellt. Es bedarf deshalb einer organischen Neugestaltung des deutschen Verbrauchsteuerrechts, durch die an Stelle der bisherigen Ausnahmeregelungen der fi-

nanzpolitische Grundsatz der Steuerfreiheit von Roh- und Hilfsstoffen der Produktion allgemein anerkannt und gesetzlich festgelegt wird. Dies kann insbesondere in der Weise geschehen, daß durch Aufstellung eines „Positivkatalogs“ der Kreis der künftig steuerpflichtigen Verwendungszwecke klar abgegrenzt und zugleich festgelegt wird, daß Güter, die anderen Zwecken dienen, einer Verbrauchsteuer nicht unterliegen.

Es gibt drei Arten, Verbrauchsgüter steuerlich zu erfassen, nämlich durch Zölle, durch innere Verbrauchsabgaben und durch Finanzmonopole. Die *Finanzmonopole* verdanken ihre Entstehung dem Bestreben, dem Staat neben den Einnahmen aus der Verbrauchsbesteuerung auch den Gewinn aus der Erzeugung und dem Verkauf gewisser Verbrauchsgüter nutzbar zu machen. Es bedeutet aber einen Widerspruch in sich, wenn bei der Besteuerung eines Verbrauchsgutes zwar eine Verbrauchsteuer mit festen Sätzen vorgeschrieben, daneben aber der Verwaltung die Möglichkeit gegeben würde, im Wege des Finanzmonopols zusätzliche Gewinne über die aus der Verbrauchsteuer zufließenden Einnahmen hinaus zu erzielen. Eine solche Regelung, die der Monopolverwaltung praktisch die Ermächtigung zu einer beliebigen Steuererhöhung unter Ausschluß der hierzu allein verfassungsmäßig berufenen Organe geben würde, ist mit rechtsstaatlichem Denken unvereinbar. Sie steht aber auch im Gegensatz zu den Grundsätzen der Marktwirtschaft, die den freien Wettbewerb als wesentliches Mittel zur Verwirklichung ihrer Zielsetzungen voraussetzt. Das Finanzmonopol ist deshalb als Mittel zur Deckung des öffentlichen Finanzbedarfs abzulehnen.

Die Höhe der *Branntweinsteuersätze* im Gesetz vom 21. Oktober 1948 ist durch alliierte Einflußnahme bedingt. Man wird diese Steuersätze revidieren müssen, wie dies bereits bei anderen Verbrauchsteuern geschehen ist. Hierbei ist der bereits erwähnte Grundsatz der Besteuerung nur bestimmter Letztverbrauchszwecke und der Steuerfreiheit von Roh- und Hilfsstoffen für die Produktion zu beachten.

Durch das gegenwärtige System der *Tabakwarenbesteuerung* ist in der Tabakwarenwirtschaft im Gegensatz zu anderen

Wirtschaftszweigen eine Kalkulation, die von den Selbstkosten ausgeht, nicht möglich. Auf diesem Gebiet ist deshalb der marktwirtschaftliche Grundsatz, wonach Angebot und Nachfrage den Preis regeln, nicht gegeben. Vor grundlegenden Reformen sollten jedoch zunächst die Auswirkungen des Tabaksteuergesetzes vom 6. Mai 1953 abgewartet werden.

Entgegen dem allgemeinen Grundsatz des Verbrauchsteuerrechts, wonach die Verbrauchsteuer nur den inländischen Konsum treffen soll, wird gegenwärtig das Exportbier bei der Anwendung der *Biersteuerstaffel* in die erzeugte Biermenge mit eingerechnet und dadurch zu einem Faktor für die Berechnung der zu entrichtenden Steuer. Es widerspricht aber dem systematischen Aufbau der Verbrauchsteuergesetzgebung, daß ein nicht steuerpflichtiges Wirtschaftsgut als Faktor der Bemessungsgrundlage für ein steuerpflichtiges Gut dient. Das Exportbier sollte deshalb bei der Anwendung der Staffel des § 3 Biersteuergesetz in die erzeugte Biermenge nicht miteingerechnet werden.

11. Die *Lastenausgleichsgesetzgebung* geht davon aus, daß die von ihr vorgesehenen Belastungen im Regelfalle nicht zu Eingriffen in die Substanz führen dürfen. Es soll das Bemühen der deutschen Wirtschaft um die Erzielung des höchstmöglichen Sozialprodukts nicht gehindert werden, und zwar nicht zuletzt auch im Interesse der Sicherung der Ansprüche der Entschädigungsberechtigten. Die Lastenausgleichsgesetzgebung ist aber nicht mit dem deutschen Steuersystem erschöpfend abgestimmt. Diese Tatsache stellt sich mit besonderer Eindringlichkeit heraus, wenn man versucht, die Gründe für die steigende Beobachtung festzustellen, daß viele Unternehmen nicht in der Lage sind, dem Willen des Gesetzgebers entsprechend den Lastenausgleich aus dem Ertrag zu leisten. Die hiermit in Verbindung stehende Problematik umfaßt folgende Fragen.

Die unterschiedliche Festsetzung von Steuersätzen für die verschiedenen Vermögensarten führt zu einer offenbaren Ungleichmäßigkeit in der Belastung, die in vielen Fällen zu ausgesprochen ungerechten Ergebnissen führt. Man wird hier versuchen müssen, im Wege einer individuellen Lösung diese auftretenden Härten zu mildern.

Die Nichtabzugsfähigkeit von zwei Dritteln der Vermögensabgabe läßt diese als fiktiven Einkommensteil zur Bemessungsgrundlage bei der Einkommensteuer hinzutreten und erhöht insoweit die einkommensteuerliche Belastung. Die durch diese Methode der Lastenausgleichsgesetzgebung herbeigeführte Gesamtbelastung ist wesentlich höher als die aus den Tarifsätzen der Vermögensabgabe sich ergebende Belastung, die der Gesetzgeber als das Höchstmaß der zumutbaren Belastung für die Abgabepflichtigen ansieht. Dieser Systemfehler wird noch verschärft dadurch, daß bei der Einkommensteuer der abzugsfähige Teil der Vermögensabgabe als Sonderausgabe behandelt wird, während er bei der Körperschaftsteuer als Betriebsausgabe angesehen wird. Auch aus dieser Tatsache ergeben sich unterschiedliche wirtschaftliche Auswirkungen. Schließlich entspricht die Pauschallösung der Zinsfrage nicht den Grundsätzen einer gleichmäßigen Belastung, sondern führt zu Verschiedenheiten, die sich insbesondere zuungunsten der gewerblichen Wirtschaft auswirken.

Eine Abhilfe ist bei den Systemwidrigkeiten der Lastenausgleichsgesetzgebung dringend erforderlich. Möglichkeiten für diese sind mit unterschiedlichem Effekt gegeben. Die aufgezählten Probleme und ihre Lösungsmöglichkeiten lassen sich aus der zweifachen Natur der Vermögensabgabe, nämlich

a) einer Besteuerung des Vermögens am Währungsstichtag

b) der Heranziehung dieser als fiktiven Gewinn angesehenen Abgabe zu den Ertragsteuern

in zwei Gruppen zerlegen. Alle Überlegungen, die sich auf eine Ermäßigung der Sätze und Verlängerung der Laufzeit beziehen, greifen in das Lastenausgleichsaufkommen ein. Dagegen berühren Erleichterungen beim Ausmaß der Abzugsfähigkeit der Vermögensabgabe das Lastenausgleichsaufkommen nicht.

Die Frage der Behandlung der ertragsschwachen und ertragslosen Vermögen im Lastenausgleich bedarf ebenfalls einer Lösung, für die außer den vorstehend genannten Möglichkeiten auch die individuelle Eingruppierung in die verschieden tarifierten Gruppen in Frage kommt.

Zu prüfen wird sein, ob und inwieweit das Vermögen der öffentlichen Hand im Zuge seiner Bereinigung den Zwecken des Lastenausgleichs dienstbar gemacht werden kann.

12. Bei der Berechnung eines etwaigen mit einer Steuerreform verbundenen *Steuerausfalls* sollte an die Stelle der statischen Methode, die den gegenwärtigen Zustand zugrunde legt, die dynamische Methode treten, die von einem künftigen, durch die Reform zu erreichenden Zustand ausgeht. Die statische Methode ist völlig unverwendbar in einer Lage, in der eine nachweisbare Überbesteuerung das Wachstum des Sozialprodukts hemmt, der öffentliche Haushalt aber von diesem Wachstum abhängt und daher nur durch Einnahmesenkung gesichert werden kann. Der statische Grundsatz „Erst gesunder Etat, dann Steuersenkung!“ muß mithin, wenn die dynamische Methode auch auf Schätzungen angewiesen ist, deren Richtigkeit erst durch die Entwicklung bestätigt wird, durch den Grundsatz einer dynamischen Finanz- und Steuerpolitik ersetzt werden: „Durch Steuersenkung zum gesunden Etat!“

17. Aus dem Gutachten des Instituts Finanzen und Steuern e. V. „Zur Steuerreform. Die Vermögensteuer"*

Das Institut „Finanzen und Steuern" hat sich stets gegen die Vermögensteuer ausgesprochen. Da jedoch nach der zum 1. 1. 1974 beabsichtigten Steuerreform nach dem bisherigen Verlauf der Erörterungen nicht mit einer Abschaffung der Vermögensteuer zu rechnen ist, wird eine Reihe von Problemen untersucht, die bei der Überarbeitung der Vermögensteuer eine Rolle spielen werden. Das gilt in erster Linie für den Vermögensteuersatz.

Nach dem geschichtlichen Verlauf hat sich die Vermögensteuer aus einer zusätzlichen Abgabe zur Einkommensteuer auf das sog. fundierte Einkommen zu einer umfassenden selbständigen Vermögensbesitzsteuer entwickelt, allerdings mit der Einschränkung, daß sie in aller Regel nicht die Vermögenssubstanz angreifen, sondern als lediglich nominelle Vermögensteuer aus dem Ertrag gedeckt werden soll.

In dieser auch künftig gewollten Beschränkung ist bei dem vorgesehenen Wegfall des nach geltendem Recht bei natürlichen Personen zugelassenen Abzugs der gezahlten Vermögensteuer als Sonderausgabe die nach den von der Bundesregierung beschlossenen „Eckwerten und Grundsätzen" beschlossene Senkung des Vermögensteuersatzes von gegenwärtig 1 v. H. auf 0,7 v. H. zu gering.

Unter dem vom 1. 1. 1974 an vorgesehenen Ansatz des Grundvermögens mit dem 1,4fachen der neuen Einheitswerte auf der Wertbasis des 1. 1. 1964 ist im Rahmen der Gesamtbelastung, insbesondere unter Berücksichtigung der zu erwartenden Erhöhung der Einkommensteuer, der Beibehaltung der Gewerbesteuer, der Erhöhung der Grundsteuer und der zur Debatte stehenden Vermögensbildungsabgabe ein Vermögensteuersatz von 0,5 v. H. zu hoch, dies vor allem auch unter Berück-

* Heft 100 Band 1 der Schriftenreihe des Instituts, Bonn 1971, S. 68 f.

sichtigung der gesamten wirtschaftlichen Entwicklung sowie der Wettbewerbslage der deutschen Wirtschaft, die mit dieser Vermögensteuerbelastung unter den führenden Industrienationen fast allein steht. Daran vermag auch die für natürliche Personen vorgesehene Erhöhung der allgemeinen Freibeträge im grundsätzlichen nichts zu ändern.

Bei Körperschaften, die schon bisher dadurch benachteiligt sind, daß bei ihnen die Vermögensteuer bei der Ermittlung des Einkommens nicht abgezogen werden kann, gibt es keinen durchschlagenden Grund, einen höheren Vermögensteuersatz als für natürliche Personen festzusetzen. Durch einen höheren Vermögensteuersatz würde insbesondere auch das Problem der Doppelbelastung verschärft, zumal wenn bei den Anteilseignern von einer Entlastung abgesehen werden sollte. Der Grundgedanke, daß die Vermögensteuer aus dem Ertrag getragen werden soll, muß zwangsläufig Überlegungen nahelegen, ähnlich wie in Holland und in den nordischen Staaten, die Belastung durch die Einkommen-(Körperschaft-)steuer durch einen Plafond zu begrenzen, zumal bei Außerachtlassung der Vermögensteuerbelastung bei der Einkommensermittlung.

Bei der Bemessung der künftigen persönlichen Freibeträge muß dem Gesichtspunkt der breiten Vermögensbildung Rechnung getragen werden. Das gilt besonders bei dem beabsichtigten Ansatz des Grundvermögens. Insbesondere erscheint es notwendig, den erhöhten Altersfreibetrag in seiner Höhe wie in den für ihn maßgebenden Vermögensgrenzen so festzusetzen, daß damit den anzuerkennenden berechtigten Belangen der Personen Rechnung getragen wird, die ihre Altersvorsorge und Versorgung völlig aus eigenen Mitteln bestreiten.

Hinsichtlich der Veranlagung von Eltern sowie von Eltern und Kindern muß unter Berücksichtigung der Rechtsentwicklung und der gesellschaftspolitischen Entwicklung geprüft werden, ob es bei der bisherigen ausschließlichen Zusammenveranlagung auch weiterhin bleiben kann.

18. Aus der Begründung zum Entwurf für ein Gesetz zur Änderung des Erbschaftsteuergesetzes und anderer Vorschriften des Hessischen Ministers der Finanzen, Wiesbaden November 1970*

I. Unser heutiges Erbschaftsteuerrecht

basiert auf der Grundlage des Gesetzes aus dem Jahre 1925. Die in den ersten Nachkriegsjahren auf Grund der Kontrollrats- und Militärregierungsgesetzgebung geltende Erbschaftsteuer hatte einen ausgesprochen konfiskatorischen Charakter. Erst durch das Steuerneuordnungsgesetz vom 16. 12. 1954 (BGBl. I, S. 373) wurden hier die Verhältnisse wieder normalisiert und die Steuersätze eingeführt, welche in der Zeit von 1925 bis 1945 gegolten haben. Sie sind bis heute unverändert geblieben.

II. Gesellschaftspolitische Notwendigkeit einer Erbschaftsteuerreform

In den vergangenen 20 Jahren hat die Allgemeinheit durch den Steuergesetzgeber in vielerlei Weise zum Wiederaufbau — auch der Wirtschaft — entscheidend beigetragen. Der damit eingeleitete wirtschaftliche Aufschwung hat zu der erstrebten Vermögensbildung geführt, die aber inzwischen den Charakter einer Vermögensballung in den Händen Weniger angenommen hat. Durch diesen Prozeß sind die Fragen zur Vermögensbildung in der Bundesrepublik Deutschland zu einem Problem mit besonders vorrangiger Bedeutung geworden. So ist zum Beispiel das seit der Währungsreform bis 1966 entstandene reale Neuvermögen von etwa 1000 Milliarden fast zur Hälfte den Selbständigen und Unternehmungen, zu einem Drittel der öffentlichen Hand und nur zu knapp 20 % den Arbeitnehmern (einschließlich Rentnern und Pensionären) zugeflossen. Nach letzten Veröffentlichungen besitzen 0,08 % der Bevölke-

* S. 18 ff.

rung (etwa 14 000 Haushalte) 35 % des gesamten Produktivvermögens; dagegen gehören 1,7 % der Bevölkerung 70 % des Produktivvermögens und gleichzeitig 35 % des Gesamtvermögens.

Die hier angesprochene hochgradig ungerechte Vermögensverteilung, insbesondere der unbefriedigende Anteil der Arbeitnehmer am gemeinsam erarbeiteten wirtschaftlichen Erfolg, hat zur Folge, daß auch die Verteilung des laufenden Vermögenszuwachses diesen Konzentrationsprozeß verstärkt.

Die Aufrechterhaltung der freiheitlichen Wirtschaftsordnung erfordert Maßnahmen zur Abbremsung weiterer Vermögensballung und zur Einleitung gegenläufiger Tendenzen.

Wie in der Phase des Wiederaufbaues ist auch in der jetzt beginnenden Phase der Harmonisierung des wirtschaftlichen Fortschritts der Steuergesetzgeber berufen, geeignete Maßnahmen zu treffen, um den auf dem Gebiet der Eigentumsverteilung bestehenden Konzentrationstendenzen der Vermögen entgegenzuwirken.

Unter den *steuerlichen* Maßnahmen kommt der Erbschaftsteuer dabei besondere Bedeutung zu. Die Verwendung dieser Steuer als eines wirksamen Instrumentes zur Korrektur des Vermögensballungstrends erfordert jedoch eine Reform, mindestens aber eine Anpassung des Erbschaftsteuergesetzes an die veränderten Verhältnisse.

Im Gegensatz zu Vermögensbildungsplänen, die ausschließlich auf eine Beteiligung an dem künftigen Produktionsvermögenszuwachs ausgerichtet sind, erfaßt die Erbschaftsteuer das bereits gebildete gesamte Vermögen der privaten Haushalte, also insbesondere auch die Vermögen, die nach der Währungsreform einem begrenzten Bevölkerungskreis zugeflossen sind. Es werden alle Vermögensarten einbezogen, somit auch das Grundvermögen, dessen vielfache Wertsteigerung seit 1948 allgemein bekannt ist. Das Betriebsvermögen wird nicht, wie bei anderen Vermögensbildungsplänen, unmittelbar belastet; die Vermögensumschichtung erfolgt vielmehr bei den hinter den Unternehmen stehenden Kapitaleigentümern. Damit wird der unternehmerische Spielraum, insbesondere die Investitionsentscheidung, im allgemeinen nicht berührt. Durch geeignete Maßnahmen muß allerdings sichergestellt werden, daß durch den Erbfall keine Liquiditätsschwierigkeiten entstehen, was vor allem für mittelständische Einzelunternehmen und Personengesellschaften von besonderer Bedeutung ist. Verteilungspolitisch günstig wirkt sich auch der Umstand aus, daß die Erbschaftsteuer in der Regel nicht auf die Preise überwälzbar ist und daß sie im Augenblick der Zäsur der physischen Rechtsträgerschaft eingreift.

In der Bundesrepublik Deutschland hat die Erbschaftsteuer jedoch ihren redistributiven Charakter praktisch verloren. Das jährliche Aufkommen an Erbschaftsteuer beträgt ca. DM 300 Millionen, der Anteil am Gesamtsteueraufkommen nur 0,3 %, während der internationale Durchschnitt wesentlich höher liegt. Das zeigt nachstehende Übersicht:

Anteil der Erbschaft- und Schenkungsteuer am Gesamtaufkommen:

Staaten	Jahr	v. H. des Gesamtaufkommens	Gegenüber Bundesrepublik in v. H.
Bundesrepublik	1967/68	0,3	—
Österreich	1966/67	0,4	133
Dänemark	1966/67	0,6	200
Niederlande	1968	1,0	333
Italien	1968	1,0	333
Frankreich	1968	1,0	333
Schweiz	1966/67	1,4	467
Belgien	1966/68	1,6	533
USA	1967	2,2	733
Großbritannien	1967/68	2,6	867
Durchschnitt:		1,2	400

(Quellen: Finanzbericht des Bundesministers der Finanzen 1969, Seiten 80 ff.; Informationsdienst des Bundesministers der Finanzen zur Finanzpolitik des Auslands Nr. 1/1970 vom 16. März 1970)

Eine Anpassung des Erbschaftsteueraufkommens an das internationale Niveau und damit die Ausgestaltung der Erbschaftsteuer zu einem wirksamen Instrument zur Korrektur des Vermögensballungstrends erfordert eine Reform, mindestens aber eine Modernisierung des Erbschaftsteuergesetzes.

Derartige Erwägungen werden zur Zeit auch in den USA angestellt. Das amerikanische Schatzamt hat nach eingehenden Untersuchungen dem Kongreß eine grundlegende Reform der Erbschaftsteuer empfohlen, insbesondere die Besteuerung der Wertsteigerung von Vermögen, das durch Tod oder Schenkung übertragen wird.

Steuertariferhöhungen würden dieses Ziel nicht erreichen, weil gerade das Erbschaftsteuerrecht zahlreiche Möglichkeiten bietet, steuerbare Tatbestände zu vermeiden oder durch Kombination von Besteuerungslücken, Befreiungs-, Abzugsvorschriften usw., besonders bei Großvermögen, beträchtliche Steuerersparnisse zu erzielen. Eine ähnliche Wirkung haben veraltete Bewertungsvorschriften und überholte Steuerprivilegien. Ziel der Erbschaftsteuerreform muß deshalb in erster Linie sein, die zahlreichen Möglichkeiten zur (legalen) Steuervermeidung und Steuerumgehung zu beseitigen, eine gleichmäßige, zeitnahe Bewertung unter Anpassung an die Bewertungsgrundsätze moderner Erbschaftsteuerregelungen in anderen westlichen Kulturstaaten einzuführen und überholte Steuerprivilegien abzubauen.

III. Rechtliche Notwendigkeiten zur Änderung des Erbschaftsteuerrechts

Das am 1. Juli 1970 in Kraft tretende Gesetz über die rechtliche Stellung der nichtehelichen Kinder vom 19. 8. 1969 (BGBl. I, S. 1243) erfordert eine grundlegende Anpassung des Erbschaftsteuerrechts an die neuen gesetzlichen Bestimmungen. Darüber hinaus sind solche Regelungen, gegen die verfassungsrechtliche Bedenken erhoben werden, entsprechend zu ändern.

IV. Grundsätzliche Erwägungen zur Erbschaftsbesteuerung

1. Bei der Besteuerung eines Nachlasses oder einer Schenkung wird zwischen Erbanfallsteuer und Nachlaßsteuer unterschieden. Als Erbanfallsteuer wird auf die Bereicherung abgestellt,

die dem einzelnen Erben auf Grund des Erbanfalls oder der Schenkung anfällt. Als Nachlaßsteuer wird die Abgabe vom gesamten Nachlaß erhoben, sie erfaßt damit letztmals das Vermögen des Verstorbenen. In Deutschland beruhte das Erbschaftsteuergesetz von 1919 zum Teil auf dem System der Nachlaßsteuer, seit 1925 aber herrscht ausschließlich das System der Erbanfallsteuer.

In den europäischen Staaten überwiegt die Erbanfallsteuer, lediglich Großbritannien (wie auch die USA) erhebt eine Nachlaßsteuer. In Italien gibt es neben der Erbanfallsteuer noch eine Nachlaßsteuer, ab 1972 aber auch hier nur noch eine reine Erbanfallsteuer. Abgesehen davon, daß einige Staaten das inländische Vermögen eines ausländischen Erblassers mit einer Nachlaßsteuer belegen, kennen auch heute noch einige Kantone in der Schweiz (zusätzlich) eine Nachlaßsteuer.

Abgesehen von der Einheitlichkeit im europäischen Raum soll an dem System der Erbanfallsteuer festgehalten werden, da sie in dieser Form am ehesten dem mit dem Prinzip der Besteuerung nach der persönlichen Leistungsfähigkeit begründeten Wesen der Erbschaftsteuer gerecht wird.

2. Das deutsche Erbschaftsteuerrecht hat einen progressiven Stufentarif, die meisten anderen europäischen Staaten einen progressiven Durchstaffelungstarif. Der reine Stufentarif hätte gegenüber dem Staffeltarif den Nachteil, daß beim Überschreiten einer Stufe die steuerliche Belastung sprunghaft ansteigen würde. Dieser Belastungsunterschied wird jedoch durch § 11 Absatz 2 des Erbschaftsteuergesetzes (ErbStG), der von den Vorschlägen dieses Entwurfes nicht berührt wird, wieder ausgeglichen. Es besteht demzufolge keine Veranlassung, den derzeitigen Stufensatztarif durch einen Staffelsatztarif zu ersetzen.

3. Die Belastung durch Erhebung von Erbschaftsteuer wird durch die Vermögensbesteuerung nicht tangiert, da die Vermögensteuer lediglich eine Ergänzung zur laufenden Einkommenbesteuerung ist. Die meisten europäischen Staaten kennen neben der Erbschaftsteuer eine Vermögensteuer. So erheben Dänemark 2,3 v. T., die Niederlande, Luxemburg, Österreich und die Schweiz rund 5 v. T., Schweden und Norwegen sogar rund

18 v. T. an Vermögensteuer. Für die Beibehaltung von Vermögensteuer und Erbschaftsteuer hat sich schon der wissenschaftliche Beirat beim Bundesministerium der Finanzen in seinem Gutachten vom 11. 2. 1967 (Heft 9 der Schriftenreihe des Bundesministeriums der Finanzen) ausgesprochen.

V. Zahl der Erwerbe von Todes wegen und Schenkungen unter Lebenden nach Wertstufen

Die Ergebnisse der (letzten) Erbschaftsteuerstatistik des Jahres 1962 in der Bundesrepublik Deutschland zeigen folgendes Bild:

Einzelwerte der Erwerbe in DM	Zahl der Steuerfälle bei Erwerben			Wert der Erwerbe		vom Hu… der	
	von Todes wegen	durch Schenkungen unter Lebenden	Insgesamt	im ganzen	steuerpflichtig	Fälle	W…
				in 1 000 DM			
unter 5 000	13 106	1 253	14 359	44 021	43 288		
5 000— 10 000	8 528	802	9 330	64 139	63 599		
10 000— 20 000	4 861	561	5 422	74 018	73 113		
20 000— 30 000	1 882	344	2 226	53 575	45 265		
30 000— 40 000	2 231	739	2 970	103 337	40 839		
40 000— 50 000	1 702	540	2 242	99 444	49 052		
50 000—100 000	3 268	1 207	4 475	306 009	198 815		
100 000—150 000	1 083	325	1 408	170 200	134 267		
150 000—200 000	559	151	710	121 537	103 016		
200 000—300 000	528	158	686	166 800	131 915		
bis 300 000	37 748	6 080	43 828	1 203 080	883 169	97,7	
300 000—400 000	332	90	422	143 487	112 858		
400 000—500 000	156	36	192	85 019	67 241		
500 000—600 000	83	15	98	53 353	47 290		
300 000—600 000	571	141	712	281 859	227 389	1,6	
über 600 000	268	44	312	421 662	390 723	0,7	
Gesamt	38 587	6 265	44 852	1 906 601	1 501 281	100,0	1

(Quelle: Fachserie der Veröffentlichungen des Statistischen Bundesamtes, Reihe … V Erbschaftsteuer, S. 20)

VI. Reformvorstellungen dieses Entwurfes

Nach den hier entwickelten Vorstellungen soll eine Reform des Erbschaftsteuerrechts wie folgt angelegt sein:

1. Anhebung der Steuertarife bei Großvermögen (ab 1 Million DM) und gleichzeitig Verbesserung des Tarifs bei kleinen und mittleren Erwerben (bis 0,6 Millionen DM), verbunden mit Maßnahmen zur Förderung der Vermögensbildung.

2. Anpassung des Erbschaftsteuergesetzes an die rechtliche Stellung der nichtehelichen Kinder.

3. Beseitigung verfassungsrechtlich bedenklicher Bestimmungen.

4. Einschränkung legaler Steuerumgehungsmöglichkeiten durch Abbau überholter Privilegien, Ausfüllen von Besteuerungslükken und Beseitigung unerwünschter Gestaltungsmöglichkeiten.

5. Erleichterungen bei der Entrichtung der Erbschaftsteuer.

Im einzelnen sehen die hier entwickelten Vorschläge vor:

Zu 1:

a) Die derzeit geltenden Erbschaftsteuersätze sollen bei einer Schenkung unter Lebenden oder einem Nachlaß bis zur Höhe von DM 300 000,— halbiert werden, dann langsam wieder ansteigen und erst bei einem Erwerb von DM 600 000,— wieder die derzeitige Höhe erreichen; gleichzeitig sollen die Steuersätze bei Erwerben von 1 Million DM an bis zu einem Spitzensteuersatz von 25 % in der Steuerklasse I (Ehegatten und Kinder), der bei einem Erwerb von 35 Millionen DM erreicht wird,
unter gleichzeitiger Anpassung der übrigen Steuerklassen progressiv um bis zu 20 % erhöht werden.

b) Weiterhin sollen die bisherigen Freibeträge durch Freigrenzen unter Abstellung auf eine bestimmte Höhe des Gesamterwerbs ersetzt werden.

c) Im Interesse einer Förderung der Vermögensbildung in Arbeitnehmerhand sollen alle Zuwendungen an Stiftungen oder ähnliche Einrichtungen, die ausschließlich und unmittelbar den Arbeitnehmern des eigenen Betriebes dienen, steuerfrei bleiben.

Zu 2:

Das Gesetz über die rechtliche Stellung der nichtehelichen Kinder hat das gesamte Erbrecht in wesentlichen Punkten verändert:

Das nichteheliche Kind ist jetzt in das System der gesetzlichen Erbfolge ebenso eingeordnet wie eheliche Kinder und deren Väter. Es wird allerdings nicht Miterbe neben ehelichen Kindern des Vaters oder neben dessen Ehefrau; ebenso wird der Vater eines nichtehelichen Kindes nicht Miterbe neben dessen Mutter oder neben dessen Ehegatten. In allen diesen Fällen tritt an die Stelle des Erbrechts ein Erbersatzanspruch. Auch ist unter bestimmten Voraussetzungen ein Erbausgleich, d. h. eine schematisierte Vorwegnahme der Erbfolge eines nichtehelichen Kindes nach seinem Vater, möglich. Auch wurde durch das neue Gesetz das gesetzliche Erbrecht des Ehegatten für die Fälle geändert, in denen beim Erbfall Gütertrennung bestand und neben dem überlebenden Ehegatten ein oder zwei Kinder als gesetzliche Erben berufen sind. Daneben werden eine neue Ausgleichspflicht der Abkömmlinge und die Möglichkeit einer Stundung des Pflichtteilsanspruches eingeführt.

So wurden in dem vorliegenden Entwurf

a) die nichtehelichen Kinder mit den ehelichen gleichgestellt,

b) die steuerliche Behandlung des Erbersatzanspruches den erbschaftsteuerlichen Bestimmungen über den Pflichtteilsanspruch angepaßt und

c) der Erbausgleich den Bestimmungen über Schenkungen unter Lebenden unterworfen.

Außerdem soll die erbschaftsteuerliche Behandlung

d) des Ehegattenerbrechts und

e) der Ausgleichsanspruch der Abkömmlinge

den geänderten bürgerlich-rechtlichen Bestimmungen angepaßt werden.

Zu 3:

a) Die unterschiedliche erbschaftsteuerliche Behandlung von auf gesetzlicher und vertraglicher Grundlage beruhenden Versorgungsansprüchen (z. B. Witwenpensionen) ist nicht nur unbefriedigend, sondern begegnet verfassungsrechtlichen Bedenken. Aus diesem Grunde sieht der vorliegende Entwurf eine Gleichbehandlung vor. Das bedeutet, daß auch auf vertraglicher Grundlage (Versorgungs- und Pensionsverträge) beruhende Versorgungsansprüche (Witwen- und Waisenrenten) erbschaftsteuerfrei sind.

b) Daß die heutigen Bewertungsvorschriften, wonach sich die Bewertung des Grundvermögens nach den Einheitswerten des Jahres 1935 richtet, mit dem Grundsatz der Gleichbehandlung schlechterdings unvereinbar sind, ist bereits seit Jahren bekannt. Der vorliegende Entwurf sieht daher die Einführung einer gleichmäßigen Bewertung aller Vermögensarten unter Zugrundelegung zeitnaher Verkehrswerte vor. Gleichzeitig soll dabei der Übergang von Familienheimen im Interesse des mittelständischen Besitzes erbschaftsteuerlich begünstigt werden.

Zu 4:

Hierzu sieht der Entwurf vor:

a) Die Beseitigung unerwünschter Gestaltungsmöglichkeiten durch Belastung von Erbschaft und Schenkung mit Nutzungsrechten (Nießbrauch, Renten, Gewinnbeteiligungen), was vielfach zur Vermeidung eines steuerbaren Tatbestandes führt;

b) Die Beseitigung von Möglichkeiten ungerechtfertigter Steuervermeidung unter nahen Angehörigen durch gesellschaftsvertragliche und güterrechtliche Regelungen;

c) die Einschränkung der Steuervermeidung durch Errichtung von Familienstiftungen;

d) die Einschränkung der Mißbrauchsmöglichkeiten bei Berücksichtigung früherer Erwerbe;

e) die Beseitigung ungerechtfertigter Steuervorteile bei Beendigung der Zugewinngemeinschaft, wobei dem tatsächlichen Zugewinn des Ehegatten Rechnung getragen wird;

f) eine Erweiterung der persönlichen Steuerpflicht, die die Steuerflucht durch Wohnsitzverlegung einschränken soll;

g) eine Anpassung des Katalogs der Steuerbefreiungen an die heutigen gesellschaftspolitischen Auffassungen;

h) Maßnahmen zur Sicherstellung einer gleichmäßigeren Erfassung des übergehenden Vermögens;

i) den Wegfall der die Großvermögen und die Bezieher hoher Einkommen begünstigenden Vorschrift über die Erbschaftsteuerversicherung.

Zu 5:

Hierzu wird vorgeschlagen

a) eine dem besonderen Charakter der Erbschaftsteuer entsprechende Ausgestaltung der Aussetzungs- und Stundungsvorschriften;

b) die Erleichterung der Entrichtung der Erbschaftsteuer ohne Gefährdung der Liquidität durch eine Regelung, die es dem Steuerpflichtigen möglich macht, zahlungshalber eine Beteiligung auf der Grundlage eines Wiederkaufs- und eines Vorkaufsrechtes anzubieten.

19. Aus dem Gutachten des Instituts Finanzen und Steuern e. V. „Zur Steuerreform. Die Erbschaftsteuer"*

Da sich die Steuerreformkommission veranlaßt gesehen hat, nicht nur auf das Gutachten des Wissenschaftlichen Beirats, sondern auch auf den inzwischen vom Hessischen Minister der Finanzen vorgelegten „Entwurf für ein Gesetz zur Änderung des Erbschaftsteuergesetzes und anderer Vorschriften" einzugehen, sind im Rahmen der Wiedergabe der Stellungnahme der Steuerreformkommission zugleich die Vorschläge des Hessischen Finanzministers mit angeführt. Desgleichen sind in diesem Zusammenhang auch die Vorschläge der Steuerreformkommission beim Parteivorstand der SPD, die Vorschläge des Deutschen Gewerkschaftsbundes sowie die Vorstellungen des Karl-Bräuer-Instituts zu einer Reform der Erbschaftsteuer zur Sprache gekommen.

Der des näheren wiedergegebene, auf Grund der Eckwertbeschlüsse der Bundesregierung ausgearbeitete und der Öffentlichkeit zugänglich gemachte Referentenentwurf eines Erbschaftsteuergesetzes vom 23. 9. 1971 ist Gegenstand dieser Untersuchung, die Ende Februar dieses Jahres in der Erwartung abgeschlossen wurde, daß in Anbetracht der auf dem Gebiete der Erbschaftsteuer unverändert gebliebenen Eckwertbeschlüsse die Regierungsvorlage kaum von dem Referentenentwurf abweichen wird.

Die Untersuchung des Instituts kommt in den Hauptfragen zusammenfassend zu den folgenden Ergebnissen:

1. Das geltende Erbschaftsteuerrecht beruht auf einer langen Rechtsentwicklung. Trotz mannigfacher Gesetzesänderungen ist die Geschlossenheit des Erbschaftsteuerrechts gewahrt geblieben. Es hat sich als ein gutes Recht erwiesen. Grundlegende Änderungen sind nicht erforderlich, wenn es auch wie auf jedem anderen Steuerrechtsgebiet von Zeit zu Zeit einer gewissen

* Heft 100 Band 3 der Schriftenreihe des Instituts, Bonn 1972, S. 158 ff.

Überarbeitung und Anpassung an zu berücksichtigende Gegebenheiten und geänderte Auffassungen **bedarf.**

Anlaß zu einer solchen Überarbeitung und Anpassung bietet neben der allgemein angestrebten Reform der Steuern speziell für die Erbschaftsteuer als einheitswertabhängige Steuer die Anwendung der neuen Grundbesitzeinheitswerte nach den Wertverhältnissen vom 1. 1. 1964.

2. Wesentliches Problem einer Änderung des Erbschaftsteuerrechts ist die Änderung des Tarifs. Eine Erhöhung des Tarifs läßt sich nicht einfach damit begründen, daß die geltenden Steuersätze als aus dem Jahre 1925 stammend überholt seien. Vielmehr liegt in ihrer Beibehaltung in Anbetracht der Änderung der Geldwertverhältnisse bereits eine Erhöhung der Erbschaftsteuer um mindestens 50 v. H.

Bis zu Erwerben von etwa 10 Mio. DM sollte es bei den jetzigen Steuersätzen bleiben. Allenfalls kann nur eine mäßige Erhöhung in Betracht kommen. Denn bei Erwerben bis zu dieser Größenordnung handelt es sich vielfach um im Betriebsvermögen personenbezogener Unternehmen gebundenes Vermögen. Eine stärkere Anhebung der Steuersätze in diesem Bereich würde viele Betriebe nicht nur in ihrer Entwicklung und Wettbewerbsfähigkeit beeinträchtigen, sondern sie in ihrer Existenz gefährden oder gar zur Aufgabe zwingen.

Abgesehen davon, daß von dem geltenden Stufentarif mit seinen Sprüngen abgegangen und zu dem gerechteren Staffeltarif übergegangen werden sollte, darf die Frage einer Erhöhung der Erbschaftsteuersätze nicht isoliert betrachtet werden. Zu berücksichtigen ist unmittelbar bei der Erbschaftsteuer selbst die Anwendung der neuen Grundbesitzeinheitswerte, und zwar beim Grundvermögen der vorgesehene Ansatz mit dem 1,4-fachen der nach den Wertverhältnissen vom 1. 1. 1964 festgestellten Einheitswerte. Diese Indexrechnung ist als gegen den Grundsatz der im Bewertungsgesetz festgelegten Einzelbewertung verstoßend sowie aus grundsätzlichen Erwägungen abzulehnen. Hinzu kommt die vorgesehene Erhöhung der anderen einheitswertabhängigen Steuern, der Vermögensteuer und der Grundsteuer.

3. Hinsichtlich der Steuerklasseneinteilung besteht kein Grund, die geltenden fünf Steuerklassen zu verringern. Eine Verringerung der Steuerklassen zwingt notwendigerweise dazu, von einer angemessenen Differenzierung nach dem Grade der Verwandtschaft und gegenüber den Nichtverwandten abzugehen. Die Zusammenlegung führt, entgegen der immer wieder vorgebrachten Behauptung, für die Praxis, wenn überhaupt, so jedenfalls zu keiner ins Gewicht fallenden Vereinfachung.

4. Der Erwerb eines Ehegatten vom anderen sollte wieder wie in früheren Regelungen — unter gewissen Voraussetzungen — von der Erbschaftsteuer (Schenkungsteuer) ausgenommen werden. Damit würde eine Reihe von Problemen entfallen, die sich weder in der einen noch in der anderen Weise befriedigend regeln lassen. Außerdem könnten die Ehegatten die Wahl ihres Güterstandes unbeeinflußt durch erbrechtliche Erwägungen treffen. Eine Freistellung wäre auch aus familienpolitischen Gründen gerechtfertigt. Dazu kommt, daß eine ganz wesentliche Vereinfachung für die Praxis erreicht würde. Der Steuerausfall wäre nur begrenzt.

5. Die Erhöhung der persönlichen Freibeträge für Kinder erscheint in der vorgesehenen Höhe geboten, der zusätzliche Freibetrag für Kinder, für die noch ein Kindergeld gezahlt wird, sachgerecht. Die Umwandlung der bislang für die Steuerklassen III bis V bestehenden Freigrenzen in Freibeträge ist zu begrüßen. Jedoch erscheinen höhere Beträge, als im Entwurf vorgesehen, gerechtfertigt.

Hält man an der Besteuerung des Ehegattenerwerbs fest, ist eine Erhöhung des Versorgungsfreibetrags zwecks einer möglichst umfassenden Gleichstellung der Ehegatten mit und ohne gesetzliche Versorgungsbezüge unumgänglich. Daneben bedarf es noch einer Regelung für die Gleichbehandlung von Kindern mit und ohne gesetzliche Versorgungsbezüge.

6. Die Ergänzungen der Tatbestände der Erwerbe von Todes wegen und der Schenkungen unter Lebenden hinsichtlich bestimmter Vorgänge im Rahmen von Personengesellschaften sind abzulehnen. Der Einwand, daß es sich dabei in erster Linie um Steuerumgehungsmöglichkeiten handelt, ist nicht begründet. Die

gewollten gesetzlichen Regelungen sind weder sachlich noch rechtlich gerechtfertigt.

7. Wegen der erstrebten Änderungen bezüglich der Beendigung der Zugewinngemeinschaft und der erstrebten allgemeinen Erfassung des Vermögensübergangs anläßlich der Vereinbarung der Gütergemeinschaft wird auf die Ausführungen unter Nr. 4 verwiesen. Sollte es bei der Besteuerung des Ehegattenerwerbs bleiben, sind die Änderungen abzulehnen.

8. Es ist zu begrüßen, daß der Entwurf dem ungerechtfertigten Vorschlag nicht gefolgt ist, Belastungen eines Erwerbers mit Renten, Nutzungen oder Leistungen zugunsten einer Person, die gesetzlicher Erbe sein kann, vom Abzug auszuschließen. Desgleichen ist zu begrüßen, daß der Entwurf hinsichtlich der Bewertung an der Maßgeblichkeit der Einheitswerte festhält.

9. Die Begünstigung der Erbschaftsteuerversicherung sollte nicht abgeschafft werden, zumal nicht in einem Zeitpunkt, von dem an in den betroffenen Kreisen allgemein mit einer erheblichen steuerlichen Mehrbelastung zu rechnen ist. Die geltende Regelung der Erbschaftsteuerversicherung gibt dem Unternehmer, insbesondere dem mittelständischen Unternehmer, die Möglichkeit, über den Abschluß eines Versicherungsvertrages für die künftige Erbschaftsteuerbelastung und ihre Begleichung zum Vorteil nicht nur des Erben und des Betriebs, sondern auch des Fiskus, der unverzüglich seine Steuer erhält, vorzusorgen.

10. Die durch die steuerlichen Bewertungsvorschriften negativen Vorerwerbe bei der Berücksichtigung früherer Erwerbe auszuschließen, widerspricht dem Sinn und Zweck der Vorschrift und ist deshalb abzulehnen.

Wegen der Stellungnahme zu weiteren Änderungen kann von einer Erwähnung im Rahmen dieser Zusammenfassung abgesehen werden. Es wird auf die Ausführungen im Abschnitt IX verwiesen.

11. Entscheidend aber ist insbesondere für die Inhaber von Betrieben, mit welchen Belastungen sie künftig auf dem Gebiet der Ertragsteuern — einschließlich einer etwaigen Anrechnung der Körperschaftsteuer bei den Gesellschaftern personenbezogener Kapitalgesellschaften — und der zur Erörterung stehenden

Vermögensbildungsabgabe zu rechnen haben. Solange darüber keine Klarheit besteht, muß es abgelehnt werden, über die künftige Gestaltung der die Ertragsteuern mehr oder minder lediglich ergänzenden einheitswertabhängigen Steuern abschließend zu entscheiden. Erst wenn die Belastung durch die laufenden Steuern feststeht, wird zum Tarif sowie zu dem Recht des Erwerbers eines Betriebs auf Stundung der Erbschaftsteuer, deren Begrenzung auf 5 Jahre ohnehin zu kurz erscheint, Stellung genommen werden können.

20. Aus dem Gutachten des Instituts Finanzen und Steuern e. V. „Zur Steuerreform. Die Realsteuern"*

Das Gewicht der gemeindlichen Steuern ist bedeutend. Sie haben im Jahre 1970 9,9 v. H. der gesamten Steuereinnahmen von Bund, Ländern und Gemeinden erbracht. Dies gilt vor allem für die Gewerbesteuer, deren Aufkommen mit 8, 1 v. H. des gesamten Steueraufkommens in der Bundesrepublik die dominierende gemeindliche Steuer ist.

Die Gewerbesteuer hat eine Doppelbelastung des Gewinns und des Betriebskapitals zur Folge. Dieser systematische Mangel ist so erheblich, daß die Abschaffung der Gewerbesteuer auf lange Sicht gesehen unvermeidlich ist.

Das Institut ist der Auffassung, daß die Gewerbesteuer nur mit dem Äquivalenzprinzip, d. h. mit der Entschädigung für die Kosten, die die gewerbliche Wirtschaft den Gemeinden verursacht, zu begründen ist. Die Durchführung einer Berechnung nach zwei Methoden hat übereinstimmend zu dem Ergebnis geführt, daß die Kostenverursachung höchstens mit 20 v. H. des gegenwärtigen Gewerbesteueraufkommens angesetzt werden kann. Dieses Ergebnis wird auch durch die Finanzausgleichsgesetze der Länder bestätigt.

Der internationale Vergleich zeigt für ein exportorientiertes Land wie die Bundesrepublik die Grenze auf, bis zu der eine Belastung mit Gewerbesteuer und mit gewerbesteuerähnlichen Abgaben tragbar ist. Diese Belastung reicht im Ausland von 0,2 v. H. der gesamten Steuereinnahmen in den USA bis 9,8 v. H. in Luxemburg. Da die USA für die deutsche Wirtschaft einen bedeutenden Außenmarkt darstellen und die deutsche Wirtschaft mit der Wirtschaft der USA in einem besonders starken internationalen Wettbewerb steht, wäre eine Orientierung an der Belastungshöhe in den USA naheliegend. Das In-

* Heft 100 Band 2 der Schriftenreihe des Instituts, Bonn 1972, S. 75 f.

stitut ist gleichwohl der Auffassung, daß beide Extreme nicht beispielgebend sein können. Es hält in Übereinstimmung mit der Steuerreformkommission ein Drittel des gegenwärtigen Aufkommens an Gewerbesteuer für noch tragbar.

Der Empfehlung der Steuerreformkommission, den durch die Senkung des Aufkommens entstandenen Ausfall an Gewerbesteuer durch eine Erhöhung des Mehrwertsteuersatzes auszugleichen, ist zuzustimmen. Als Kostensteuer hat die Gewerbesteuer dieselbe Wirkung wie die Mehrwertsteuer. Sie ist ein Bestandteil des Preises. Im Gegensatz zur Gewerbesteuer bietet die Mehrwertsteuer durch die Festsetzung unterschiedlicher Steuersätze die Möglichkeit, soziale Notwendigkeiten zu berücksichtigen.

Die Mittel, die sich aus der Erhöhung des Mehrwertsteuersatzes ergeben, sollen den Gewerbesteuerausfall der Gemeinden insgesamt ersetzen. Aus Gründen der Wirtschaftlichkeit und größerer Transparenz sollten diese Mittel zusammen mit dem gemeindlichen Anteil an dem Einkommensteueraufkommen verteilt werden. Das Institut schlägt vor, die Einwohnerzahl als Maßstab der Verteilung zu bestimmen. Welche Modifikationen der Einwohnerzahlen, z. B. nach der Gemeindegröße oder nach der Funktion der Gemeinde als zentraler Ort notwendig sind, kann nur auf Grund von Berechnungen der statistischen Ämter festgestellt werden. Der Verteilungsmaßstab ist durch Bundesgesetz so genau festzulegen, daß die Gemeinden einen unmittelbaren Rechtsanspruch auf die Leistungen erhalten.

Als Folge des Äquivalenzprinzips muß gesetzlich festgelegt werden, daß den Gemeinden der Teil des Gewerbesteueraufkommens, der der Kostenverursachung durch die gewerbliche Wirtschaft entspricht, außerhalb der Berechnungen des Finanzausgleichs verbleibt.

Das Institut sieht es als notwendig an, die staatlichen Zuweisungen an die Gemeinden sachgerechter und einfacher zu gestalten. Es sieht jedoch nur geringe Möglichkeiten, abgesehen von einer maßvollen Anhebung der Grundsteuer, die kommunale Finanzmasse insgesamt zu erhöhen. Um so mehr Bedeutung kommt der Verwaltungsreform zu. Bei gleichbleibender

Finanzausstattung kann die Leistungskraft der öffentlichen Verwaltung beachtlich gesteigert werden, wenn neben einer Gebietsreform, die Länder, Gemeinden und Gemeindeverbände umfassen muß, auch die Verwaltung rationalisiert wird.

21. Nachwort

Solange es ein selbständiges Steuerrecht gibt, solange ist von Steuerreformen — gemeint sind Steuer*rechts*reformen — die Rede. Der Ruf nach solchen Reformen ist seit Ende des 1. Weltkrieges nicht verstummt. Lediglich die Lautstärke hat geschwankt: nur selten piano, meistens aber forte und seit einigen Jahren fortissimo.

Die in dieser Dokumentation zusammengefaßten Texte sind ein kleiner Ausschnitt aus einer kaum noch zu übersehenden Fülle des Materials. Sie sind unter dem Gesichtspunkt ausgewählt worden, die verschiedenen Aspekte der Problematik einer Steuerreform zu beleuchten und zugleich die Standpunkte der meinungsbildenden Gruppen sichtbar zu machen. Aus diesem Grunde habe ich die grundsätzlichen Probleme anhand der großen und wissenschaftlich fundierten Berichte und Gutachten zu belegen versucht und hinsichtlich der Detailfragen die weniger zugänglichen Standpunkte der Parteien, Verbände und anderer Interessenvertretungen herausgestellt. Wer sich eingehender mit Detailfragen der Steuerreform befassen will, muß ohnehin auf die Berichte und Gutachten des Wissenschaftlichen Beirates des Bundesministeriums der Finanzen (Texte Nr. 1 und 7), der Eberhard-Kommission (Text Nr. 3) und der Falk-Kommission (Text Nr. 5) zurückgreifen und die Entwürfe der Fraktionen der SPD und der FDP für eine Abgabenordnung (Bundestagsdrucksache 7/79) und für ein zweites Steuerreformgesetz (Bundestagsdrucksache 7/78), beide vom 25. 1. 1973, berücksichtigen.

Bei diesen Drucksachen handelt es sich um die Gesetzesentwürfe der Bundesregierung aus der 6. Legislaturperiode, die nunmehr von den Fraktionen der Regierungsparteien erneut in den Bundestag eingebracht worden sind. Aus dem Entwurf des zweiten Steuerreformgesetzes hat der Bundestag inzwischen den Grundsteuerteil herausgelöst und verabschiedet. Der Bundesrat hat zunächst den Vermittlungsausschuß angerufen, um zu erreichen, daß auch der Vermögensteuerteil dieses Entwurfs vorrangig verabschiedet wird. Der Vermittlungsausschuß hat sich in seiner Sitzung am 6. 6. 1973 für die Aufnahme der vermögensteuerrechtlichen Vorschriften in das Grundsteuerreformgesetz ausgesprochen; der Bundestag hat diese Ergänzung jedoch einen Tag später abgelehnt. Daraufhin hat der Bundesrat dem Grundsteuerreformgesetz auch ohne die vermögensteuerrechtlichen Vorschriften zugestimmt, so daß nunmehr ab 1. 1. 1974 wenigstens für die Grundsteuer die Einheitswerte auf den 1. 1. 1964 Anwendung finden können. Nach dem Schriftlichen Bericht des Finanzausschusses des Bundestages vom 19. 4. 1973 (Bundestagsdrucksache 7/485) ist beabsichtigt, noch in diesem Jahr zu beschließen, daß die Einheitswerte auf den 1. 1. 1964 ab 1. 1. 1974 auch für die Erbschaftsteuer gelten sollen; dazu ist u. a. erforderlich, daß die bisherigen Steuerfreibeträge geändert werden. Ab wann die Einheitswerte auf den 1. 1. 1964 der Vermögensteuer zugrundegelegt werden sollen, ist nach wie vor ungewiß; nach den Vorstellungen des Bundestages soll dies zum 1. 1. 1975 geschehen, nach den Vorstellungen des Bundesrates noch zum 1. 1. 1974. Der Bundesrat hat nach der Sommerpause beschlossen, im Bundestag den „Entwurf eines Gesetzes zur Änderung vermögensteuerlicher Vorschriften" einzubringen; dieses Gesetz soll als „Vorschaltgesetz" grundsätzliche Fragen einer Vermögensteuerreform nicht vorwegnehmen, sondern nur sicherstellen, daß die Einheitswerte auf den 1. 1. 1964 ab 1. 1. 1974 auch der Vermögensteuer zugrundegelegt werden.

Alle diese Änderungen sind längst überfällig. Der Bundesfinanzhof, das höchste Gericht in Steuersachen, hat bereits mit Beschluß vom 18. 12. 1972 (Bundessteuerblatt 1973 II S. 329) das Bundesverfassungsgericht angerufen, weil er es für verfassungswidrig hält, daß immer noch die Einheitswerte auf den 1. 1. 1936 der Erbschaftsteuer zugrundegelegt werden. Aus der beabsichtigten „Steuerreform aus einem Guß" ist längst eine Steuerreform auf Raten geworden, bei der noch nicht einmal abzusehen ist, ob die Raten überhaupt eingehalten werden können. Die gesetzgebenden Organe sind ohnedies bereits mit dem Steueränderungsgesetz 1973 vom 26. 6. 1973 (Bundesgesetzblatt I S. 676) zu dem seit Jahren geübten Verfahren zurückgekehrt, notwendige Gesetzesänderungen in einzelnen Steueränderungsgesetzen zusammenzufassen, weil große Gesetzgebungsvorhaben nicht auf einen Schlag bewältigt werden können.

In der 6. Legislaturperiode hat die Bundesregierung mit ihren Reformentwürfen Schiffbruch erlitten; sie hat den gesetzgebenden Körperschaften quantitativ einfach zu viel zugemutet und damit den Gesetzgebungsapparat verstopft. Steuerreformen sind schnell gefordert, aber schwer und nur langsam durchzuführen. Der im Verhältnis zur immer noch angestrebten Steuerreform simple Übergang von der Allphasenumsatzsteuer zur Mehrwertsteuer[1] hat den Bundestag zwei Wahlperioden lang beschäftigt. Der Entwurf für eine Abgabenordnung (Bundestagsdrucksache 7/79) geht sogar auf einen Beschluß des Bundestages vom 13. März 1963[2] zurück.

Man wird davon ausgehen müssen, daß eine wirkliche Reform nur auf der Basis einer breiten politischen Mehrheit möglich ist. Was im Parlament durch Kampfabstimmung entschieden wird, ist kaum davor gefeit, bei nächster Gelegenheit wieder aufgehoben zu werden[3], sofern nicht der öffentliche Finanzbedarf gebieterisch zur Kontinuität zwingt. Es ist schon oft vorgekommen, daß bei ihrer Einführung umstrittene Steuerbelastungen später nicht wieder aufgehoben werden konnten, weil die dadurch entstehenden Deckungslücken anderweitig nicht zu schließen waren. Auch der Gewöhnungseffekt darf nicht außer acht gelassen werden. Er spielt bei Steuerbelastungen eine nicht unerhebliche Rolle. Die Steuerbelastung ist zu allen Zeiten als drückend empfunden worden, konnte aber gleichwohl noch immer verschärft werden. Vor dem 1. Weltkrieg ging der Einkommensteuersatz nicht über 5 % hinaus. Auch diese Belastung wurde als drückend empfunden[4]. Andererseits ist eine breite politische Mehrheit nur durch Kompro-

[1] Umsatzsteuergesetz (Mehrwertsteuer) v. 29. 5. 1967 BGBl. I S. 545, vom wissenschaftlichen Beirat beim Bundesministerium der Finanzen bereits 1953 gefordert, siehe Text Nr. 1.

[2] Bundestagsdrucksache 4/1005.

[3] Vgl. Troeger, Gedanken zur Steuerreform, Der Betrieb 1971 S. 1130.

[4] Vgl. Kruse, Steuerdruck und Steuergerichte, Neue Juristische Wochenschrift 1970 S. 2185.

misse zu erreichen. Infolgedessen ist von dieser Seite her gesehen eine große Reformkonzeption von vornherein gefährdet.

Es gibt wohl kaum ein Rechtsgebiet, auf dem die Interessen härter aneinanderstoßen als auf dem Gebiet des Steuerrechts. Steuern sind Zwangsabgaben, denen keine unmittelbare Gegenleistung gegenüber steht. Die mittelbaren Gegenleistungen scheinen längst selbstverständlich geworden zu sein. Die Vorteile der öffentlich finanzierten Infrastruktur — vom kostenlosen Schulbesuch bis zum abgedeckten Defizit der Bundesbahn — nimmt zwar jeder gern entgegen, ihre Bezahlung überläßt er aber bereitwillig anderen. Über die Notwendigkeit einer Reform an Haupt und Gliedern ist man sich oft allein schon deswegen einig, weil viele sich eine steuerliche Entlastung erhoffen. Auch Steuererhöhungen wird zugestimmt — nur müssen sie jemand anders treffen. Die in dieser Dokumentation abgedruckten Detailvorschläge der Parteien, Verbände und der anderen Interessengruppen lassen das deutlich hervortreten.

Ein großes, wenn nicht gar unüberwindliches Hindernis einer Steuerreform, die diesen Namen auch tatsächlich verdient, ist die Unklarheit über die anzustrebenden Zielvorstellungen. Hierfür ist der Auftrag des Bundesministeriums der Finanzen an die Eberhard-Kommission kennzeichnend (Text Nr. 2). Dieser Auftrag verlangt im Grunde nicht weniger als die Quadratur des Kreises. Man merkt es den diesbezüglichen Ausführungen der Eberhard-Kommission durchaus an (Text Nr. 3). Niemand kann sagen, welches die allgemein gültigen Grundsätze des Steuerrechts sind, die beibehalten werden sollen.

Da die Steuerreform durch einfaches Gesetz bewerkstelligt werden soll, müssen die allgemein gültigen Grundsätze des Steuerrechts höherrangiger Natur, also verfassungsrechtlicher oder gar vorverfassungsrechtlicher Art sein. Eine allgemeine Bestandsgarantie des bisherigen Steuerrechts gibt es nicht[5]. Auch übereinstimmend vertretene Zielsetzungen moderner Finanzpolitik gibt es nicht. Gerade die moderne Finanzwissenschaft zieht das von der älteren Lehre nahezu einheitlich

[5] Vgl. Kruse, Steuerrecht I, Allgemeiner Teil, 3. Aufl. München 1973, § 4 I mit weiteren Nachweisen.

vertretene Prinzip der leistungsgerechten Besteuerung in Zweifel[6]. Hier hätte eine Bezugnahme auf die „klassische" Finanzpolitik einen festeren Boden gegeben[7], ganz abgesehen davon, daß das in der Finanzwissenschaft umstrittene Prinzip der leistungsgerechten Besteuerung als rechtliches Prinzip unbestritten ist[8]; selbst Hensel[9] hat seine einmal geäußerten Bedenken, ob auf dem Prinzip der leistungsgerechten Besteuerung als rechtlichem Prinzip ein Steuersystem aufgebaut werden könne, später fallen gelassen. Der Hinweis auf die Gleichmäßigkeit der Besteuerung ist überflüssig, denn das Erfordernis gleichmäßiger Besteuerung ergibt sich aus Art. 3 Abs. i GG. Die Gleichmäßigkeit kann bei keinem Steuerreformvorhaben zur Disposition gestellt werden. Ebenso überflüssig ist der Hinweis auf die soziale Gerechtigkeit. Finanzwissenschaftlich gesehen handelt es sich um eine Leerformel[10], rechtlich ist der Staat nach Art. 20 Abs. 1 des Grundgesetzes ohnehin verpflichtet, für den Ausgleich sozialer Gegensätze und für eine gerechte Sozialordnung zu sorgen; insoweit hat die Bundesregierung nur etwas selbstverständliches gesagt. Da Art. 20 Abs. 1 des Grundgesetzes nur das Ziel, die gerechte Sozialordnung, nicht aber den Weg dorthin bestimmt, hätte sie etwas mehr sagen müssen[11].

Ein Programm läßt sich nicht dadurch erstellen, daß nur die verfassungsrechtlichen Pflichten aufgezählt werden, die ohnehin bestehen. Die Forderung nach dem Abbau von Steuervergünstigungen ist sicher populär und insoweit auch berechtigt, als es sich um solche Vergünstigungen handelt, die dem Prinzip der gleichmäßigen Besteuerung zuwiderlaufen. Diese Vergünstigungen müssen im Hinblick auf Art. 3 Abs. 1 des Grundgesetzes ohnehin beseitigt werden. Alle anderen Vergünstigungen lassen sich nur schwerlich aufheben, solange die Steuerbelastung nicht

6 Vgl. etwa Littmann, Ein Valet dem Leistungsfähigkeitsprinzip, Festgabe für Neumark, Tübingen 1970, 113, und dazu die Erwiderung von Haller, Zur Diskussion über das Leistungsfähigkeitsprinzip, Finanzarchiv, neue Folge, Band 31 (1971/72), S. 460.

7 Vgl. etwa Neumark, Grundsätze gerechter und ökonomisch rationaler Steuerpolitik, Tübingen 1970, 121 ff.

8 Vgl. Kruse, a. a. O., § 5 II 2 c mit weiteren Nachweisen.

9 Steuerrecht, 1. Aufl. Berlin 1924, 60 f.

10 Vgl. Schneider, Steuer und Wirtschaft 1971 S. 327.

11 Vgl. Entscheidungen des Bundesverfassungsgerichtes Band 22 S. 180 (204).

generell ermäßigt wird. Die augenblickliche Steuerbelastung schließt eine schematische Gleichmäßigkeit schlechthin aus; bei hohem Steuerdruck sind Steuervergünstigungen ein Postulat der Steuergerechtigkeit[12].

Damit entfällt auch die angestrebte Vereinfachung des Steuerrechts. Eine spürbare Vereinfachung ist nur zu Lasten der Steuergerechtigkeit denkbar[13]. Diese wiederum darf durch die Reform nicht angetastet werden.

Heinrich Wilhelm Kruse

[12] Allgemein vgl. Ossenbühl, Die gerechte Steuerlast, Heidelberg/Löwen 1972.
[13] Vgl. die Ausführungen der Falk-Kommission, Text Nr. 5.

FSC
www.fsc.org
MIX
Papier | Fördert
gute Waldnutzung
FSC® C083411

Kolibri 360 GmbH
Ferdinand-Jühlke-Straße 7
99095 Erfurt, Deutschland
produktsicherheit@kolibri360.de